Konkursordnung,

Anfechtungsgesetz, Geschäftsaufsichtsverordnung und Zwangsversteigerungsgesetz

Mit 28 Nebengesetzen und Verordnungen

Textausgabe mit Sachregister

Zweite Auflage

Herausgegeben von

J. Schiedermair

Oberlandesgerichtsrat in München

1924

München, Berlin u. Leipzig.

J. Schweitzer Verlag (Arthur Sellier).

Inhaltsübersicht.

I. Teil.

Konkursordnung und Anfechtungsgesetz.

1. Konkursordnung in der Fassung vom 20. Mai 1898

II. Teil.

Ergänzungsgesetze und -verordnungen zur Konkursordnung und zum Anfechtungsgesetz.

III. Teil.

Geschäftsaufsichtsverordnung nebst Aenderungsgesetzen und -verordnungen.

IV. Teil.

Gesetz über die Zwangsversteigerung und Zwangsverwaltung.

V. Teil.

Ergänzungsgesetze und -verordnungen zum Zwangsversteigerungsgesetze.

I. Teil.

Konkursordnung und Anfechtungsgesetz.

---

1. Konkursordnung.

Vom 10. Februar 1877,

in der Fassung der Bekanntmachung vom 20. Mai 1898 (RGBl. 612).

Geändert durch Art. 3 des Ges. v. 8. Juni 1915 (RGBl. 327).

Erstes Buch.

Konkursrecht.

Erster Titel.

Allgemeine Bestimmungen.

§ 1. Das Konkursverfahren umfaßt das gesamte, einer Zwangsvollstreckung unterliegende Vermögen des Gemeinschuldners, welches ihm zur Zeit der Eröffnung des Verfahrens gehört (Konkursmasse).

Die im § 811 Nr. 4, 9 der Zivilprozeßordnung und im § 20 des Gesetzes über das Postwesen des Deutschen Reichs vom 28. Oktober 1871 vorgesehenen Beschränkungen kommen im Konkursverfahren nicht zur Anwendung.

Zur Konkursmasse gehören auch die Geschäftsbücher des Gemeinschuldners.

Gegenstände, die nicht gepfändet werden sollen, gehören nicht zur Konkursmasse.

(§ 1). Abs. 3—4 Nov. 98, früherer Abs. 2 gestr. Nov. 98.

§ 2. Wird bei dem Güterstande der allgemeinen Gütergemeinschaft, der Errungenschaftsgemeinschaft oder der Fahrnisgemeinschaft das Konkursverfahren über das Vermögen des Ehemanns eröffnet, so gehört das Gesamtgut zur Konkursmasse; eine Auseinandersetzung wegen des Gesamtguts zwischen den Ehegatten findet nicht statt.

Durch das Konkursverfahren über das Vermögen der Ehefrau wird das Gesamtgut nicht berührt.

Diese Vorschriften finden bei der fortgesetzten Gütergemeinschaft mit der Maßgabe Anwendung, daß an die Stelle des Ehemanns der überlebende Ehegatte, an die Stelle der Ehefrau die Abkömmlinge treten.

(§ 1 a). Nov. 98.

§ 3. Die Konkursmasse dient zur gemeinschaftlichen Befriedigung aller persönlichen Gläubiger, welche einen zur Zeit der Eröffnung des Verfahrens begründeten Vermögensanspruch an den Gemeinschuldner haben (Konkursgläubiger).

Unterhaltsansprüche, die nach den §§ 1351, 1360, 1361, 1578—1583, 1586, 1601—1615, 1708—1714 des Bürgerlichen Gesetzbuchs gegen den Gemeinschuldner begründet sind, sowie die sich aus den §§ 1715, 1716 des Bürgerlichen Gesetzbuchs ergebenden Ansprüche können für die Zukunft nur geltend gemacht werden, soweit der Gemeinschuldner als Erbe des Verpflichteten haftet.

(§ 2). Abs. 2 Nov. 98.

§ 4. Ein Anspruch auf abgesonderte Befriedigung aus Gegenständen, welche zur Konkursmasse gehören, kann nur in den von diesem Gesetze zugelassenen Fällen geltend gemacht werden.

Die abgesonderte Befriedigung erfolgt unabhängig vom Konkursverfahren.

(§ 3).

§ 5. Ausländische Gläubiger stehen den inländischen gleich.

Unter Zustimmung des Bundesrats kann durch Anordnung des Reichskanzlers bestimmt werden, daß gegen einen ausländischen Staat, sowie dessen Angehörige und ihre Rechtsnachfolger ein Vergeltungsrecht zur Anwendung gebracht wird.

(§ 4). Abs. 2 Nov. 98.

§ 6. Mit der Eröffnung des Verfahrens verliert der Gemeinschuldner die Befugnis, sein zur Konkursmasse gehöriges Vermögen zu verwalten und über dasselbe zu verfügen.

Das Verwaltungs- und Verfügungsrecht wird durch einen Konkursverwalter ausgeübt.

(§ 5).

§ 7. Rechtshandlungen, welche der Gemeinschuldner nach der Eröffnung des Verfahrens vorgenommen hat, sind den Konkursgläubigern gegenüber unwirksam; die Vorschriften der §§ 892, 893 des Bürgerlichen Gesetzbuchs bleiben unberührt.

Dem anderen Teile ist die Gegenleistung aus der Masse zurückzugewähren, soweit letztere durch dieselbe bereichert ist.

Hat der Gemeinschuldner Rechtshandlungen am Tage der Eröffnung des Verfahrens vorgenommen, so wird vermutet, daß sie nach der Eröffnung vorgenommen worden sind.

(§ 6). Abs. 1 Nov. 98.

§ 8. Eine Leistung, welche auf eine zur Konkursmasse zu erfüllende Verbindlichkeit nach der Eröffnung des Verfahrens an den Gemeinschuldner erfolgt ist, befreit den Erfüllenden den Konkursgläubigern gegenüber nur insoweit, als das Geleistete in die Konkursmasse gekommen ist.

War die Leistung vor der öffentlichen Bekanntmachung der Eröffnung erfolgt, so ist der Erfüllende befreit, wenn nicht bewiesen wird, daß ihm zur Zeit der Leistung die Eröffnung des Verfahrens bekannt war.

War die Leistung nach der öffentlichen Bekanntmachung erfolgt, so wird der Erfüllende befreit, wenn er beweist, daß ihm zur Zeit der Leistung die Eröffnung des Verfahrens nicht bekannt war.

(§ 7).

§ 9. Die Annahme oder Ausschlagung einer vor der Eröffnung des Verfahrens dem Gemeinschuldner angefallenen Erbschaft, sowie eines vor diesem Zeitpunkte dem Gemeinschuldner angefallenen Vermächtnisses steht nur dem Gemeinschuldner zu. Das Gleiche gilt von der Ablehnung der fortgesetzten Gütergemeinschaft.

(§ 7 a). Nov. 98.

§ 10. Rechtsstreitigkeiten über das zur Konkursmasse gehörige Vermögen, welche zur Zeit der Eröffnung des Verfahrens für den Gemeinschuldner anhängig sind, können in der Lage, in welcher sie sich befinden, von dem Konkursverwalter aufgenommen werden. Wird die Aufnahme verzögert, so kommen die Bestimmungen des § 239 der Zivilprozeßordnung zur entsprechenden Anwendung.

Lehnt der Verwalter die Aufnahme des Rechtsstreits ab, so kann sowohl der Gemeinschuldner als der Gegner denselben aufnehmen.

(§ 8).

§ 11. Rechtsstreitigkeiten, welche gegen den Gemeinschuldner anhängig und auf Aussonderung eines Gegenstandes aus der Konkursmasse oder auf abgesonderte Befriedigung gerichtet sind oder einen Anspruch betreffen, welcher als Masseschuld zu erachten ist, können sowohl von dem Konkursverwalter als von dem Gegner aufgenommen werden.

Erkennt der Verwalter den Anspruch sofort an, so fallen ihm die Prozeßkosten nicht zur Last.

(§ 9).

§ 12. Konkursgläubiger können ihre Forderungen auf Sicherstellung oder Befriedigung aus der Konkursmasse nur nach Maßgabe der Vorschriften für das Konkursverfahren verfolgen.

(§ 10).

§ 13. Ein gegen den Gemeinschuldner bestehendes Veräußerungsverbot der in den §§ 135, 136 des Bürgerlichen Gesetzbuchs bezeichneten Art ist den Konkursgläubigern gegenüber unwirksam; wirksam bleibt jedoch eine bei der Zwangsvollstreckung in das unbewegliche Vermögen erfolgte Beschlagnahme.

(§ 10a). Nov. 98.

§ 14. Während der Dauer des Konkursverfahrens finden Arreste und Zwangsvollstreckungen zugunsten einzelner Konkursgläubiger weder in das zur Konkursmasse gehörige, noch in das sonstige Vermögen des Gemeinschuldners statt.

In Ansehung der zur Konkursmasse gehörigen Grundstücke, sowie der für den Gemeinschuldner eingetragenen Rechte an Grundstücken oder an eingetragenen Rechten kann

während der Dauer des Konkursverfahrens eine Vormerkung auf Grund einer einstweiligen Verfügung zugunsten einzelner Konkursgläubiger nicht eingetragen werden. Das Gleiche gilt von der Eintragung einer Vormerkung in Ansehung eines Schiffspfandrechts.
(§ 11). Abs. 2 Nov. 98.

§ 15. Rechte an den zur Konkursmasse gehörigen Gegenständen, sowie Vorzugsrechte und Zurückbehaltungsrechte in Ansehung solcher Gegenstände können nach der Eröffnung des Verfahrens nicht mit Wirksamkeit gegenüber den Konkursgläubigern erworben werden, auch wenn der Erwerb nicht auf einer Rechtshandlung des Gemeinschuldners beruht. Die Vorschriften der §§ 878, 892, 893 und des § 1260 Abs. 1 des Bürgerlichen Gesetzbuchs bleiben unberührt.
(§ 12). Nov. 98.

§ 16. Befindet sich der Gemeinschuldner mit Dritten in einem Miteigentume, in einer Gesellschaft oder in einer anderen Gemeinschaft, so erfolgt die Teilung oder sonstige Auseinandersetzung außerhalb des Konkursverfahrens.

Eine Vereinbarung, durch welche bei einer Gemeinschaft nach Bruchteilen das Recht, die Aufhebung der Gemeinschaft zu verlangen, für immer oder auf Zeit ausgeschlossen oder eine Kündigungsfrist bestimmt worden ist, wirkt nicht gegen die Konkursmasse. Das Gleiche gilt von einer Anordnung dieses Inhalts, die ein Erblasser für die Gemeinschaft seiner Erben getroffen hat.
(§ 14). Abs. 2 Nov. 98.

Zweiter Titel.

Erfüllung der Rechtsgeschäfte.

§ 17. Wenn ein zweiseitiger Vertrag zur Zeit der Eröffnung des Konkursverfahrens von dem Gemeinschuldner und von dem anderen Teile nicht oder nicht vollständig erfüllt ist, so kann der Konkursverwalter an Stelle des Gemeinschuldners den Vertrag erfüllen und die Erfüllung von dem anderen Teile verlangen.

Der Verwalter muß auf Erfordern des anderen Teils, auch wenn die Erfüllungszeit noch nicht eingetreten ist, dem-

selben ohne Verzug zu erklären, ob er die Erfüllung verlangen will. Unterläßt er dies, so kann er auf der Erfüllung nicht bestehen.
(§ 15).

§ 18. War die Lieferung von Waren, welche einen Markt- oder Börsenpreis haben, genau zu einer festbestimmten Zeit oder binnen einer festbestimmten Frist bedungen, und tritt die Zeit oder der Ablauf der Frist erst nach der Eröffnung des Verfahrens ein, so kann nicht die Erfüllung verlangt, sondern nur eine Forderung wegen Nichterfüllung geltend gemacht werden.

Der Betrag dieser Forderung bestimmt sich durch den Unterschied zwischen dem Kaufpreise und demjenigen Markt- oder Börsenpreise, welcher an dem Orte der Erfüllung oder an dem für denselben maßgebenden Handelsplatze sich für die am zweiten Werktage nach der Eröffnung des Verfahrens mit der bedungenen Erfüllungszeit geschlossenen Geschäfte ergibt.

Ist ein solcher Markt- oder Börsenpreis nicht zu ermitteln, so findet die Bestimmung des ersten Absatzes keine Anwendung.
(§ 16).

§ 19. War dem Gemeinschuldner ein von ihm gemieteter oder gepachteter Gegenstand vor der Eröffnung des Verfahrens überlassen, so kann sowohl der andere Teil als der Verwalter das Miet- oder Pachtverhältnis kündigen. Die Kündigungsfrist ist, falls nicht eine kürzere Frist bedungen war, die gesetzliche. Kündigt der Verwalter, so ist der andere Teil berechtigt, Ersatz des ihm durch die Aufhebung des Vertrags entstehenden Schadens zu verlangen.
(§ 17). Nov. 98.

§ 20. War dem Gemeinschuldner ein von ihm gemieteter oder gepachteter Gegenstand zur Zeit der Eröffnung des Verfahrens noch nicht überlassen, so kann der andere Teil von dem Vertrage zurücktreten.

Auf Erfordern des Verwalters muß der andere Teil demselben ohne Verzug erklären, ob er von dem Vertrage zurücktreten will. Unterläßt er dies, so kommen die Bestimmungen des § 17 zur Anwendung.
(§ 18). Nov. 98.

§ 21. Hatte der Gemeinschuldner einen von ihm vermieteten oder verpachteten Gegenstand dem Mieter oder dem Pächter vor der Eröffnung des Verfahrens überlassen, so ist der Miet- oder Pachtvertrag auch der Konkursmasse gegenüber wirksam.

Im Falle der Vermietung oder der Verpachtung eines Grundstücks, sowie im Falle der Vermietung von Wohnräumen oder anderen Räumen ist jedoch eine Verfügung, die der Gemeinschuldner vor der Eröffnung des Verfahrens über den auf die spätere Zeit entfallenden Miet- oder Pachtzins getroffen hat, insbesondere die Einziehung des Miet- oder Pachtzinses, der Konkursmasse gegenüber nur insoweit wirksam, als sich die Verfügung auf den Miet- oder Pachtzins für das zur Zeit der Eröffnung des Verfahrens laufende Kalendervierteljahr bezieht; erfolgt die Konkurseröffnung innerhalb des letzten halben Monats eines Kalendervierteljahrs, so ist die Verfügung auch insoweit wirksam, als sie sich auf den Miet- oder Pachtzins für das folgende Kalendervierteljahr bezieht. Soweit die Entrichtung des Miet- oder Pachtzinses der Konkursmasse gegenüber wirksam ist, kann der Mieter oder der Pächter gegen die Miet- oder Pachtzinsforderung der Konkursmasse eine ihm gegen den Gemeinschuldner zustehende Forderung aufrechnen.

Eine von dem Konkursverwalter vorgenommene freiwillige Veräußerung des von dem Gemeinschuldner vermieteten oder verpachteten Grundstücks wirkt, sofern das Grundstück dem Mieter oder dem Pächter vor der Eröffnung des Verfahrens überlassen war, auf das Miet- oder Pachtverhältnis wie eine Zwangsversteigerung. Die Vorschriften des § 57 b des Gesetzes über die Zwangsversteigerung und die Zwangsverwaltung bleiben jedoch außer Betracht.

(§ 18 a). Nov. 98. Art. 3 des Ges. v. 8. Juni 1915 (RGBl. 327). Wegen der Uebergangsbestimmungen hins. der durch dieses Ges. veranlaßten Aenderungen s. dessen Art. 4 u. 5.

§ 22. Ein in dem Haushalte, Wirtschaftsbetriebe oder Erwerbsgeschäfte des Gemeinschuldners angetretenes Dienstverhältnis kann von jedem Teile gekündigt werden. Die Kündigungsfrist ist, falls nicht eine kürzere Frist bedungen war, die gesetzliche.

Kündigt der Verwalter, so ist der andere Teil berechtigt,

Ersatz des ihm durch die Aufhebung des Dienstverhältnisses entstehenden Schadens zu verlangen.
(§ 19). Nov. 98.

§ 23. Ein von dem Gemeinschuldner erteilter Auftrag erlischt durch die Eröffnung des Verfahrens, es sei denn, daß der Auftrag sich nicht auf das zur Konkursmasse gehörige Vermögen bezieht. Erlischt der Auftrag, so finden die Vorschriften des § 672 Satz 2 und des § 674 des Bürgerlichen Gesetzbuchs entsprechende Anwendung.

Das Gleiche gilt, wenn sich jemand durch einen Dienstvertrag oder einen Werkvertrag verpflichtet hat, ein ihm von dem Gemeinschuldner übertragenes Geschäft für diesen zu besorgen.
(§ 19 a). Nov. 98.

§ 24. Ist zur Sicherung eines Anspruchs auf Einräumung oder Aufhebung eines Rechts an einem Grundstücke des Gemeinschuldners oder an einem für den Gemeinschuldner eingetragenen Rechte oder zur Sicherung eines Anspruchs auf Aenderung des Inhalts oder des Ranges eines solchen Rechts eine Vormerkung im Grundbuch eingetragen, so kann der Gläubiger von dem Konkursverwalter die Befriedigung seines Anspruchs verlangen. Das Gleiche gilt, wenn in Ansehung eines Schiffspfandrechts eine Vormerkung im Schiffsregister eingetragen ist.
(§ 19 b). Nov. 98.

§ 25. Soweit rücksichtlich einzelner, durch die §§ 18 bis 24 nicht betroffener Rechtsverhältnisse das bürgerliche Recht besondere Bestimmungen über die Wirkung der Eröffnung des Konkursverfahrens enthält, kommen diese Bestimmungen zur Anwendung.
(§ 20). Nov. 98.

§ 26. Wenn infolge der Eröffnung des Konkursverfahrens die Nichterfüllung einer Verbindlichkeit oder die Aufhebung eines Rechtsverhältnisses des Gemeinschuldners eintritt, so ist der andere Teil nicht berechtigt, die Rückgabe seiner in das Eigentum des Gemeinschuldners übergegangenen Leistung aus der Konkursmasse zu verlangen. Er kann eine Forderung wegen der Nichterfüllung oder der Aufhebung nur als Kon-

kursgläubiger geltend machen, soweit ihm nicht ein Anspruch auf abgesonderte Befriedigung zusteht.
(§ 21).

§ 27. Erlischt ein von dem Gemeinschuldner erteilter Auftrag oder ein Dienst- oder Werkvertrag der im § 23 Abs. 2 bezeichneten Art infolge der Eröffnung des Verfahrens, so ist der andere Teil in Ansehung der nach der Eröffnung des Verfahrens entstandenen Ersatzansprüche im Fall des § 672 Satz 2 des Bürgerlichen Gesetzbuchs Massegläubiger, im Falle des § 674 des Bürgerlichen Gesetzbuchs Konkursgläubiger.
(§ 21 a). Nov. 98.

§ 28. Wird eine nach § 705 des Bürgerlichen Gesetzbuchs eingegangene Gesellschaft durch die Eröffnung des Konkursverfahrens über das Vermögen eines Gesellschafters aufgelöst, so ist der geschäftsführende Gesellschafter in Ansehung der Ansprüche, welche ihm aus der einstweiligen Fortführung der Geschäfte nach § 728 Satz 2 des Bürgerlichen Gesetzbuchs zustehen, Massegläubiger, in Ansehung der ihm nach § 729 des Bürgerlichen Gesetzbuchs zustehenden Ansprüche, unbeschadet der Bestimmung des § 51, Konkursgläubiger.
(§ 21 b). Nov. 98.

Dritter Titel.

Anfechtung.

§ 29. Rechtshandlungen, welche vor der Eröffnung des Konkursverfahrens vorgenommen sind, können als den Konkursgläubigern gegenüber unwirksam nach Maßgabe der folgenden Bestimmungen angefochten werden.
(§ 22).

§ 30. Anfechtbar sind:

1. die nach der Zahlungseinstellung oder dem Antrage auf Eröffnung des Verfahrens von dem Gemeinschuldner eingegangenen Rechtsgeschäfte, durch deren Eingehung die Konkursgläubiger benachteiligt werden, wenn dem anderen Teile zu der Zeit, als er das Geschäft einging, die Zahlungseinstellung oder der Eröffnungsantrag bekannt war; sowie die nach der Zahlungseinstellung oder dem Eröffnungsantrage erfolgten Rechtshandlungen,

welche einem Konkursgläubiger Sicherung oder Befriedigung gewähren, wenn dem Gläubiger zu der Zeit, als die Handlung erfolgte, die Zahlungseinstellung oder der Eröffnungsantrag bekannt war;

2. die nach der Zahlungseinstellung oder dem Antrage auf Eröffnung des Verfahrens oder in den letzten zehn Tagen vor der Zahlungseinstellung oder dem Eröffnungsantrage erfolgten Rechtshandlungen, welche einem Konkursgläubiger eine Sicherung oder Befriedigung gewähren, die er nicht oder nicht in der Art oder nicht zu der Zeit zu beanspruchen hatte, sofern er nicht beweist, daß ihm zur Zeit der Handlung weder die Zahlungseinstellung und der Eröffnungsantrag, noch eine Absicht des Gemeinschuldners, ihn vor den übrigen Gläubigern zu begünstigen, bekannt war.

(§ 23).

§ 31. Anfechtbar sind:

1. Rechtshandlungen, welche der Gemeinschuldner in der dem anderen Teile bekannten Absicht, seine Gläubiger zu benachteiligen, vorgenommen hat,
2. die in dem letzten Jahre vor der Eröffnung des Verfahrens geschlossenen, entgeltlichen Verträge des Gemeinschuldners

   mit seinem Ehegatten, vor oder während der Ehe, mit seinen oder seines Ehegatten Verwandten in auf- und absteigender Linie, mit seinen oder seines Ehegatten voll- und halbbürtigen Geschwistern, oder mit dem Ehegatten einer dieser Personen,

   sofern durch den Abschluß des Vertrages die Gläubiger des Gemeinschuldners benachteiligt werden und der andere Teil nicht beweist, daß ihm zur Zeit des Vertragsabschlusses eine Absicht des Gemeinschuldners, die Gläubiger zu benachteiligen, nicht bekannt war.

(§ 24).

§ 32. Anfechtbar sind:

1. die in den letztem Jahre vor der Eröffnung des Verfahrens von dem Gemeinschuldner vorgenommenen unentgeltlichen Verfügungen, sofern nicht dieselben gebräuchliche Gelegenheitsgeschenke zum Gegenstande hatten;

2. die in den letzten zwei Jahren vor der Eröffnung des Konkurses von dem Gemeinschuldner vorgenommenen unentgeltlichen Verfügungen zugunsten seines Ehegatten.

(§ 25). Nr. 2 Halbsatz 2 gestrichen Nov. 98.

§ 33. Rechtshandlungen, welche früher als sechs Monate vor der Eröffnung des Verfahrens erfolgt sind, können aus dem Grunde einer Kenntnis der Zahlungseinstellung nicht angefochten werden.

(§ 26).

§ 34. Wechselzahlungen des Gemeinschuldners können auf Grund des § 30 Nr. 1 von dem Empfänger nicht zurückgefordert werden, wenn nach Wechselrecht der Empfänger bei Verlust des Wechselanspruchs gegen andere Wechselverpflichtete zur Annahme der Zahlung verbunden war.

Die gezahlte Wechselsumme muß von dem letzten Wechselregreßschuldner oder, falls derselbe den Wechsel für Rechnung eines Dritten begeben hatte, von diesem erstattet werden, wenn dem letzten Wechselregreßschuldner oder dem Dritten zu der Zeit, als er den Wechsel begab oder begeben ließ, einer der im § 30 Nr. 1 erwähnten Umstände bekannt war.

(§ 27).

§ 35. Die Anfechtung wird dadurch nicht ausgeschlossen, daß für die anzufechtende Rechtshandlung ein vollstreckbarer Schuldtitel erlangt, oder daß dieselbe durch Zwangsvollstreckung oder durch Vollziehung eines Arrestes erwirkt worden ist.

(§ 28).

§ 36. Das Anfechtungsrecht wird von dem Verwalter ausgeübt.

(§ 29).

§ 37. Was durch die anfechtbare Handlung aus dem Vermögen des Gemeinschuldners veräußert, weggegeben oder aufgegeben ist, muß zur Konkursmasse zurückgewährt werden.

Der gutgläubige Empfänger einer unentgeltlichen Leistung hat dieselbe nur insoweit zurückzugewähren, als er durch sie bereichert ist.

(§ 30).

§ 38. Die Gegenleistung ist aus der Konkursmasse zu erstatten, soweit sie sich in derselben befindet, oder soweit die Masse um ihren Wert bereichert ist. Darüber hinaus kann ein Anspruch nur als Konkursforderung geltend gemacht werden.

(§ 31).

§ 39. Wenn der Empfänger einer anfechtbaren Leistung das Empfangene zurückgewährt, so tritt seine Forderung wieder in Kraft.

(§ 32).

§ 40. Die gegen den Erblasser begründete Anfechtung findet gegen den Erben statt.

Gegen einen anderen Rechtsnachfolger desjenigen, welchem gegenüber die anfechtbare Handlung vorgenommen ist, findet die gegen den letzteren begründete Anfechtung statt:

1. wenn ihm zur Zeit seines Erwerbes die Umstände, welche die Anfechtbarkeit des Erwerbes seines Rechtsvorgängers begründen, bekannt waren;
2. wenn er zu den im § 31 Nr. 2 genannten Personen gehört, es sei denn, daß ihm zur Zeit seines Erwerbes die Umstände, welche die Anfechtbarkeit des Erwerbes seines Rechtsvorgängers begründen, unbekannt waren;
3. wenn ihm das Erlangte unentgeltlich zugewendet worden ist.

Im Falle des Abs. 2 Nr. 3 findet auf die Haftung des Rechtsnachfolgers die Bestimmung des § 37 Abs. 2 Anwendung.

(§ 33). Abs. 2 u. 3 Nov. 98.

§ 41. Die Anfechtung kann nur binnen Jahresfrist seit der Eröffnung des Verfahrens erfolgen. Auf den Lauf der der Frist finden die für die Verjährung geltenden Vorschriften des § 203 Abs. 2 und des § 207 des Bürgerlichen Gesetzbuchs entsprechende Anwendung. Die Anfechtung nach § 31 Nr. 1 ist ausgeschlossen, wenn seit der Vornahme der Handlung dreißig Jahre verstrichen sind.

Ist durch die anfechtbare Handlung eine Verpflichtung des Gemeinschuldners zu einer Leistung begründet, so kann der Konkursverwalter die Leistung verweigern, auch wenn die Anfechtung nach Abs. 1 ausgeschlossen ist.

(§ 34). Nov. 98.

§ 42. Die Vorschriften über die Anfechtung der vor der Eröffnung des Verfahrens vorgenommenen Rechtshandlungen gelten auch für die Anfechtung von Rechtshandlungen, die nach der Eröffnung des Verfahrens vorgenommen worden sind, sofern diese nach den §§ 892, 893 des Bürgerlichen Gesetzbuchs den Konkursgläubigern gegenüber wirksam sind. Die Frist für die Ausübung des Anfechtungsrechts beginnt mit der Vornahme der Rechtshandlung.
(§ 34 a). Nov. 98.

Vierter Titel.

Aussonderung.

§ 43. Die Ansprüche auf Aussonderung eines dem Gemeinschuldner nicht gehörigen Gegenstandes aus der Konkursmasse auf Grund eines dinglichen oder persönlichen Rechts bestimmen sich nach den außerhalb des Konkursverfahrens geltenden Gesetzen.
(§ 35).

§ 44. Der Verkäufer oder Einkaufskommissionär kann Waren, welche von einem anderen Orte an den Gemeinschuldner abgesendet und von dem Gemeinschuldner noch nicht vollständig bezahlt sind, zurückfordern, sofern nicht dieselben schon vor der Eröffnung des Verfahrens an dem Orte der Ablieferung angekommen und in den Gewahrsam des Gemeinschuldners oder einer anderen Person für ihn gelangt sind.

Die Bestimmungen des § 17 finden Anwendung.
(§ 36).

§ 45. Die Ehefrau des Gemeinschuldners kann Gegenstände, welche sie während der Ehe erworben hat, nur in Anspruch nehmen, wenn sie beweist, daß dieselben nicht mit Mitteln des Gemeinschuldners erworben sind.
(§ 37).

§ 46. Sind Gegenstände, deren Aussonderung aus der Konkursmasse hätte beansprucht werden können, vor der Eröffnung des Verfahrens von dem Gemeinschuldner oder nach der Eröffnung des Verfahrens von dem Verwalter veräußert worden, so ist der Aussonderungsberechtigte befugt, die Ab-

tretung des Rechts auf die Gegenleistung, soweit diese noch aussteht, zu verlangen. Er kann die Gegenleistung aus der Masse beanspruchen, soweit sie nach der Eröffnung des Verfahrens zu derselben eingezogen worden ist.
(§ 38).

Fünfter Titel.

Absonderung.

§ 47. Zur abgesonderten Befriedigung dienen die Gegenstände, welche der Zwangsvollstreckung in das unbewegliche Vermögen unterliegen, für diejenigen, welchen ein Recht auf Befriedigung aus denselben zusteht.
(§ 39). Abs. 1 Nov. 98. Abs. 2 gestr. Nov. 98.

§ 48. Gläubiger, welche an einem zur Konkursmasse gehörigen Gegenstand ein durch Rechtsgeschäft bestelltes Pfandrecht haben, können aus den ihnen verpfändeten Gegenständen abgesonderte Befriedigung wegen ihrer Pfandforderung verlangen, zunächst wegen der Kosten, dann wegen der Zinsen, zuletzt wegen des Kapitals.
(§ 40). Nov. 98.

§ 49. Den im § 48 bezeichneten Pfandgläubigern stehen gleich:

1. die Reichskasse, die Staatskassen und die Gemeinden, sowie die Amts-, Kreis- und Provinzialverbände wegen öffentlicher Abgaben, in Ansehung der zurückgehaltenen oder in Beschlag genommenen zoll- und steuerpflichtigen Sachen;
2. diejenigen, welche an gewissen Gegenständen ein gesetzliches oder ein durch Pfändung erlangtes Pfandrecht haben; das dem Vermieter und dem Verpächter nach den §§ 559, 581, 585 des Bürgerlichen Gesetzbuchs zustehende Pfandrecht kann in Ansehung des Miet- oder Pachtzinses für eine frühere Zeit als das letzte Jahr vor der Eröffnung des Verfahrens, sowie in Ansehung des dem Vermieter oder dem Verpächter infolge der Kündigung des Verwalters entstehenden Entschädigungsanspruchs nicht geltend gemacht werden; das Pfandrecht des Verpächters eines landwirtschaftlichen Grundstücks

unterliegt in Ansehung des Pachtzinses der Beschränkung nicht;

3. diejenigen, welche etwas zum Nutzen einer Sache verwendet haben, wegen des den noch vorhandenen Vorteil nicht übersteigenden Betrags ihrer Forderung aus der Verwendung, in Ansehung der zurückbehaltenen Sache;
4. diejenigen, welchen nach dem Handelsgesetzbuche in Ansehung gewisser Gegenstände ein Zurückbehaltungsrecht zusteht.

Die im Abs. 1 Nr. 1 bezeichneten Rechte gehen den im Abs. 1 Nr. 2—4 und den im § 48 bezeichneten Rechten vor.
(§ 41 in der Fassung des Ges. vom 9. Mai 1894, betr. Abänderung des § 41 der Konkursordnung) Nov. 98.

§ 50. Wer nach der Eröffnung des Konkursverfahrens oder mit Kenntnis des Eröffnungsantrages oder der Zahlungseinstellung eine Konkursforderung dem im Auslande wohnenden Inhaber eines zur Konkursmasse gehörigen Gegenstandes oder in der Absicht, daß dieser die Forderung erwerbe, einer Mittelsperson abtritt, ist verpflichtet, zur Konkursmasse den Betrag zu ersetzen, welcher derselben dadurch entgeht, daß der Inhaber für die Forderung nach dem Rechte des Auslandes entgegen den Bestimmungen dieses Gesetzes ein Absonderungsrecht an dem Gegenstande ausübt. Die Vorschrift des § 33 findet entsprechende Anwendung.
(§ 42).

§ 51. Wer sich mit dem Gemeinschuldner in einem Miteigentume, in einer Gesellschaft oder in einer anderen Gemeinschaft befindet, kann wegen der auf ein solches Verhältnis sich gründenden Forderungen abgesonderte Befriedigung aus dem bei der Teilung oder sonstigen Auseinandersetzung ermittelten Anteile des Gemeinschuldners verlangen.
(§ 44).

§ 52. Die Befriedigung der Lehen-, Stammguts- oder Familienfideikommiß-Gläubiger erfolgt abgesondert aus dem Lehen, Stammgute oder Familienfideikommisse nach den Vorschriften der Landesgesetze.
(§ 45).

Sechster Titel.

Aufrechnung.

§ 53. Soweit ein Gläubiger zu einer Aufrechnung befugt ist, braucht er seine Forderung im Konkursverfahren nicht geltend zu machen.
(§ 46).

§ 54. Die Aufrechnung wird nicht dadurch ausgeschlossen, daß zur Zeit der Eröffnung des Verfahrens die aufzurechnenden Forderungen oder die eine von ihnen noch betagt oder noch bedingt war, oder die Forderung des Gläubigers nicht auf einen Geldbetrag gerichtet war.

Eine betagte Forderung des Gläubigers ist zum Zwecke der Aufrechnung nach der Vorschrift des § 65 zu berechnen.

Zum Zwecke der Aufrechnung einer aufschiebend bedingten Forderung bei dem Eintritte der Bedingung kann der Gläubiger Sicherstellung insoweit verlangen, als die Forderung der von ihm einzuzahlenden Schuld gleichkommt.

Eine nicht auf Geld gerichtete Forderung des Gläubigers ist zum Zwecke der Aufrechnung nach den Vorschriften der §§ 69, 70 zu berechnen.
(§ 47).

§ 55. Eine Aufrechnung im Konkursverfahren ist unzulässig:
1. wenn jemand vor oder nach der Eröffnung des Verfahrens eine Forderung an den Gemeinschuldner erworben hat und nach der Eröffnung etwas zur Masse schuldig geworden ist;
2. wenn jemand dem Gemeinschuldner vor der Eröffnung des Verfahrens etwas schuldig war und nach derselben eine Forderung an den Gemeinschuldner erworben hat, auch wenn diese Forderung vor der Eröffnung für einen anderen Gläubiger entstanden war;
3. wenn jemand vor der Eröffnung des Verfahrens dem Gemeinschuldner etwas schuldig war und eine Forderung an den Gemeinschuldner durch ein Rechtsgeschäft mit demselben oder durch Rechtsabtretung oder Befriedigung eines Gläubigers erworben hat, falls ihm zur Zeit des Erwerbes bekannt war, daß der Gemeinschuldner seine

Zahlungen eingestellt hatte, oder daß die Eröffnung des Verfahrens beantragt war. Die Vorschrift des § 33 findet entsprechende Anwendung.

Die Aufrechnung ist zulässig, wenn der Erwerber zur Uebernahme der Forderung oder zur Befriedigung des Gläubigers verpflichtet war und zu der Zeit, als er die Verpflichtung einging, weder von der Zahlungseinstellung noch von dem Eröffnungsantrage Kenntnis hatte.

(§ 48).

§ 56. Die Bestimmung des § 50 findet entsprechende Anwendung auf den Fall, daß ein im Auslande wohnender Schuldner nach dem Rechte des Auslandes eine nach § 55 unzulässige Aufrechnung mit der ihm abgetretenen Konkursforderung vornimmt.

(§ 49).

Siebenter Titel.

Massegläubiger.

§ 57. Aus der Konkursmasse sind die Massekosten und Masseschulden vorweg zu berichtigen.

(§ 50).

§ 58. Massekosten sind:

1. die gerichtlichen Kosten für das gemeinschaftliche Verfahren;
2. die Ausgaben für die Verwaltung, Verwertung und Verteilung der Masse;
3. die dem Gemeinschuldner und dessen Familie bewilligte Unterstützung.

(§ 51).

§ 59. Masseschulden sind:

1. die Ansprüche, welche aus Geschäften oder Handlungen des Konkursverwalters entstehen;
2. die Ansprüche aus zweiseitigen Verträgen, deren Erfüllung zur Konkursmasse verlangt wird oder für die Zeit nach der Eröffnung des Verfahrens erfolgen muß;

3. die Ansprüche aus einer rechtlosen Bereicherung der Masse.
(§ 52).

§ 60. Sobald sich herausstellt, daß die Konkursmasse zur vollständigen Befriedigung aller Massegläubiger nicht ausreicht, tritt eine verhältnismäßige Befriedigung derselben in der Weise ein, daß zunächst die Masseschulden, dann die Massekosten, von diesen zuerst die baren Auslagen und zuletzt die dem Gemeinschuldner und dessen Familie bewilligte Unterstützung zu berichtigen sind.
(§ 53).

Achter Titel.

Konkursgläubiger.

§ 61. Die Konkursforderungen werden nach folgender Rangordnung, bei gleichem Range nach Verhältnis ihrer Beträge, berichtigt:

1. die für das letzte Jahr vor der Eröffnung des Verfahrens oder dem Ableben des Gemeinschuldners rückständigen Forderungen an Lohn, Kostgeld oder anderen Dienstbezügen der Personen, welche sich dem Gemeinschuldner für dessen Haushalt, Wirtschaftsbetrieb oder Erwerbsgeschäft zur Leistung von Diensten verdungen hatten;
2. die Forderungen der Reichskasse, der Staatskassen und der Gemeinden, sowie der Amts-, Kreis- und Provinzialverbände wegen öffentlicher Abgaben, welche im letzten Jahre vor der Eröffnung des Verfahrens fällig geworden sind oder nach § 65 als fällig gelten; es macht hierbei keinen Unterschied, ob der Steuererheber die Abgabe bereits vorschußweise zur Kasse entrichtet hat;
3. die Forderungen der Kirchen und Schulen, der öffentlichen Verbände und der öffentlichen, zur Annahme der Versicherung verpflichteten Feuerversicherungsanstalten wegen der nach Gesetz oder Verfassung zu entrichtenden Abgaben und Leistungen aus dem letzten Jahre vor der Eröffnung des Verfahrens;
4. die Forderungen der Aerzte, Wundärzte, Tierärzte, Apotheker, Hebammen und Krankenpfleger wegen Kur-

und Pflegekosten aus dem letzten Jahre vor der Eröffnung des Verfahrens, insoweit der Betrag der Forderungen den Betrag der taxmäßigen Gebührnisse nicht übersteigt;

5. die Forderungen der Kinder, der Mündel und der Pflegebefohlenen des Gemeinschuldners in Ansehung ihres gesetzlich der Verwaltung desselben unterworfenen Vermögens; das Vorrecht steht ihnen nicht zu, wenn die Forderung nicht binnen zwei Jahren nach Beendigung der Vermögensverwaltung gerichtlich geltend gemacht und bis zur Eröffnung des Verfahrens verfolgt worden ist;
6. alle übrigen Konkursforderungen.

(§ 54). Nr. 1, 4, 5 Nov. 98.

§ 62. Mit der Kapitalsforderung werden an derselben Stelle angesetzt:

1. die Kosten, welche dem Gläubiger vor der Eröffnung des Verfahrens erwachsen sind;
2. die Vertragsstrafen;
3. die bis zur Eröffnung des Verfahrens aufgelaufenen Zinsen.

(§ 55).

§ 63. Im Konkursverfahren können nicht geldend gemacht werden:

1. die seit der Eröffnung des Verfahrens laufenden Zinsen;
2. die Kosten, welche den einzelnen Gläubigern durch ihre Teilnahme an dem Verfahren erwachsen;
3. Geldstrafen;
4. Forderungen aus einer Freigebigkeit des Gemeinschuldners unter Lebenden oder von Todes wegen.

(§ 56).

§ 64. Ein Gläubiger, welcher abgesonderte Befriedigung beansprucht, kann die Forderung, wenn der Gemeinschuldner auch persönlich für sie haftet, zur Konkursmasse geltend machen, aus derselben aber nur für den Betrag verhältnismäßige Befriedigung verlangen, zu welchem er auf abgesonderte Befriedigung verzichtet, oder mit welchem er bei der letzteren ausgefallen ist.

(§ 57).

§ 65. Betagte Forderungen gelten als fällig.

Eine betagte unverzinsliche Forderung vermindert sich auf den Betrag, welcher mit Hinzurechnung der gesetzlichen Zinsen desselben für die Zeit von der Eröffnung des Verfahrens bis zur Fälligkeit dem vollen Betrage der Forderung gleichkommt.

(§ 58).

§ 66. Forderungen unter auflösender Bedingung werden wie unbedingte geltend gemacht.

(§ 59).

§ 67. Forderungen unter aufschiebender Bedingung berechtigen nur zu einer Sicherung.

(§ 60).

§ 68. Wird über das Vermögen mehrerer oder einer von mehreren Personen, welche nebeneinander für dieselbe Leistung auf das Ganze haften, das Konkursverfahren eröffnet, so kann der Gläubiger bis zu seiner vollen Befriedigung in jedem Verfahren den Betrag geltend machen, den er zur Zeit der Eröffnung des Verfahrens zu fordern hatte.

(§ 61).

§ 69. Forderungen, welche nicht auf einen Geldbetrag gerichtet sind, oder deren Geldbetrag unbestimmt oder ungewiß oder nicht in Reichswährung festgesetzt ist, sind nach ihrem Schätzungswerte in Reichswährung geltend zu machen.

(§ 62).

§ 70. Wiederkehrende Hebungen zu einem bestimmten Betrage und von einer bestimmten Zeitdauer werden unter Abrechnung der Zwischenzinsen (§ 65) durch Zusammenzählung der einzelnen Hebungen kapitalisiert. Der Gesamtbetrag darf den zum gesetzlichen Zinssatze kapitalisierten Betrag nicht übersteigen.

(§ 63).

Zweites Buch.

Konkursverfahren.

Erster Titel.

Allgemeine Bestimmungen.

§ 71. Für das Konkursverfahren ist das Amtsgericht ausschließlich zuständig, bei welchem der Gemeinschuldner seine gewerbliche Niederlassung oder in Ermangelung einer solchen seinen allgemeinen Gerichtsstand hat.

Sind mehrere Gerichte zuständig, so schließt dasjenige, bei welchem zuerst die Eröffnung des Verfahrens beantragt worden ist, die übrigen aus.

(§ 64). Abs. 1 Nov. 98.

§ 72. Die Vorschriften der Zivilprozeßordnung finden, soweit nicht aus den Bestimmungen dieses Gesetzes sich Abweichungen ergeben, auf das Konkursverfahren entsprechende Anwendung.

(§ 65).

§ 73. Die Entscheidungen im Konkursverfahren können ohne vorgängige mündliche Verhandlung erfolgen.

Die Zustellung geschieht von Amts wegen.

Gegen die Entscheidungen im Konkursverfahren findet, soweit dieses Gesetz nicht ein anderes bestimmt, die sofortige Beschwerde statt.

(§ 66).

§ 74. Die Entscheidung des Beschwerdegerichts wird erst mit der Rechtskraft wirksam. Das Beschwerdegericht kann jedoch die sofortige Wirksamkeit der Entscheidung anordnen.

(§ 66a). Nov. 98.

§ 75. Das Konkursgericht kann zur Aufklärung aller das Verfahren betreffenden Verhältnisse die erforderlichen Ermittelungen, insbesondere die Vernehmung von Zeugen und Sachverständigen anordnen.

(§ 67).

§ 76. Die öffentlichen Bekanntmachungen erfolgen durch mindestens einmalige Einrückung in das zur Veröffentlichung amtlicher Bekanntmachungen des Gerichts bestimmte Blatt; die Einrückung kann auszugsweise geschehen. Die Bekanntmachung gilt als bewirkt mit dem Ablaufe des zweiten Tages nach der Ausgabe des die Einrückung oder die erste Einrückung enthaltenden Blattes.

Das Gericht kann weitere Bekanntmachungen anordnen.

Die öffentliche Bekanntmachung gilt als Zustellung an alle Beteiligten, auch wenn dieses Gesetz neben ihr eine besondere Zustellung vorschreibt.

(§ 68).

§ 77. Wenn neben der öffentlichen Bekanntmachung eine besondere Zustellung vorgeschrieben ist, so kann dieselbe durch Aufgabe zur Post bewirkt werden. Einer Beglaubigung der Abschrift des zuzustellenden Schriftstücks bedarf es nicht.

Die dem Verwalter obliegenden Mitteilungen können unmittelbar und ohne besondere Form geschehen.

(§ 69).

§ 78. Der Konkursverwalter wird von dem Gerichte ernannt.

Das Gericht kann demselben die Leistung einer Sicherheit auferlegen.

(§ 70).

§ 79. Wenn die Verwaltung verschiedene Geschäftszweige umfaßt, so können mehrere Konkursverwalter ernannt werden. Jeder von ihnen ist in seiner Geschäftsführung selbständig.

(§ 71).

§ 80. In der auf die Ernennung eines Verwalters folgenden Gläubigerversammlung können die Konkursgläubiger statt des Ernannten eine andere Person wählen. Das Gericht kann die Ernennung des Gewählten versagen.

(§ 72).

§ 81. Der Name des Verwalters ist öffentlich bekannt zu machen.

Dem Verwalter ist eine urkundliche Bescheinigung seiner Ernennung zu erteilen. Er hat dieselbe bei der Beendigung seines Amts dem Gerichte zurückzureichen.

(§ 73).

§ 82. Der Verwalter ist für die Erfüllung der ihm obliegenden Pflichten allen Beteiligten verantwortlich.

(§ 74). Nov. 98.

§ 83. Der Verwalter steht unter der Aufsicht des Konkursgerichts.
(§ 75).

§ 84. Das Gericht kann gegen den Verwalter Ordnungsstrafen bis zu zweihundert [1]) Mark festsetzen. Es kann denselben vor der auf seine Ernennung folgenden Gläubigerversammlung von Amts wegen, später nur auf Antrag der Gläubigerversammlung oder des Gläubigerausschusses seines Amts entlassen.

Vor der Entscheidung ist der Verwalter zu hören.
(§ 76).

[1]) S. hierzu nun die VO. über die Vermögensst. v. 6. Febr. 1924 (RGBl. 44).

§ 85. Der Verwalter hat Anspruch auf Erstattung angemessener barer Auslagen und auf Vergütung für seine Geschäftsführung. Die Festsetzung der Auslagen und der Vergütung erfolgt durch das Konkursgericht.

Die Landesjustizverwaltung kann für die dem Verwalter zu gewährende Vergütung allgemeine Anordnungen treffen.
(§ 77). Abs. 2 Nov. 98.

§ 86. Der Verwalter hat bei der Beendigung seines Amts einer Gläubigerversammlung Schlußrechnung zu legen. Die Rechnung muß mit den Belegen und, wenn ein Gläubigerausschuß bestellt ist, mit dessen Bemerkungen spätestens drei Tage vor dem Termine auf der Gerichtsschreiberei zur Einsicht der Beteiligten niedergelegt werden. Der Gemeinschuldner, jeder Konkursgläubiger und der nachfolgende Verwalter sind berechtigt, Einwendungen gegen die Rechnung zu erheben. Soweit in dem Termine Einwendungen nicht erhoben werden, gilt die Rechnung als anerkannt.
(§ 78).

§ 87. Vor der ersten Gläubigerversammlung kann das Gericht aus der Zahl der Gläubiger oder der Vertreter von Gläubigern einen Gläubigerausschuß bestellen.

Die Gläubigerversammlung hat über die Bestellung eines Gläubigerausschusses zu beschließen. Die Mitglieder des Gläubigerausschusses sind von der Gläubigerversammlung zu wählen. Zu Mitgliedern können Gläubiger oder andere Personen gewählt werden.
(§ 79).

§ 88. Die Mitglieder des Gläubigerausschusses haben den Verwalter bei seiner Geschäftsführung zu unterstützen und zu überwachen. Dieselben können sich von dem Gange der Geschäfte unterrichten, die Bücher und Schriften des Verwalters einsehen und den Bestand seiner Kasse untersuchen.

Der Gläubigerausschuß ist berechtigt, von dem Verwalter Berichterstattung über die Lage der Sache und die Geschäftsführung zu verlangen. Er ist verpflichtet, die Untersuchung der Kasse des Verwalters wenigstens einmal in jedem Monate durch ein Mitglied vornehmen zu lassen.

(§ 80).

§ 89. Die Mitglieder des Gläubigerausschusses sind für die Erfüllung der ihnen obliegenden Pflichten allen Beteiligten verantwortlich.

(§ 81). Nov. 98.

§ 90. Ein Beschluß des Gläubigerausschusses ist gültig, wenn die Mehrheit der Mitglieder an der Beschlußfassung teilgenommen hat, und der Beschluß mit absoluter Mehrheit der abgegebenen Stimmen gefaßt ist.

(§ 82).

§ 91. Die Mitglieder des Gläubigerausschusses haben Anspruch auf Erstattung angemessener barer Auslagen und auf Vergütung für ihre Geschäftsführung. Die Festsetzung der Auslagen und der Vergütung erfolgt nach Anhörung der Gläubigerversammlung durch das Konkursgericht.

Die Landesjustizverwaltung kann für die den Mitgliedern des Gläubigerausschusses zu gewährende Vergütung allgemeine Anordnungen treffen.

(§ 83). Abs. 1 Satz 2, Abs. 2 Nov. 98.

§ 92. Die durch das Gericht erfolgte Bestellung zum Mitgliede des Gläubigerausschusses kann von dem Gerichte, die durch die Gläubigerversammlung erfolgte Bestellung zum Mitgliede des Gläubigerausschusses durch Beschluß der Gläubigerversammlung widerrufen werden.

(§ 84).

§ 93. Ueber die Berufung der Gläubigerversammlung beschließt das Gericht. Die Berufung muß erfolgen, wenn sie von dem Verwalter, dem Gläubigerausschusse oder von mindestens fünf Konkursgläubigern, deren Forderungen nach der Schätzung des Gerichts den fünften Teil der Schuldenmasse erreichen, beantragt wird.

Die Berufung muß öffentlich bekannt gemacht werden. Der öffentlichen Bekanntmachung bedarf es nicht, wenn in einer Gläubigerversammlung eine Vertagung der Verhandlung angeordnet wird.

(§ 85).

§ 94. Die Gläubigerversammlung findet unter der Leitung des Gerichts statt.

Die Beschlüsse der Gläubigerversammlung werden mit absoluter Mehrheit der Stimmen gefaßt. Für die Wahl der Mitglieder des Gläubigerausschusses genügt relative Mehrheit der Stimmen.

Die Stimmenmehrheit ist nach den Forderungsbeträgen zu berechnen. Bei Gleichheit der Summen entscheidet die Zahl der Gläubiger.

(§ 86).

§ 95. Zur Teilnahme an den Abstimmungen berechtigen die festgestellten Konkursforderungen. In Ansehung einer streitig gebliebenen Forderung wird bei der Prüfung mit den Parteien erörtert, ob und zu welchem Betrage ein bleibendes Stimmrecht für dieselbe zu gewähren ist. In Ermangelung einer Einigung entscheidet das Konkursgericht. Das Gericht kann die Entscheidung auf den weiteren Antrag einer Partei abändern.

Ob und zu welchem Betrage nicht geprüfte Konkursforderungen zum Stimmen in einer Gläubigerversammlung berechtigen, entscheidet auf den Widerspruch eines Konkursgläubigers oder des Verwalters das Gericht.

Eine Anfechtung der Entscheidungen findet nicht statt.

(§ 87).

§ 96. Ob und zu welchem Betrage Forderungen, für welche abgesonderte Befriedigung beansprucht wird, in Ansehung ihres mutmaßlichen Ausfalls, sowie Konkursforderungen unter aufschiebender Bedingung zum Stimmen in einer Gläubigerversammlung berechtigen, entscheidet auf den

Widerspruch eines Konkursgläubigers oder des Verwalters das Gericht.

Eine Anfechtung der Entscheidung findet nicht statt.

(§ 88).

§ 97. Gezählt werden nur die Stimmen der in der Gläubigerversammlung erschienenen Gläubiger. Die nicht erschienenen Gläubiger sind an die Beschlüsse gebunden.

(§ 89).

§ 98. Der Gegenstand, über welchen in der Gläubigerversammlung ein Beschluß gefaßt werden soll, muß bei der Berufung derselben öffentlich bekannt gemacht werden.

(§ 90).

§ 99. Das Gericht hat die Ausführung eines von der Gläubigerversammlung gefaßten Beschlusses auf den in der Gläubigerversammlung gestellten Antrag des Verwalters oder eines überstimmten Gläubigers zu untersagen, wenn der Beschluß dem gemeinsamen Interesse der Konkursgläubiger widerspricht.

(§ 91).

§ 100. Der Gemeinschuldner ist verpflichtet, dem Verwalter, dem Gläubigerausschusse und auf Anordnung des Gerichts der Gläubigerversammlung über alle das Verfahren betreffenden Verhältnisse Auskunft zu geben.

(§ 92).

§ 101. Der Gemeinschuldner darf sich von seinem Wohnorte nur mit Erlaubnis des Gerichts entfernen.

Das Gericht kann die zwangsweise Vorführung und nach Anhörung des Gemeinschuldners die Haft desselben anordnen, wenn er die ihm von dem Gesetze auferlegten Pflichten nicht erfüllt, oder wenn es zur Sicherung der Masse notwendig erscheint.

(§ 93).

Zweiter Titel.

Eröffnungsverfahren.

§ 102. Die Eröffnung des Konkursverfahrens setzt die Zahlungsunfähigkeit des Gemeinschuldners voraus.

Zahlungsunfähigkeit ist insbesondere anzunehmen, wenn Zahlungseinstellung erfolgt ist.
(§ 94).

§ 103. Das Verfahren kann nur auf Antrag eröffnet werden.

Zu dem Antrage ist der Gemeinschuldner und jeder Konkursgläubiger berechtigt.
(§ 95).

§ 104. Beantragt der Gemeinschuldner die Eröffnung des Verfahrens, so hat er ein Verzeichnis der Gläubiger und Schuldner, sowie eine Uebersicht der Vermögensmasse bei Stellung des Antrags einzureichen oder, wenn dies nicht tunlich ist, ohne Verzug nachzuliefern.
(§ 96).

§ 105. Der Antrag eines Gläubigers auf Eröffnung des Verfahrens ist zuzulassen, wenn die Forderung des Gläubigers und die Zahlungsunfähigkeit des Gemeinschuldners glaubhaft gemacht werden.

Wird der Antrag zugelassen, so hat das Gericht den Schuldner zu hören und, sofern dieser nicht seine Zahlungsunfähigkeit oder Zahlungseinstellung einräumt, die erforderlichen Ermittelungen anzuordnen.

Die Anhörung des Schuldners kann unterbleiben, wenn sie eine öffentliche Zustellung oder eine Zustellung im Auslande erfordert; in diesem Falle ist, soweit tunlich, ein Vertreter oder Angehöriger des Schuldners zu hören.
(§ 97).

§ 106. Das Gericht kann die zwangsweise Vorführung und die Haft des Schuldners anordnen. Dasselbe kann alle zur Sicherung der Masse dienenden einstweiligen Anordnungen treffen. Es kann insbesondere ein allgemeines Veräußerungsverbot an den Schuldner erlassen.

Bei der Abweisung des Eröffnungsantrags sind die angeordneten Sicherheitsmaßregeln aufzuheben.
(§ 98). Abs. 1 Satz 4 gestrichen Nov. 98.

§ 107. Die Abweisung des Eröffnungsantrags kann erfolgen, wenn nach dem Ermessen des Gerichts eine den Kosten des Verfahrens entsprechende Konkursmasse nicht vorhanden ist. Die Abweisung unterbleibt, wenn ein zur Deckung der im 58 Nr. 1, 2 bezeichneten Massekosten ausreichender Geldbetrag vorgeschossen wird.

Das Gericht hat ein Verzeichnis derjenigen Schuldner zu führen, bezüglich deren der Eröffnungsantrag auf Grund der Vorschrift des Abs. 1 Satz 1 abgewiesen worden ist. Die Einsicht des Verzeichnisses ist jedem gestattet. Nach dem Ablaufe von fünf Jahren seit der Abweisung des Eröffnungsantrags ist die Eintragung in dem Verzeichnisse dadurch zu löschen, daß der Name unkenntlich gemacht wird.

(§ 99). Abs. 1 Satz 2, Abs. 2 Nov. 98.

§ 108. Der Eröffnungsbeschluß hat die Stunde der Eröffnung anzugeben.

Ist dies versäumt worden, so gilt als Zeitpunkt der Eröffnung die Mittagsstunde des Tages, an welchem der Beschluß erlassen ist.

(§ 100).

§ 109. Die sofortige Beschwerde steht gegen den Eröffnungsbeschluß nur dem Gemeinschuldner, gegen den abweisenden Beschuß nur demjenigen zu, welcher den Eröffnungsantrag gestellt hat.

(§ 101).

§ 110. Bei der Eröffnung des Konkursverfahrens ernennt das Gericht den Konkursverwalter, verordnet einen nicht über einen Monat hinauszusetzenden Termin zur Beschlußfassung über die Wahl eines anderen Verwalters, sowie über die Bestellung eines Gläubigerausschusses, erläßt den offenen Arrest und bestimmt die Anmeldefrist und den allgemeinen Prüfungstermin.

Das Gericht kann die Termine verbinden, wenn die Konkursmasse von geringerem Betrage oder der Kreis der Konkursgläubiger von geringerem Umfange ist, oder wenn der Gemeinschuldner einen Zwangsvergleichsvorschlag eingereicht hat.

(§ 102). Abs. 2 Halbsatz 2 Nov. 98.

§ 111. Der Gerichtsschreiber hat die Formel des Eröffnungsbeschlusses, den offenen Arrest, die Anmeldefrist und die Termine sofort öffentlich bekannt zu machen.

Die Bekanntmachung ist, unbeschadet der Vorschriften

des § 76 Abs. 1, auszugsweise in den Deutschen Reichsanzeiger einzurücken.

An die ihrem Wohnorte nach bekannten Gläubiger und Schuldner des Gemeinschuldners erfolgt besondere Zustellung.
(§ 103).

§ 112. Der Gerichtsschreiber hat unter Bezeichnung des Konkursverwalters beglaubigte Abschriften der Formel des Eröffnungsbeschlusses den Behörden für die Führung des Handels- oder Genossenschaftsregisters oder ähnlicher Register und der Dienstbehörde des Gemeinschuldners mitzuteilen.
(§ 104).

§ 113. Ein von dem Konkursgericht in Gemäßheit des § 106 erlassenes allgemeines Veräußerungsverbot, sowie die Eröffnung des Konkursverfahrens ist in das Grundbuch einzutragen:

1. bei denjenigen Grundstücken, als deren Eigentümer der Gemeinschuldner im Grundbuch eingetragen ist;
2. bei den für den Gemeinschuldner eingetragenen Rechten an Grundstücken oder an eingetragenen Rechten, wenn nach der Art des Rechts und den obwaltenden Umständen bei Unterlassung der Eintragung eine Beeinträchtigung der Konkursgläubiger zu besorgen ist.

Das Konkursgericht hat, soweit ihm solche Grundstücke oder Rechte bekannt sind, das Grundbuchamt von Amts wegen um die Eintragung zu ersuchen.

Die Eintragung kann auch von dem Konkursverwalter bei dem Grundbuchamte beantragt werden.
(§ 106). Nov. 98.

§ 114. Werden Grundstücke oder Rechte, bei denen eine Eintragung nach Maßgabe des § 113 Abs. 1, 2 bewirkt worden ist, von dem Verwalter freigegeben oder veräußert, so kann das Konkursgericht auf Antrag das Grundbuchamt um Löschung der Eintragung ersuchen.
(§ 106 a). Nov. 98.

§ 115. Die Eintragung und Löschung von Vermerken auf Grund der §§ 113, 114 geschieht gebührenfrei.
(§ 106 b). Nov. 98.

§ 116. Sobald eine den Eröffnungsbeschluß aufhebende

Entscheidung die Rechtskraft erlangt hat, ist die Aufhebung des Verfahrens öffentlich bekannt zu machen. Die Vorschriften der §§ 111 Abs. 2, 112, 113, 191 finden entsprechende Anwendung.

(§ 106 c). Nov. 98.

[1]) S. hierzu § 3 der VO. über die Einschränkung öffentl. Bek. v. 14. Febr. 1924 (RGBl. 119) Abs. 1: Eine Bekanntmachung der Aufhebung und der Einstellung des Konkursverfahrens (§§ 116, 163, 190 u. 205 der Konkursordnung) durch den deutschen Reichsanzeiger findet nicht statt. Abs. 2: Eine öffentliche Bekanntmachung des Vergleichstermins (§ 179 daselbst) findet nicht statt.

Dritter Titel.

Teilungsmasse.

§ 117. Nach der Eröffnung des Verfahrens hat der Verwalter das gesamte zur Konkursmasse gehörige Vermögen sofort in Besitz und Verwaltung zu nehmen und dasselbe zu verwerten.

Die Geschäftsbücher des Gemeinschuldners dürfen nur mit dem Geschäft im Ganzen und nur insoweit veräußert werden, als sie zur Fortführung des Geschäftsbetriebs unentbehrlich sind.

(§ 107). Abs. 2 Nov. 98.

§ 118. Durch den offenen Arrest wird allen Personen, welche eine zur Konkursmasse gehörige Sache in Besitz haben oder zur Konkursmasse etwas schuldig sind, aufgegeben, nichts an den Gemeinschuldner zu verabfolgen oder zu leisten, auch die Verpflichtung auferlegt, von dem Besitze der Sache und von den Forderungen, für welche sie aus der Sache abgesonderte Befriedigung in Anspruch nehmen, dem Konkursverwalter innerhalb einer bestimmten Frist Anzeige zu machen.

(§ 108).

§ 119. Wer die Anzeige über den Besitz von Sachen des Gemeinschuldners innerhalb der bestimmten Frist zu machen

unterläßt, haftet für allen aus der Unterlassung oder Verzögerung der Anzeige entstehenden Schaden.
(§ 109).

§ 120. Gläubiger, welche abgesonderte Befriedigung aus einer in ihrem Besitze befindlichen Sache beanspruchen, haben dem Verwalter auf dessen Verlangen die Sache zur Ansicht vorzuzeigen und die Abschätzung derselben zu gestatten.
(§ 110).

§ 121. Die Post- und Telegraphenanstalten sind verpflichtet, auf Anordnung des Konkursgerichts alle für den Gemeinschuldner eingehenden Sendungen, Briefe und Depeschen dem Verwalter auszuhändigen. Dieser ist zur Eröffnung derselben berechtigt. Der Gemeinschuldner kann die Einsicht und, wenn ihr Inhalt die Masse nicht betrifft, die Herausgabe derselben verlangen.

Das Gericht kann die Anordnung auf Antrag des Gemeinschuldners nach Anhörung des Verwalters aufheben oder beschränken.
(§ 111).

§ 122. Der Verwalter kann zur Sicherung der zur Konkursmasse gehörigen Sachen durch eine zur Vornahme solcher Handlungen gesetzlich ermächtigte Person siegeln lassen.

Die Geschäftsbücher des Gemeinschuldners sind durch den Gerichtsschreiber zu schließen.
(§ 112).

§ 123. Der Verwalter hat die einzelnen zur Konkursmasse gehörigen Gegenstände unter Angabe ihres Wertes aufzuzeichnen. Der Wert ist erforderlichenfalls durch Sachverständige zu ermitteln. Bei der Aufzeichnung ist eine obrigkeitliche oder eine Urkundsperson zuzuziehen. Der Gemeinschuldner ist zuzuziehen, wenn er ohne Aufschub zu erlangen ist.

Auf Antrag des Verwalters und, wenn ein Gläubigerausschuß bestellt ist, des letzteren, kann das Gericht gestatten, daß die Aufzeichnung unterbleibe oder ohne Zuziehung einer obrigkeitlichen oder einer Urkundsperson vorgenommen werde.
(§ 113).

§ 124. Dem Verwalter liegt die Anfertigung eines Inventars und einer Bilanz ob. Derselbe hat eine von ihm

gezeichnete Abschrift des Inventars und der Bilanz und, wenn eine Siegelung und Entsiegelung stattgefunden hat, die Protokolle über dieselben auf der Gerichtsschreiberei zur Einsicht der Beteiligten niederzulegen.
(§ 114).

§ 125. Nach der Anfertigung des Inventars kann der Verwalter oder ein Konkursgläubiger den Gemeinschuldner in eine Sitzung des Amtsgerichts, bei welchem das Konkursverfahren anhängig ist, zur Leistung des Offenbarungseides laden.
(§ 115).

§ 126. Die Zwangsverwaltung und die Zwangsversteigerung der zur Masse gehörigen unbeweglichen Gegenstände kann bei der zuständigen Behörde durch den Konkursverwalter betrieben werden.
(§ 116).

§ 127. Der Verwalter ist berechtigt, die Verwertung eines zur Masse gehörigen beweglichen Gegenstandes, an welchem ein Gläubiger ein durch Rechtsgeschäft bestelltes Pfandrecht oder ein diesem gleichstehendes Recht beansprucht, nach Maßgabe der Vorschriften über die Zwangsvollstreckung oder über den Pfandverkauf zu betreiben. Der Gläubiger kann einer solchen Verwertung nicht widersprechen, vielmehr seine Rechte nur auf den Erlös geltend machen.

Ist der Gläubiger befugt, sich aus dem Gegenstande ohne gerichtliches Verfahren zu befriedigen, so kann auf Antrag des Verwalters das Konkursgericht dem Gläubiger nach dessen Anhörung eine Frist bestimmen, innerhalb welcher er den Gegenstand zu verwerten hat. Nach dem Ablaufe der Frist findet die Vorschrift des ersten Absatzes Anwendung.
(§ 117). Abs. 1 S. 1 Nov. 98.

§ 128. Ist der Gemeinschuldner Vorerbe, so darf der Verwalter die zur Erbschaft gehörigen Gegenstände nicht veräußern, wenn die Veräußerung im Falle des Eintritts der Nacherbfolge nach § 2115 des Bürgerlichen Gesetzbuchs dem Nacherben gegenüber unwirksam ist.
(§ 117a). Nov. 98.

§ 129. Bis zur Beschlußfassung durch eine Gläubigerversammlung kann der Verwalter mit Genehmigung des Gerichts oder, wenn von dem Gerichte ein Gläubigerausschuß bestellt ist, mit dessen Genehmigung dem Gemeinschuldner und der Familie desselben notdürftigen Unterhalt aus der Konkursmasse gewähren.

Bis zur Beschlußfassung durch eine Gläubigersammlung hat der Verwalter nach seinem Ermessen das Geschäft des Gemeinschuldners zu schließen oder fortzuführen und die Gelder, Wertpapiere und Kostbarkeiten nach Anordnung des Gerichts zu hinterlegen. Ist von dem Gerichte ein Gläubigerausschuß bestellt, so beschließt dieser über die Schließung oder die Fortführung des Geschäfts und über die Hinterlegung der Gelder, Wertpapiere und Kostbarkeiten.

(§ 118).

§ 130. Soll nach § 129 das Geschäft des Gemeinschuldners geschlossen werden, so hat der Verwalter vor der Beschlußfassung des Gläubigerausschusses oder, wenn ein Gläubigerausschuß nicht bestellt ist, vor der Schließung des Geschäfts dem Gemeinschuldner, sofern derselbe ohne Aufschub zu erlangen ist, von der beabsichtigten Maßregel Mitteilung zu machen.

Das Gericht kann auf Antrag des Gemeinschuldners die Schließung des Geschäfts untersagen, wenn der Gemeinschuldner einen Zwangsvergleichsvorschlag eingereicht hat.

(§ 118 a). Nov. 98.

§ 131. In der ersten Gläubigersammlung hat der Verwalter über die Entstehung der Zahlungsunfähigkeit des Gemeinschuldners, über die Lage der Sache und über die bisher ergriffenen Maßregeln zu berichten.

(§ 119).

§ 132. Die Gläubigerversammlung beschließt über eine dem Gemeinschuldner und dessen Familie zu bewilligende Unterstützung, über die Schließung oder die Fortführung des Geschäfts und über die Stelle, bei welcher, sowie über die Bedingungen, unter welchen die Gelder, Wertpapiere und Kostbarkeiten hinterlegt oder angelegt werden sollen.

Die Gläubigerversammlung beschließt, in welcher Weise und in welchen Zeiträumen der Verwalter ihr oder einem

Gläubigerausschusse über die Verwaltung und Verwertung der Masse Bericht erstatten und Rechnung legen soll.
(§ 120).

§ 133. Der Verwalter hat, falls ein Gläubigerausschuß bestellt ist, dessen Genehmigung einzuholen:
1. wenn Gegenstände, deren Verkauf ohne offenbaren Nachteil für die Masse ausgesetzt werden kann und nicht durch die Fortführung des Geschäfts veranlaßt wird, verkauft werden sollen, bevor der allgemeine Prüfungstermin abgehalten oder ein vor dem Schlusse desselben eingereichter Zwangsvergleichsvorschlag erledigt ist;
2. wenn die Erfüllung von Rechtsgeschäften des Gemeinschuldners verlangt, Prozesse anhängig gemacht, deren Aufnahme abgelehnt, Vergleiche oder Schiedsverträge geschlossen, Aussonderungs-, Absonderungs- oder Masseansprüche anerkannt, Pfandstücke eingelöst, oder Forderungen veräußert werden sollen, und es sich in diesen Fällen um einen Wertgegenstand von mehr als dreihundert Mark handelt.

(§ 121).

§ 134. Der Verwalter hat die Genehmigung des Gläubigerausschusses oder, wenn ein solcher nicht bestellt ist, die Genehmigung einer Gläubigerversammlung einzuholen:
1. wenn ein unbeweglicher Gegenstand aus freier Hand, oder das Geschäft oder das Warenlager des Gemeinschuldners im Ganzen, oder das Recht auf den Bezug wiederkehrender Einkünfte veräußert werden soll;
2. wenn Darlehen aufgenommen, fremde Verbindlichkeiten übernommen, zur Masse gehörige Gegenstände verpfändet, oder Grundstücke erstanden werden sollen.

(§ 122). Nov. 98.

§ 135. Der Verwalter hat in den Fällen der §§ 133, 134 vor der Beschlußfassung des Gläubigerausschusses oder der Gläubigerversammlung, und in den Fällen des § 133, wenn ein Gläubigerausschuß nicht bestellt ist, vor der Vornahme der Rechtshandlung dem Gemeinschuldner, sofern derselbe ohne Aufschub zu erlangen ist, von der beabsichtigten Maßregel Mitteilung zu machen.

Das Gericht kann auf Antrag des Gemeinschuldners,

sofern nicht die Gläubigerversammlung die Genehmigung erteilt hat, die Vornahme der Rechtshandlung vorläufig untersagen und zur Beschlußfassung über die Vornahme eine Gläubigerversammlung berufen.

(§ 123).

§ 136. Durch die Vorschriften der §§ 133—135 wird die Gültigkeit einer Rechtshandlung des Verwalters dritten Personen gegenüber nicht berührt.

(§ 124).

§ 137. Wenn ein Gläubigerausschuß bestellt ist, und die Gläubigerversammlung nicht ein anderes beschließt, bedürfen Quittungen des Verwalters über den Empfang von Geldern, Wertpapieren oder Kostbarkeiten von der Hinterlegungsstelle und Anweisungen des Verwalters auf die Hinterlegungsstelle zu ihrer Gültigkeit der Mitzeichnung eines Mitgliedes des Gläubigerausschusses.

(§ 125).

Vierter Titel.

Schuldenmasse.

§ 138. Die Frist zur Anmeldung der Konkursforderungen beträgt zwei Wochen bis drei Monate. Der Zeitraum zwischen dem Ablaufe der Anmeldefrist und dem allgemeinen Prüfungstermine soll mindestens eine Woche und höchstens zwei Monate betragen.

(§ 126). Satz 1 Nov. 98.

§ 139. Die Anmeldung hat die Angabe des Betrages und des Grundes der Forderung sowie des beanspruchten Vorrechts zu enthalten. Sie kann bei dem Gerichte schriftlich eingereicht oder zum Protokolle des Gerichtsschreibers angebracht werden. Die urkundlichen Beweisstücke oder eine Abschrift derselben sind beizufügen.

(§ 127).

§ 140. Die Anmeldungen sind in der Gerichtsschreiberei zur Einsicht der Beteiligten niederzulegen.

Der Gerichtsschreiber hat jede Forderung sofort nach der Anmeldung derselben in der Rangordnung des beanspruchten

Vorrechts in eine Tabelle einzutragen, welche innerhalb des ersten Drittels des zwischen dem Ablaufe der Anmeldefrist und dem Prüfungstermine liegenden Zeitraums auf der Gerichtsschreiberei zur Einsicht der Beteiligten niederzulegen und abschriftlich dem Verwalter mitzuteilen ist.
(§ 128).

§ 141. In dem Prüfungstermine werden die angemeldeten Forderungen ihrem Betrage und ihrem Vorrechte nach einzeln erörtert.

Der Gemeinschuldner hat sich über die Forderungen zu erklären.
(§ 129).

§ 142. In dem Prüfungstermine sind auch diejenigen Forderungen, welche nach dem Ablaufe der Anmeldefrist angemeldet sind, zu prüfen, wenn weder der Verwalter noch ein Konkursgläubiger hiergegen Widerspruch erhebt; anderenfalls ist auf Kosten des Säumigen ein besonderer Prüfungstermin zu bestimmen.

Auf nachträglich beanspruchte Vorrechte und sonstige Aenderungen der Anmeldung findet die vorstehende Bestimmung entsprechende Anwendung.

Gläubiger, welche Forderungen nach dem Prüfungstermine anmelden, tragen die Kosten des besonderen Prüfungstermins.
(§ 130).

§ 143. Die Prüfung einer angemeldeten Forderung findet statt, wenngleich der anmeldende Gläubiger im Prüfungstermine ausbleibt.
(§ 131).

§ 144. Eine Forderung gilt als festgestellt, soweit gegen sie im Prüfungstermine ein Widerspruch weder von dem Verwalter noch von einem Konkursgläubiger erhoben wird, oder soweit ein erhobener Widerspruch beseitigt ist.

Ist die Forderung vom Gemeinschuldner im Prüfungstermine bestritten, so kann ein Rechtsstreit, welcher über dieselbe zur Zeit der Eröffnung des Konkursverfahrens anhängig war, gegen den Gemeinschuldner aufgenommen werden.
(§ 132).

§ 145. Das Gericht hat nach der Erörterung einer jeden Forderung das Ergebnis in die Tabelle einzutragen. Auf Wechseln und sonstigen Schuldurkunden ist von dem Gerichtsschreiber die Feststellung zu vermerken.

Die Eintragung in die Tabelle gilt rücksichtlich der festgestellten Forderungen ihrem Betrage und ihrem Vorrechte nach wie ein rechtskräftiges Urteil gegenüber allen Konkursgläubigern.
(§ 133).

§ 146. Den Gläubigern streitig gebliebener Forderungen bleibt überlassen, die Feststellung derselben gegen die Bestreitenden zu betreiben. Zu diesem Behufe hat das Gericht den Gläubigern einen Auszug aus der Tabelle in beglaubigter Form zu erteilen.

Auf die Feststellung ist im ordentlichen Verfahren Klage zu erheben. Für die Klage ist das Amtsgericht, bei welchem das Konkursverfahren anhängig ist und, wenn der Streitgegenstand zur Zuständigkeit der Amtsgerichte nicht gehört, das Landgericht ausschließlich zuständig, zu dessen Bezirke der Bezirk des Konkursgerichts gehört.

War zur Zeit der Eröffnung des Konkursverfahrens ein Rechtsstreit über die Forderung anhängig, so ist die Feststellung derselben durch Aufnahme des Rechtsstreits zu verfolgen.

Die Feststellung kann nur auf den Grund gestützt und nur auf den Betrag gerichtet werden, welcher in der Anmeldung oder dem Prüfungstermine angegeben ist.

Die Bestimmungen des ersten, dritten und vierten Absatzes finden auf Forderungen, für deren Feststellung ein besonderes Gericht, eine Verwaltungsbehörde oder ein Verwaltungsgericht zuständig ist, entsprechende Anwendung.

Der Widerspruch gegen eine Forderung, für welche ein mit der Vollstreckungsklausel versehener Schuldtitel, ein Endurteil oder ein Vollstreckungsbefehl vorliegt, ist von dem Widersprechenden zu verfolgen.

Die obsiegende Partei hat die Berichtigung der Tabelle zu erwirken.
(§ 134).

§ 147. Soweit durch ein Urteil rechtskräftig eine Forderung

festgestellt oder ein Widerspruch für begründet erklärt ist, wirkt dasselbe gegenüber allen Konkursgläubigern. War der Prozeß nur gegen einzelne Gläubiger geführt, so können diese den Ersatz ihrer Prozeßkosten aus der Konkursmasse insoweit verlangen, als der letzteren durch das Urteil ein Vorteil erwachsen ist.
(§ 135).

§ 148. Der Wert des Streitgegenstandes eines Prozesses über die Richtigkeit oder das Vorrecht einer Forderung ist mit Rücksicht auf das Verhältnis der Teilungs- zur Schuldenmasse von dem Prozeßgerichte nach freiem Ermessen festzusetzen.
(§ 136).

Fünfter Titel.

Verteilung.

§ 149. Nach der Abhaltung des allgemeinen Prüfungstermins soll, so oft hinreichende bare Masse vorhanden ist, eine Verteilung an die Konkursgläubiger erfolgen.
(§ 137).

§ 150. Zur Vornahme einer Verteilung hat der Verwalter, wenn ein Gläubigerausschuß bestellt ist, dessen Genehmigung einzuholen.
(§ 138).

§ 151. Vor der Vornahme einer Verteilung hat der Verwalter ein Verzeichnis der bei derselben zu berücksichtigenden Forderungen auf der Gerichtsschreiberei zur Einsicht der Beteiligten niederzulegen und die Summe der Forderungen sowie den zur Verteilung verfügbaren Massebestand öffentlich bekannt zu machen.
(§ 139).

§ 152. Konkursgläubiger, deren Forderungen nicht festgestellt sind und für deren Forderungen ein mit der Vollstreckungsklausel versehener Schuldtitel, ein Endurteil oder ein Vollstreckungsbefehl nicht vorliegt, haben bis zum Ablaufe einer Ausschlußfrist von zwei Wochen nach der öffentlichen Bekanntmachung dem Verwalter den Nachweis zu führen, daß und für welchen Betrag die Feststellungsklage erhoben oder das Verfahren in dem früher anhängigen Prozesse aufgenommen ist. Wird der Nachweis nicht rechtzeitig geführt, so werden die Forderungen bei der vorzunehmenden Verteilung nicht berücksichtigt.

(§ 140).

§ 153. Gläubiger, von welchen abgesonderte Befriedigung beansprucht wird, haben bis zum Ablaufe der Ausschlußfrist dem Verwalter den Nachweis ihres Verzichts oder ihres Ausfalls nach Maßgabe des § 64 zu führen. Wird der Nachweis nicht rechtzeitig geführt, so werden die Forderungen bei der vorzunehmenden Verteilung nicht berücksichtigt.

Zur Berücksichtigung bei einer Abschlagsverteilung genügt es, wenn bis zum Ablaufe der Ausschlußfrist dem Verwalter der Nachweis, daß die Veräußerung des zur abgesonderten Befriedigung dienenden Gegenstandes betrieben ist, geführt und der Betrag des mutmaßlichen Ausfalls glaubhaft gemacht wird.

(§ 141).

§ 154. Forderungen unter aufschiebender Bedingung werden bei einer Abschlagsverteilung zu dem Betrage berücksichtigt, welcher auf die unbedingte Forderung fallen würde.

Bei der Schlußverteilung ist die Berücksichtigung ausgeschlossen, wenn die Möglichkeit des Eintritts der Bedingung eine so entfernte ist, daß die bedingte Forderung einen gegenwärtigen Vermögenswert nicht hat.

(§ 142). Abs. 2 Nov. 98.

§ 155. Gläubiger, welche bei einer Abschlagsverteilung nicht berücksichtigt worden sind, können nachträglich, sobald sie die Vorschriften der §§ 152, 153 erfüllt haben, die bisher festgesetzten Prozentsätze aus der Restmasse verlangen, soweit diese reicht und nicht infolge des Ablaufs einer Ausschlußfrist für eine neue Verteilung zu verwenden ist.

(§ 143).

§ 156. Die Anteile, mit welchen Gläubiger bei Abschlagszahlungen nach Maßgabe des § 153 Abs. 2 oder des § 154 Abs. 1 berücksichtigt worden sind, werden für die Schlußverteilung frei, wenn bei dieser die Voraussetzungen des § 153 Abs. 1 nicht erfüllt sind oder nach Maßgabe des

§ 154 Abs. 2 die Berücksichtigung der bedingten Forderung ausgeschlossen ist.

(§ 144). Nov. 98.

§ 157. Binnen drei Tagen nach dem Ablaufe der Ausschlußfrist hat der Verwalter die auf Grund der vorstehenden Bestimmungen erforderlichen Aenderungen des Verzeichnisses zu bewirken.

(§ 145).

§ 158. Bei einer Abschlagsverteilung sind Einwendungen gegen das Verzeichnis bis zum Ablaufe einer Woche nach dem Ende der Ausschlußfrist bei dem Konkursgerichte zu erheben.

Das Gericht entscheidet über die Einwendungen. Die Entscheidung, durch welche eine Berichtigung des Verzeichnisses angeordnet wird, ist auf der Gerichtsschreiberei niederzulegen. Die Beschwerdefrist beginnt mit dem Tage, an welchem die Niederlegung der Entscheidung erfolgt ist.

(§ 146).

§ 159. Für eine Abschlagsverteilung bestimmt der Verwalter und, wenn ein Gläubigerausschuß bestellt ist, dieser auf Antrag des Verwalters den zu zahlenden Prozentsatz.

Der Verwalter hat den Prozentsatz den berücksichtigten Gläubigern mitzuteilen.

(§ 147).

§ 160. Das Gericht kann auf Antrag des Gemeinschuldners, wenn derselbe einen Zwangsvergleich vorgeschlagen hat, die Aussetzung einer Abschlagsverteilung anordnen, sofern nicht schon die Ausschlußfrist abgelaufen ist.

(§ 148).

§ 161. Die Schlußverteilung erfolgt, sobald die Verwertung der Masse beendigt ist.

Die Vornahme der Schlußverteilung unterliegt der Genehmigung des Gerichts.

(§ 149).

§ 162. Zur Abnahme der Schlußrechnung, zur Erhebung von Einwendungen gegen das Schlußverzeichnis und zur Beschlußfassung der Gläubiger über die nicht verwertbaren Vermögensstücke bestimmt das Gericht einen Schlußtermin, welcher nicht unter drei Wochen und nicht über einen Monat hinaus anzuberaumen ist.

Die Bestimmungen des § 158 Abs. 2 finden auf die Schlußverteilung Anwendung.

(§ 150).

§ 163. Nach der Abhaltung des Schlußtermins beschließt das Gericht die Aufhebung des Konkursverfahrens. Eine Anfechtung des Beschlusses findet nicht statt.

Der Beschluß und der Grund der Aufhebung sind öffentlich bekannt [1]) zu machen.

Die Vorschriften der §§ 111 Abs. 2, 112, 113 finden entsprechende Anwendung.

(§ 151).

[1]) S. die Anm. zu § 116.

§ 164. Nach der Aufhebung des Konkursverfahrens können die nicht befriedigten Konkursgläubiger ihre Forderungen gegen den Schuldner unbeschränkt geltend machen.

Für die Gläubiger, deren Forderungen festgestellt und nicht von dem Gemeinschuldner im Prüfungstermine ausdrücklich bestritten worden sind, findet gegen den Schuldner aus der Eintragung in die Tabelle die Zwangsvollstreckung unter entsprechender Anwendung der §§ 724—793 der Zivilprozeßordnung statt.

Für Klagen auf Erteilung der Vollstreckungsklausel, sowie für Klagen, durch welche die die Forderung selbst betreffenden Einwendungen geltend gemacht werden, oder der bei der Erteilung der Vollstreckungsklausel als bewiesen angenommene Eintritt der Tatsache, von welcher die Vollstreckung aus der Eintragung in die Tabelle abhängt, oder die als eingetreten angenommene Rechtsnachfolge bestritten wird, ist das im § 146 Abs. 2 dieses Gesetzes bezeichnete Gericht zuständig.

(§ 152).

§ 165. Hat der Schuldner den Prüfungstermin versäumt, so ist ihm auf Antrag die Wiedereinsetzung in den vorigen Stand zu erteilen. Die Vorschriften des § 232 Abs. 2 und der §§ 233—236 der Zivilprozeßordnung finden entsprechende Anwendung. Der den Antrag auf Wiedereinsetzung enthaltende Schriftsatz ist dem Gläubiger zuzustellen, dessen Forderung nachträglich bestritten werden soll. Das Bestreiten in diesem Schriftsatze steht, wenn die Wiedereinsetzung erteilt

wird, dem Bestreiten im Prüfungstermine gleich und ist in die Tabelle einzutragen.
(§ 152a). Nov. 98.

§ 166. Wenn nach dem Vollzuge der Schlußverteilung Beträge, welche von der Masse zurückbehalten sind, für dieselbe frei werden, oder Beträge, welche aus der Masse gezahlt sind, zur Masse zurückfließen, so sind dieselben von dem Verwalter nach Anordnung des Konkursgerichts auf Grund des Schlußverzeichnisses zur nachträglichen Verteilung zu bringen. Die über die Verwaltung und Verteilung solcher Beträge abzulegende Rechnung unterliegt der Prüfung des Konkursgerichts.

Dasselbe gilt, wenn nach der Schlußverteilung oder der Aufhebung des Verfahrens zur Konkursmasse gehörige Vermögensstücke ermittelt werden.
(§ 153).

§ 167. Der Vollzug einer jeden Verteilung erfolgt durch den Verwalter.
(§ 154).

§ 168. Die Anteile
1. auf Forderungen, welche infolge eines bei der Prüfung erhobenen Widerspruchs im Prozesse befangen sind,
2. auf Forderungen, welche von einer aufschiebenden Bedingung abhängen,
3. auf Forderungen, für welche eine abgesonderte Befriedigung beansprucht und der Vorschrift des § 153 Abs. 2 genügt ist,
4. auf Forderungen unter auflösender Bedingung, sofern der Gläubiger zu einer Sicherheitsleistung verpflichtet ist und die Sicherheit nicht leistet,

werden zurückbehalten.
(§ 155).

§ 169. Die Beträge, welche bei dem Vollzuge der Schlußverteilung zurückbehalten sind, oder welche bis zu diesem Zeitpunkte nicht erhoben werden, hat der Verwalter nach Anordnung des Gerichts für Rechnung der Beteiligten zu hinterlegen.
(§ 156).

§ 170. Zahlungen auf festgestellte bevorrechtigte Forderungen kann der Verwalter mit Ermächtigung des Gerichts unabhängig von den Verteilungen leisten.
(§ 157).

§ 171. Beträge, welche zur Sicherstellung eines bedingt zur Aufrechnung befugten Gläubigers nach Maßgabe des § 54 Abs. 3 hinterlegt worden sind, fließen für die Schlußverteilung zur Konkursmasse zurück, wenn die Möglichkeit des Eintritts der Bedingung eine so entfernte ist, daß die bedingte Forderung einen gegenwärtigen Vermögenswert nicht hat.
(§ 158). Nov. 98.

§ 172. Masseansprüche, welche nicht bis zu der Festsetzung des Prozentsatzes oder der Beendigung des Schlußtermins oder der Bekanntmachung einer Nachtragsverteilung zur Kenntnis des Verwalters gelangt sind, können nicht auf den Massebestand geltend gemacht werden, welcher zur Auszahlung des festgesetzten Prozentsatzes erforderlich ist oder den Gegenstand der Schlußverteilung oder der Nachtragsverteilung bildet.
(§ 159).

Sechster Titel.

Zwangsvergleich.

§ 173. Sobald der allgemeine Prüfungstermin abgehalten und solange nicht die Vornahme der Schlußverteilung genehmigt worden ist, kann auf den Vorschlag des Gemeinschuldners zwischen diesem und den nicht bevorrechtigten Konkursgläubigern ein Zwangsvergleich geschlossen werden.
(§ 160).

§ 174. Der Vergleichsvorschlag muß angeben, in welcher Weise die Befriedigung der Gläubiger erfolgen, sowie ob und in welcher Art eine Sicherstellung derselben bewirkt werden soll.
(§ 161).

§ 175. Ein Zwangsvergleich ist unzulässig:
1. solange der Gemeinschuldner flüchtig ist oder die Ableistung des Offenbarungseides verweigert;

2. solange gegen den Gemeinschuldner wegen betrüglichen Bankerutts eine gerichtliche Untersuchung oder ein wiederaufgenommenes Verfahren anhängig ist;
3. wenn der Gemeinschuldner wegen betrüglichen Bankerutts rechtskräftig verurteilt worden ist.

(§ 162). Nr. 2 Nov. 98.

§ 176. Auf Antrag des Verwalters und, wenn ein Gläubigerausschuß bestellt ist, des letzteren kann das Gericht den Vergleichsvorschlag zurückweisen, wenn bereits in dem Konkursverfahren ein Vergleichsvorschlag von den Gläubigern abgelehnt oder von dem Gerichte verworfen oder von dem Gemeinschuldner nach der öffentlichen Bekanntmachung des Vergleichstermins zurückgezogen worden ist.

(§ 163).

§ 177. Wird der Vergleichsvorschlag nicht zurückgewiesen, so hat der Gläubigerausschuß sich über die Annehmbarkeit des Vorschlags zu erklären.

Erklärt der Gläubigerausschuß den Vorschlag nicht für annehmbar, so ist ein Widerspruch des Gemeinschuldners gegen die Verwertung der Masse nicht zu berücksichtigen.

(§ 164).

§ 178. Der Vorschlag und die Erklärung des Gläubigerausschusses sind auf der Gerichtsschreiberei zur Einsicht der Beteiligten niederzulegen.

(§ 165).

§ 179. Der Vergleichstermin soll nicht über einen Monat hinaus anberaumt werden. Der Termin ist öffentlich bekannt zu machen [1]). Zu demselben sind der Gemeinschuldner, der Verwalter, sowie unter Mitteilung des Vergleichsvorschlags und des Ergebnisses der Erklärung des Gläubigerausschusses die nicht bevorrechtigten Konkursgläubiger, welche Forderungen angemeldet haben, besonders zu laden.

In der Bekanntmachung ist zu bemerken, daß der Vergleichsvorschlag und die Erklärung des Gläubigerausschusses auf der Gerichtsschreiberei des Konkursgerichts zur Einsicht der Beteiligten niedergelegt seien.

(§ 166). Abs. 1 S. 3, [1]) S. die Anm. zu § 116.
Abs. 2 Nov. 98.

§ 180. Auf Antrag des Gemeinschuldners und, wenn ein

Gläubigerausschuß bestellt ist, des letzteren kann das Gericht den Vergleichstermin mit dem allgemeinen Prüfungstermine verbinden.
(§ 167).

§ 181. Der Vergleich muß allen nicht bevorrechtigten Konkursgläubigern gleiche Rechte gewähren. Eine ungleiche Bestimmung der Rechte ist nur mit ausdrücklicher Einwilligung der zurückgesetzten Gläubiger zulässig. Jedes andere Abkommen des Gemeinschuldners oder anderer Personen mit einzelnen Gläubigern, durch welche diese bevorzugt werden sollen, ist nichtig.
(§ 168).

§ 182. Zur Annahme des Vergleichs ist erforderlich, daß
1. die Mehrzahl der in dem Termine anwesenden stimmberechtigten Gläubiger dem Vergleiche ausdrücklich zustimmt, und
2. die Gesamtsumme der Forderungen der zustimmenden Gläubiger wenigstens drei Vierteile der Gesammtsumme aller zum Stimmen berechtigenden Forderungen beträgt.

Wird nur eine der Mehrheiten erreicht, so kann der Gemeinschuldner bis zum Schlusse des Termins die einmalige Wiederholung der Abstimmung in einem neuen Termine verlangen. Das Gericht hat denselben zu bestimmen und im Termine zu verkünden.
(§ 169).

§ 183. Bei der Berechnung der nach § 182 Abs. 1 Nr. 1, 2 erforderlichen Mehrheiten bleibt der Ehegatte des Gemeinschuldners außer Betracht, wenn er dem Vergleiche zugestimmt hat.

Das Gleiche gilt von demjenigen, welchem der Ehegatte des Gemeinschuldners während des Konkursverfahrens oder in dem letzten Jahre vor der Eröffnung des Verfahrens eine Forderung gegen den Gemeinschuldner abgetreten hat, soweit das Stimmrecht auf der abgetretenen Forderung beruht. Die Vorschrift findet keine Anwendung, wenn der Ehegatte zu der Abtretung durch das Gesetz oder durch einen Vertrag verpflichtet war, welcher früher als ein Jahr vor der Eröffnung des Konkursverfahrens geschlossen wurde.
(§ 169 a). Nov. 98.

§ 184. Der angenommene Zwangsvergleich bedarf der Bestätigung des Konkursgerichts.

Das Gericht entscheidet, nachdem es die Gläubiger, den Verwalter und den Gläubigerausschuß in dem Vergleichstermine oder einem zu verkündenden Termine gehört hat.
(§ 170).

§ 185. Der Beschluß, durch welchen der Zwangsvergleich bestätigt oder verworfen wird, ist zu verkünden.
(§ 171).

§ 186. Der Vergleich ist zu verwerfen:
1. wenn die für das Verfahren und den Abschluß des Vergleichs gegebenen Vorschriften nicht beobachtet sind, und das Fehlende nicht ergänzt werden kann;
2. wenn ein Fall der Unzulässigkeit eines Zwangsvergleichs nachträglich eingetreten ist.

(§ 172).

§ 187. Der Vergleich ist zu verwerfen, wenn er den Gläubigern nicht mindestens den fünften Teil ihrer Forderungen gewährt und dieses Ergebnis auf ein unredliches Verhalten des Gemeinschuldners, insbesondere darauf zurückzuführen ist, daß der Gemeinschuldner durch ein solches Verhalten die Eröffnung des Konkursverfahrens verzögert hat. Der Vergleich kann verworfen werden, wenn das gleiche Ergebnis auf ein leichtsinniges Verhalten des Gemeinschuldners zurückzuführen ist.
(§ 172 a). Nov. 98.

§ 188. Der Vergleich ist auf Antrag eines nicht bevorrechtigten Konkursgläubigers, welcher stimmberechtigt war oder seine Forderung glaubhaft macht, zu verwerfen:
1. wenn der Vergleich durch Begünstigung eines Gläubigers oder sonst in unlauterer Weise zustande gebracht ist;
2. wenn der Vergleich dem gemeinsamen Interesse der nicht bevorrechtigten Konkursgläubiger widerspricht.

Der Antrag ist nur zuzulassen, wenn die Tatsachen, auf welche derselbe gegründet wird, glaubhaft gemacht werden.
(§ 173).

§ 189. Die sofortige Beschwerde gegen den Beschluß, durch welchen der Vergleich bestätigt oder verworfen ist, steht dem Gemeinschuldner und jedem nicht bevorrechtigten Konkursgläubiger zu, welcher stimmberechtigt war oder seine Forderung glaubhaft macht.

Die Frist zur Einlegung der Beschwerde beginnt mit der Verkündung des Beschlusses.

Eine Anfechtung der Entscheidung des Beschwerdegerichts findet nicht statt.

(§ 174).

§ 190. Sobald der Vergleich rechtskräftig bestätigt ist, beschließt das Gericht die Aufhebung des Konkursverfahrens. Eine Anfechtung des Beschlusses findet nicht statt.

Der Beschluß und der Grund der Aufhebung sind öffentlich bekannt[1]) zu machen.

Die Vorschriften der §§ 111 Abs. 2, 112, 113 finden entsprechende Anwendung.

(§ 175). [1]) S. die Anm. zu § 116.

§ 191. Der Verwalter hat aus der Konkursmasse die Masseansprüche zu berichtigen. Die bestrittenen Masseansprüche sind sicherzustellen.

Die bevorrechtigten Konkursforderungen sind, insoweit sie festgestellt sind, zu berichtigen, insoweit sie glaubhaft gemacht sind, sicherzustellen.

(§ 176).

§ 192. Soweit der Zwangsvergleich nicht ein anderes bestimmt, erhält der Gemeinschuldner das Recht zurück, über die Konkursmasse frei zu verfügen.

(§ 177).

§ 193. Der rechtskräftig bestätigte Zwangsvergleich ist wirksam für und gegen alle nicht bevorrechtigten Konkursgläubiger, auch wenn dieselben an dem Konkursverfahren oder an der Beschlußfassung über den Vergleich nicht teilgenommen oder gegen den Vergleich gestimmt haben. Die Rechte der Gläubiger gegen Mitschuldner und Bürgen des Gemeinschuldners, sowie die Rechte aus einem für die Forderung bestehenden Pfandrecht, aus einer für sie bestehenden Hypothek, Grundschuld oder Rentenschuld oder aus einer zu ihrer Sicherung eingetragenen Vormerkung werden durch den Zwangsvergleich nicht berührt.

(§ 178). S. 2 Nov. 98.

§ 194. Aus dem rechtskräftig bestätigten Zwangsvergleiche findet für die Konkursgläubiger, deren Forderungen festgestellt und nicht von dem Gemeinschuldner in dem Prüfungstermine ausdrücklich bestritten worden sind, gegen den Gemeinschuldner und diejenigen, welche in dem Vergleiche für dessen Erfüllung neben dem Gemeinschuldner ohne Vorbehalt der Einrede der Vorausklage Verpflichtungen übernommen haben, die Zwangsvollstreckung unter entsprechender Anwendung der §§ 724—793 der Zivilprozeßordnung und des § 164 Abs. 3 dieses Gesetzes statt.

(§ 179).

§ 195. Eine Klage auf Aufhebung des Zwangsvergleichs aus dem Grunde der Nichterfüllung desselben findet nicht statt.

(§ 181).

§ 196. Wenn der Zwangsvergleich durch Betrug zustande gebracht ist, so kann jeder Gläubiger den vergleichsmäßigen Erlaß seiner Forderung anfechten, unbeschadet der ihm durch den Vergleich gewährten Rechte.

Die Anfechtung ist nur zulässig, wenn der Gläubiger ohne Verschulden außerstande war, den Anfechtungsgrund in dem Bestätigungsverfahren geltend zu machen.

(§ 182).

§ 197. Die rechtskräftige Verurteilung des Gemeinschuldners wegen betrüglichen Bankerutts hebt für alle Gläubiger den durch den Zwangsvergleich begründeten Erlaß auf, unbeschadet der ihnen durch den Vergleich gewährten Rechte.

Auf Antrag eines Gläubigers kann das Konkursgericht Sicherheitsmaßregeln gegen den Gemeinschuldner schon vor der rechtskräftigen Verurteilung desselben anordnen.

(§ 183).

§ 198. Im Falle der rechtskräftigen Verurteilung wird, wenn genügende Masse vorhanden ist oder ein zur Deckung der im § 58 Nr. 1, 2 bezeichneten Massekosten ausreichender Geldbetrag vorgeschossen wird, das Konkursverfahren auf Antrag eines Konkursgläubigers wieder aufgenommen.

Die Wiederaufnahme erfolgt durch Beschluß des Gerichts. Auf den Zeitpunkt der Wiederaufnahme und die Bekanntmachung derselben finden die Vorschriften der §§ 108, 111—113 entsprechende Anwendung.
(§ 184). Abs. 1 Nov. 98.

§ 199. Für die Anfechtung von Rechtshandlungen, welche in der Zeit von der Aufhebung bis zur Wiederaufnahme des Konkursverfahrens vorgenommen sind, sowie für die in diesem Zeitraume entstandenen Aufrechnungsbefugnisse gilt, wenn nicht inzwischen eine Zahlungseinstellung erfolgt ist, als Tag der Zahlungseinstellung der Tag des ersten die Verurteilung des Gemeinschuldners aussprechenden Urteils.
(§ 185).

§ 200. An dem aufgenommenen Verfahren nehmen die Gläubiger, für und gegen welche der Vergleich wirksam war, mit dem noch nicht getilgten Betrage ihrer ursprünglichen Forderungen teil.

Die neuen Gläubiger des Gemeinschuldners sind zur Teilnahme an dem Verfahren berechtigt. Dieselben haben keinen Anspruch auf Befriedigung aus einer für die Erfüllung des Zwangsvergleichs bestellten Sicherheit.
(§ 186).

§ 201. Das Verfahren ist soweit als nötig zu wiederholen.

Früher geprüfte Forderungen werden nur hinsichtlich einer inzwischen eingetretenen Tilgung von neuem geprüft.
(§ 187).

Siebenter Titel.

Einstellung des Verfahrens.

§ 202. Das Konkursverfahren ist auf Antrag des Gemeinschuldners einzustellen, wenn er nach dem Ablaufe der Anmeldefrist die Zustimmung aller Konkursgläubiger, welche Forderungen angemeldet haben, beibringt. Inwieweit es der Zustimmung oder der Sicherstellung von Gläubigern bedarf, deren Forderungen angemeldet aber nicht festgestellt sind, entscheidet das Konkursgericht nach freiem Ermessen.

Das Verfahren kann auf Antrag des Gemeinschuldners

vor dem Ablaufe der Anmeldefrist eingestellt werden, wenn außer den Gläubigern, deren Zustimmung der Gemeinschuldner beibringt, andere Gläubiger nicht bekannt sind.

(§ 188).

§ 203. Der Antrag ist öffentlich bekannt zu machen und mit den zustimmenden Erklärungen auf der Gerichtsschreiberei zur Einsicht der Konkursgläubiger niederzulegen. Die Konkursgläubiger können binnen einer mit der öffentlichen Bekanntmachung beginnenden Frist von einer Woche Widerspruch gegen den Antrag erheben. Im Falle des § 202 Abs. 1 steht der Widerspruch jedem Gläubiger zu, welcher bis zum Ablaufe der Frist eine Forderung angemeldet hat.

Das Gericht beschließt über die Einstellung nach Anhörung des Gemeinschuldners und des Verwalters. Im Falle eines Widerspruchs ist auch der widersprechende Gläubiger zu hören.

(§ 189).

§ 204. Das Gericht kann das Konkursverfahren einstellen, sobald sich ergibt, daß eine den Kosten des Verfahrens entsprechende Konkursmasse nicht vorhanden ist. Die Einstellung unterbleibt, wenn ein zur Deckung der im § 58 Nr. 1, 2 bezeichneten Massekosten ausreichender Geldbetrag vorgeschossen wird.

Vor der Einstellung soll die Gläubigerversammlung gehört werden.

(§.190). Abs. 1 S. 2, Abs. 2 Nov. 98.

§ 205. Der Einstellungsbeschluß und der Grund der Einstellung sind öffentlich bekannt zu machen [1]).

Die Vorschriften der §§ 111 Abs. 2, 112, 113, 191 finden entsprechende Anwendung.

(§ 191). Abs. 2 Nov. 98.

[1]) S. die Anm. zu § 116.

§ 206. Der Gemeinschuldner erhält das Recht zurück, über die Konkursmasse frei zu verfügen.

Die Vorschriften des § 164 finden entsprechende Anwendung.

(§ 192).

Achter Titel.

Besondere Bestimmungen.

§ 207. I. Ueber das Vermögen einer Aktiengesellschaft findet das Konkursverfahren außer dem Falle der Zahlungsunfähigkeit in dem Falle der Ueberschuldung statt.

Nach Auflösung einer Aktiengesellschaft ist die Eröffnung des Verfahrens so lange zulässig, als die Verteilung des Vermögens nicht vollzogen ist.

(§ 193).

§ 208. Zu dem Antrage auf Eröffnung des Verfahrens ist außer den Konkursgläubigern jedes Mitglied des Vorstandes und jeder Liquidator berechtigt.

Wird der Antrag nicht von allen Mitgliedern des Vorstandes oder allen Liquidatoren gestellt, so ist derselbe zuzulassen, wenn die Zahlungsunfähigkeit oder Ueberschuldung glaubhaft gemacht wird. Das Gericht hat die übrigen Mitglieder oder Liquidatoren nach Maßgabe des § 105 Abs. 2, 3 zu hören.

(§ 194).*)

§ 209. Im Falle der Zahlungsunfähigkeit einer offenen Handelsgesellschaft, einer Kommanditgesellschaft oder einer Kommanditgesellschaft auf Aktien findet über das Gesellschaftsvermögen ein selbständiges Konkursverfahren statt. Ueber das Vermögen einer Kommanditgesellschaft auf Aktien findet das Konkursverfahren auch im Falle der Ueberschuldung statt.

Die Vorschrift des § 207 Abs. 2 findet entsprechende Anwendung.

(§ 198). Abs. 1 S. 2 Nov. 98.

§ 210. Zu dem Antrage auf Eröffnung des Verfahrens ist außer den Konkursgläubigern jeder persönlich haftende Gesellschafter und jeder Liquidator berechtigt.

Wird der Antrag nicht von allen persönlich haftenden Gesellschaftern oder allen Liquidatoren gestellt, so ist derselbe zuzulassen, wenn bei der offenen Handelsgesellschaft oder der

---

*) Die §§ 195—197 früherer Fassung sind durch das Ges. vom 1. Mai 1889, betr. die Erwerbs- und Wirtschaftsgenossenschaften. §§ 153 Abs. 1, 172 aufgehoben worden.

Kommanditgesellschaft die Zahlungsunfähigkeit, bei der Kommanditgesellschaft auf Aktien die Zahlungsunfähigkeit oder die Ueberschuldung glaubhaft gemacht wird. Das Gericht hat die übrigen persönlich haftenden Gesellschafter oder die Liquidatoren nach Maßgabe des § 105 Abs. 2, 3 zu hören.

(§ 199). Abs. 2 S. 1 Nov. 98.

§ 211. Ein Zwangsvergleich kann nur auf Vorschlag aller persönlich haftenden Gesellschafter geschlossen werden.

Der Zwangsvergleich begrenzt, soweit er nicht ein anderes festsetzt, zugleich den Umfang der persönlichen Haftung der Gesellschafter.

(§ 200). Abs. 2 Nov. 98.

§ 212. In dem Konkursverfahren über das Privatvermögen eines persönlich haftenden Gesellschafters können die Gesellschaftsgläubiger, wenn das Konkursverfahren über das Gesellschaftsvermögen eröffnet ist, Befriedigung nur wegen desjenigen Betrags suchen, für welchen sie in dem letzteren Verfahren keine Befriedigung erhalten.

Bei den Verteilungen sind die Anteile auf den vollen Betrag der Gesellschaftsforderungen zurückzubehalten, bis der Ausfall bei dem Gesellschaftsvermögen feststeht.

Im übrigen finden auf die bezeichneten Forderungen die Vorschriften der §§ 64, 96 entsprechende Anwendung.

(§ 201). Nov. 98.

§ 213. Auf das Konkursverfahren über das Vermögen einer juristischen Person, sowie eines Vereins, der als solcher verklagt werden kann, finden die Vorschriften der §§ 207, 208 entsprechende Anwendung.

(§ 201 a). Nov. 98.

§ 214. II. Für das Konkursverfahren über einen Nachlaß ist das Amtsgericht ausschließlich zuständig, bei welchem der Erblasser zur Zeit seines Todes den allgemeinen Gerichtsstand gehabt hat.

(§ 202).

§ 215. Die Eröffnung des Verfahrens setzt die Ueberschuldung des Nachlasses voraus.

(§ 203).

§ 216. Die Eröffnung des Verfahrens wird nicht dadurch

gehindert, daß der Erbe die Erbschaft noch nicht angenommen hat, oder daß er für die Nachlaßverbindlichkeiten unbeschränkt haftet.

Bei dem Vorhandensein mehrerer Erben ist die Eröffnung des Verfahrens auch nach der Teilung des Nachlasses zulässig.

(§ 204). Nov. 98.

§ 217. Zu dem Antrag auf Eröffnung des Verfahrens ist jeder Erbe, der Nachlaßverwalter, sowie ein anderer Nachlaßpfleger, ein Testamentsvollstrecker, dem die Verwaltung des Nachlasses zusteht, und jeder Nachlaßgläubiger berechtigt.

Wird der Antrag nicht von allen Erben gestellt, so ist er zuzulassen, wenn die Ueberschuldung glaubhaft gemacht wird. Das Gericht hat die übrigen Erben, soweit tunlich, zu hören.

Steht die Verwaltung des Nachlasses einem Testamentsvollstrecker zu, so ist, wenn der Erbe die Eröffnung des Verfahrens beantragt, der Testamentsvollstrecker, wenn der Testamentsvollstrecker den Antrag stellt, der Erbe zu hören.

(§ 205). Nov. 98.

§ 218. Ist eine Ehefrau die Erbin und gehört der Nachlaß zum eingebrachten Gute oder zum Gesamtgute, so kann sowohl die Ehefrau als der Ehemann die Eröffnung des Verfahrens beantragen, ohne daß die Zustimmung des anderen Teiles erforderlich ist. Das Gleiche gilt, wenn der Nachlaß zum Gesamtgute gehört, auch nach Beendigung der Gemeinschaft.

Wird der Antrag nicht von beiden Ehegatten gestellt, so ist er zuzulassen, wenn die Ueberschuldung glaubhaft gegemacht wird. Das Gericht hat den anderen Ehegatten, wenn tunlich, zu hören.

(§ 205 a). Nov. 98.

§ 219. Ein Nachlaßgläubiger, der im Aufgebotsverfahren ausgeschlossen ist oder nach § 1974 des Bürgerlichen Gesetzbuchs einem ausgeschlossenen Gläubiger gleichsteht, kann die Eröffnung des Verfahrens nur beantragen, wenn über das Vermögen des Erben das Konkursverfahren eröffnet ist. Das Gleiche gilt von einem Vermächtnisnehmer, sowie von demjenigen, welcher berechtigt ist, die Vollziehung einer Auflage zu fordern.

Ist eine Ehefrau die Erbin und gehört der Nachlaß zum Gesamtgute, so können die im Abs. 1 bezeichneten Gläubiger den Antrag nur stellen, wenn über das Vermögen des Ehemanns das Konkursverfahren eröffnet ist.
(§ 205 b). Nov. 98.

§ 220. Die Eröffnung des Verfahrens kann von einem Nachlaßgläubiger nicht mehr beantragt werden, wenn seit der Annahme der Erbschaft zwei Jahre verstrichen sind.
(§ 205 c). Nov. 98.

§ 221. Auf Grund einer nach dem Eintritte des Erbfalls gegen den Nachlaß erfolgten Maßregel der Zwangsvollstreckung oder der Arrestvollziehung kann abgesonderte Befriedigung nicht verlangt werden.

Eine nach dem Eintritte des Erbfalls im Wege der einstweiligen Verfügung erlangte Vormerkung ist unwirksam.
(§ 205 d). Nov. 98.

§ 222. Hat der Erbe vor der Eröffnung des Verfahrens aus dem Nachlasse Pflichtteilsansprüche, Vermächtnisse oder Auflagen erfüllt, so ist die Leistung in gleicher Weise anfechtbar wie eine unentgeltliche Verfügung des Erben.
(§ 205 e). Nov. 98.

§ 223. Dem Erben steht wegen der ihm nach den §§ 1978, 1979 des Bürgerlichen Gesetzbuchs aus dem Nachlasse zu ersetzenden Aufwendungen ein Zurückbehaltungsrecht nicht zu.
(§ 205 f). Nov. 98.

§ 224. Masseschulden sind außer den im § 59 bezeichneten Verbindlichkeiten:

1. die dem Erben nach den §§ 1978, 1979 des Bürgerlichen Gesetzbuchs aus dem Nachlasse zu ersetzenden Aufwendungen;
2. die Kosten der standesmäßigen Beerdigung des Erblassers;
3. die im Falle der Todeserklärung des Erblassers dem Nachlasse zur Last fallenden Kosten des Verfahrens;
4. die Kosten der Eröffnung einer Verfügung des Erblassers von Todes wegen, der gerichtlichen Sicherung des Nachlasses, einer Nachlaßpflegschaft, des Aufgebots der Nachlaßgläubiger und der Inventarerrichtung;

5. die Verbindlichkeiten aus den von einem Nachlaßpfleger oder einem Testamentsvollstrecker vorgenommenen Rechtsgeschäften;
6. die Verbindlichkeiten, welche für den Erben gegenüber einem Nachlaßpfleger, einem Testamentsvollstrecker oder einem Erben, der die Erbschaft ausgeschlagen hat, aus der Geschäftsführung dieser Personen entstanden sind, soweit die Nachlaßgläubiger verpflichtet sein würden, wenn die bezeichneten Personen die Geschäfte für sie zu besorgen gehabt hätten.

(§ 205 g). Nov. 98.

§ 225. Der Erbe kann die ihm gegen den Erblasser zustehenden Ansprüche geltend machen.

Hat der Erbe eine Nachlaßverbindlichkeit berichtigt, so tritt er, soweit nicht die Berichtigung nach § 1979 des Bürgerlichen Gesetzbuchs als für Rechnung des Nachlasses erfolgt gilt, an die Stelle des Gläubigers, es sei denn, daß er für die Nachlaßverbindlichkeiten unbeschränkt haftet.

Haftet der Erbe einem einzelnen Gläubiger gegenüber unbeschränkt, so kann er dessen Forderung für den Fall geltend machen, daß der Gläubiger sie nicht geltend macht.

(§ 205 h). Nov. 98.

§ 226. In dem Verfahren kann jede Nachlaßverbindlichkeit geltend gemacht werden.

Nachstehende Verbindlichkeiten werden erst nach allen übrigen Verbindlichkeiten und in folgender Rangordnung, bei gleichem Range nach Verhältnis ihrer Beträge, berichtigt:

1. die seit der Eröffnung des Verfahrens laufenden Zinsen der im § 61 bezeichneten Forderungen;
2. die gegen den Erblasser erkannten Geldstrafen;
3. die Verbindlichkeiten aus einer Freigebigkeit des Erblassers unter Lebenden;
4. die Verbindlichkeiten gegenüber Pflichtteilsberechtigten;
5. die Verbindlichkeiten aus den vom Erblasser angeordneten Vermächtnissen und Auflagen.

Ein Vermächtnis, durch welches das Recht des Bedachten auf den Pflichtteil nach § 2307 des Bürgerlichen Gesetzbuchs ausgeschlossen wird, steht, soweit es den Pflichtteil nicht übersteigt, im Range den Pflichtteilsrechten gleich. Hat der Erblasser durch Verfügung von Todes wegen angeordnet, daß ein Vermächtnis oder eine Auflage vor einem anderen Vermächtnis oder einer anderen Auflage erfüllt werden soll, so hat das Vermächtnis oder die Auflage den Vorrang.

Die Verbindlichkeiten, in Ansehung deren der Gläubiger im Wege des Aufgebotsverfahrens ausgeschlossen ist oder nach § 1974 des Bürgerlichen Gesetzbuchs einem ausgeschlossenen Gläubiger gleichsteht, werden erst nach den im Abs. 2 Nr. 1—3 bezeichneten Verbindlichkeiten und, soweit sie zu den im Abs. 2 Nr. 4, 5 bezeichneten Verbindlichkeiten gehören, erst nach den Verbindlichkeiten berichtigt, mit denen sie ohne die Beschränkung gleichen Rang haben würden. Im übrigen wird durch die Beschränkungen an der Rangordnung nichts geändert.

(§ 205 i). Nov. 98.

§ 227. Mit den im § 226 Abs. 2 Nr. 2—5, Abs. 4 bezeichneten Forderungen werden die bis zur Eröffnung des Verfahrens aufgelaufenen und die seit der Eröffnung laufenden Zinsen an derselben Stelle angesetzt.

(§ 205 k). Nov. 98.

§ 228. Was infolge der Anfechtung einer von dem Erblasser oder ihm gegenüber vorgenommenen Rechtshandlung zur Konkursmasse zurückgewährt wird, darf nicht zur Berichtigung der im § 226 Abs. 2 Nr. 4, 5 bezeichneten Verbindlichkeiten verwendet werden.

Auf dasjenige, was der Erbe auf Grund der Vorschriften der § 1978—1980 des Bürgerlichen Gesetzbuchs zu der Masse zu ersetzen hat, haben die Gläubiger, die im Wege des Aufgebotsverfahrens ausgeschlossen sind oder nach § 1974 des Bürgerlichen Gesetzbuchs einem ausgeschlossenen Gläubiger gleichstehen, nur insoweit Anspruch, als der Erbe auch nach den Vorschriften über die Herausgabe einer ungerechtfertigten Bereicherung ersatzpflichtig sein würde.

(§ 205 l). Nov. 98.

§ 229. Die in dem Aufgebotsverfahren zum Zwecke der Ausschließung von Nachlaßgläubigern angemeldeten und nicht ausgeschlossenen Forderungen gelten als auch im Nachlaßkonkurs angemeldet, sofern das Aufgebot von dem Gerichte, bei welchem der Konkurs anhängig wird, erlassen und das

Verfahren nicht vor der Eröffnung des Konkursverfahrens ohne Erlassung des Ausschlußurteils erledigt ist.
(§ 205 m). Nov. 98.

§ 230. Ein Zwangsvergleich kann nur auf den Vorschlag aller Erben geschlossen werden.

Die Gläubiger, welchen die im § 226 Abs. 2 Nr. 2—5, Abs. 4 bezeichneten Forderungen zustehen, nehmen an dem Zwangsvergleiche nicht teil, sie sind jedoch vor der Bestätigung zu hören. Macht einer von ihnen glaubhaft, daß der Zwangsvergleich sein berechtigtes Interesse verletzt, so ist auf seinen Antrag der Zwangsvergleich zu verwerfen; gegen die Bestätigung steht ihm die sofortige Beschwerde nach § 189 zu.
(§ 206). Nov. 98.

§ 231. Die Vorschriften des § 223, des § 224 Nr. 1 und des § 225 Abs. 2, 3 gelten für den Vorerben auch nach dem Eintritte der Nacherbfolge.
(§ 206 a). Nov. 98.

§ 232. Hat der Erbe die Erbschaft verkauft, so tritt der Käufer in Ansehung des Verfahrens an seine Stelle.

Der Erbe ist wegen einer Nachlaßverbindlichkeit, die im Verhältnisse zwischen ihm und dem Käufer diesem zur Last fällt, in derselben Weise wie ein Nachlaßgläubiger zu dem Antrag auf Eröffnung des Verfahrens berechtigt. Das gleiche Recht steht ihm auch wegen einer anderen Nachlaßverbindlichkeit zu, es sei denn, daß er unbeschränkt haftet oder daß eine Nachlaßverwaltung angeordnet ist. Die Vorschriften des § 223, des § 224 Nr. 1 und des § 225 gelten für den Erben auch nach dem Verkaufe der Erbschaft.
(§ 206 b). Nov. 98.

§ 233. Die Vorschriften des § 232 finden entsprechende Anwendung, wenn jemand eine durch Vertrag erworbene Erbschaft verkauft oder sich zur Veräußerung einer ihm angefallenen oder anderweit von ihm erworbenen Erbschaft in sonstiger Weise verpflichtet hat.
(§ 206 c). Nov. 98.

§ 234. In dem Konkursverfahren über das Vermögen des Erben finden, wenn auch über den Nachlaß das Konkursverfahren eröffnet, oder wenn eine Nachlaßverwaltung an=

geordnet ist, auf Nachlaßgläubiger, denen gegenüber der Erbe unbeschränkt haftet, die Vorschriften der §§ 64, 96, 153, 155, 156, des § 168 Nr. 3 und des § 169 entsprechende Anwendung.

Das Gleiche gilt, wenn eine Ehefrau die Erbin ist und der Nachlaß zum Gesamtgute gehört, auch in dem Konkursverfahren über das Vermögen des Ehemannes.

(§ 206 d). Nov. 98.

§ 235. Ueber einen Erbteil findet ein Konkursverfahren nicht statt.

(§ 206 e). Nov. 98.

§ 236. Die Vorschriften der §§ 214—234 finden im Falle der fortgesetzten Gütergemeinschaft auf das Konkursverfahren über das Gesamtgut entsprechende Anwendung. Konkursgläubiger sind nur die Gesamtgutsgläubiger, deren Forderungen schon zur Zeit des Eintritts der fortgesetzten Gütergemeinschaft bestanden. Zu dem Antrag auf Eröffnung des Verfahrens ist ein Gläubiger nicht berechtigt, dem gegenüber der überlebende Gatte zu dieser Zeit persönlich haftete. Die anteilsberechtigten Abkömmlinge sind zu dem Antrage nicht berechtigt; das Gericht hat sie, soweit tunlich, zu hören.

(§ 206 f). Nov. 98.

§ 237. III. Besitzt ein Schuldner, über dessen Vermögen im Auslande ein Konkursverfahren eröffnet worden ist, Vermögensgegenstände im Inlande, so ist die Zwangsvollstreckung in das inländische Vermögen zulässig.

Ausnahmen von dieser Bestimmung können unter Zustimmung des Bundesrats durch Anordnung des Reichskanzlers getroffen werden.

(§ 207).

§ 238. Das Konkursverfahren umfaßt nur das im Inlande befindliche Vermögen, wenn der Schuldner im Deutschen Reiche eine gewerbliche Niederlassung, aber keinen allgemeinen Gerichtsstand hat.

Hat ein Schuldner im Deutschen Reiche weder eine gewerbliche Niederlassung noch einen allgemeinen Gerichtsstand, so findet ein Konkursverfahren über das im Inlande befindliche Vermögen des Schuldners statt, wenn er im Inlande ein mit Wohn- und Wirtschaftsgebäuden versehenes Gut als

Eigentümer, Nutznießer oder Pächter bewirtschaftet. Für das Verfahren ist das Amtsgericht ausschließlich zuständig, in dessen Bezirke das Gut sich befindet.

Ist im Auslande ein Konkursverfahren eröffnet, so bedarf es nicht des Nachweises der Zahlungsunfähigkeit zur Eröffnung des inländischen Verfahrens.

(§ 208). Nov. 98.

Drittes Buch.

Strafbestimmungen.

§ 239. Schuldner, welche ihre Zahlungen eingestellt haben, oder über deren Vermögen das Konkursverfahren eröffnet worden ist, werden wegen betrüglichen Bankerutts mit Zuchthaus bestraft, wenn sie in der Absicht, ihre Gläubiger zu benachteiligen,

1. Vermögensstücke verheimlicht oder beiseite geschafft haben,
2. Schulden oder Rechtsgeschäfte anerkannt oder aufgestellt haben, welche ganz oder teilweise erdichtet sind,
3. Handelsbücher zu führen unterlassen haben, deren Führung ihnen gesetzlich oblag, oder
4. ihre Handelsbücher vernichtet oder verheimlicht oder so geführt oder verändert haben, daß dieselben keine Uebersicht des Vermögenszustandes gewähren.

Sind mildernde Umstände vorhanden, so tritt Gefängnisstrafe nicht unter drei Monaten ein.

(§ 209).

§ 240. Schuldner, welche ihre Zahlungen eingestellt haben, oder über deren Vermögen das Konkursverfahren eröffnet worden ist, werden wegen einfachen Bankerutts mit Gefängnis bestraft, wenn sie

1. durch Aufwand, Spiel oder Wette oder durch Differenzhandel mit Waren oder Börsenpapieren übermäßige Summen verbraucht haben oder schuldig geworden sind;
2. in der Absicht, die Eröffnung des Konkursverfahrens hinauszuschieben, Waren oder Wertpapiere auf Kredit entnommen und diese Gegenstände erheblich unter dem Werte in einer den Anforderungen einer ordnungs-

mäßigen Wirtschaft widersprechenden Weise veräußert oder sonst weggegeben haben;

3. Handelsbücher zu führen unterlassen haben, deren Führung ihnen gesetzlich oblag, oder dieselben verheimlicht, vernichtet oder so unordentlich geführt haben, daß sie keine Uebersicht ihres Vermögenszustandes gewähren, oder
4. es gegen die Bestimmung des Handelgesetzbuchs unterlassen haben, die Bilanz ihres Vermögens in der vorgeschriebenen Zeit zu ziehen.

Neben der Gefängnisstrafe kann in den Fällen der Nr. 1, 2 auf Verlust der bürgerlichen Ehrenrechte erkannt werden.

Sind mildernde Umstände vorhanden, so kann auf Geldstrafe bis zu sechstausend Mark [1]) erkannt werden.

(§ 210). Abs. 1 mit Nr. 1, 2, Abs. 2 u. 3 Nov. 98.

[1]) S. hierzu die VO. über Vermögensstr. 2c. v. 6. Febr. 1924 (RGBl. 44).

§ 241. Schuldner, welche ihre Zahlungen eingestellt haben, oder über deren Vermögen das Konkursverfahren eröffnet worden ist, werden mit Gefängnis bis zu zwei Jahren bestraft, wenn sie, obwohl sie ihre Zahlungsunfähigkeit kannten, einem Gläubiger in der Absicht, ihn vor den übrigen Gläubigern zu begünstigen, eine Sicherung oder Befriedigung gewährt haben, welche derselbe nicht oder nicht in der Art oder nicht zu der Zeit zu beanspruchen hatte.

Sind mildernde Umstände vorhanden, so kann auf Geldstrafe bis zu sechstausend Mark [1]) erkannt werden.

(§ 212). Abs. 2 Nov. 98.

[1]) S. hierzu die Anm. zu § 240.

§ 242. Mit Zuchthaus bis zu zehn Jahren wird bestraft, wer

1. im Interesse eines Schuldners, welcher seine Zahlungen eingestellt hat, oder über dessen Vermögen das Konkursverfahren eröffnet worden ist, Vermögensstücke desselben verheimlicht oder beiseite geschafft hat, oder
2. im Interesse eines solchen Schuldners, oder, um sich oder einem anderen Vermögensvorteil zu verschaffen, in dem Verfahren erdichtete Forderungen im eigenen

Namen oder durch vorgeschobene Personen geltend gemacht hat.

Sind mildernde Umstände vorhanden, so tritt Gefängnisstrafe oder Geldstrafe bis zu sechstausend Mark[1]) ein.

(§ 212). [1]) S. hierzu die Anm. zu § 240.

§ 243. Ein Gläubiger, welcher sich von dem Gemeinschuldner oder anderen Personen besondere Vorteile dafür hat gewähren oder versprechen lassen, daß er bei den Abstimmungen der Konkursgläubiger in einem gewissen Sinne stimme, wird mit Geldstrafe bis zu dreitausend Mark[1]) oder mit Gefängnis bis zu einem Jahre bestraft.

(§ 213). [1]) S. hierzu die Anm. zu § 240.

§ 244. Die Strafvorschriften der §§ 239—241 finden gegen die Mitglieder des Vorstandes einer Aktiengesellschaft oder eingetragenen Genossenschaft und gegen die Liquidatoren einer Handelsgesellschaft oder eingetragenen Genossenschaft, welche ihre Zahlungen eingestellt hat, oder über deren Vermögen das Konkursverfahren eröffnet worden ist, Anwendung, wenn sie in dieser Eigenschaft die mit Strafe bedrohten Handlungen begangen haben.

(§ 214).

---

2. Gesetz,

betr. die Anfechtung von Rechtshandlungen eines Schuldners außerhalb des Konkursverfahrens,

vom 21. Juli 1879,

in der Fassung der Bekanntmachung vom 20. Mai 1898 (RGBl. 709).

§ 1. Rechtshandlungen eines Schuldners können außerhalb des Konkursverfahrens zum Zwecke der Befriedigung eines Gläubigers als diesem gegenüber unwirksam nach Maßgabe der folgenden Bestimmungen angefochten werden.

§ 2. Zur Anfechtung ist jeder Gläubiger, welcher einen vollstreckbaren Schuldtitel erlangt hat und dessen Forderung fällig ist, befugt, sofern die Zwangsvollstreckung in das Vermögen des Schuldners zu einer vollständigen Befriedigung nicht geführt hat oder anzunehmen ist, daß sie zu einer solchen nicht führen würde.

§ 3. Anfechtbar sind:

1. Rechtshandlungen, welche der Schuldner in der dem anderen Teile bekannten Absicht, seine Gläubiger zu benachteiligen, vorgenommen hat;
2. die in dem letzten Jahre vor der Anfechtung geschlossenen entgeltlichen Verträge des Schuldners
   mit seinem Ehegatten, vor oder während der Ehe, mit seinen oder seines Ehegatten Verwandten in auf- und absteigender Linie, mit seinen oder seines Ehegatten voll- und halbbürtigen Geschwistern, oder mit dem Ehegatten einer dieser Personen,
   sofern durch den Abschluß des Vertrages die Gläubiger des Schuldners benachteiligt werden und der andere Teil nicht beweist, daß ihm zur Zeit des Vertragsabschlusses eine Absicht des Schuldners, die Gläubiger zu benachteiligen, nicht bekannt war;
3. die in dem letzten Jahre vor der Anfechtung von dem Schuldner vorgenommenen unentgeltlichen Verfügungen, sofern nicht dieselben gebräuchliche Gelegenheitsgeschenke zum Gegenstande hatten;
4. die in den letzten zwei Jahren vor der Anfechtung von dem Schuldner vorgenommenen unentgeltlichen Verfügungen zugunsten seines Ehegatten.

Nr. 2, 3, 4 Nov. 98.

§ 3a. Hat der Erbe aus dem Nachlasse Pflichtteilsansprüche, Vermächtnisse oder Auflagen erfüllt, so kann ein Nachlaßgläubiger, der im Konkursverfahren über den Nachlaß dem Empfänger der Leistung im Range vorgehen oder gleichstehen würde, die Leistung in gleicher Weise anfechten wie eine unentgeltliche Verfügung des Erben.

Nov. 98.

§ 4. Hat der Gläubiger, bevor er einen vollstreckbaren Schuldtitel erlangt hatte oder seine Forderung fällig war, denjenigen, welchem gegenüber eine in § 3 Nr. 2—4 bezeichnete Rechtshandlung vergenommen ist, von seiner Absicht, die Handlung anzufechten, durch Zustellung eines Schriftsatzes in Kenntnis gesetzt, so wird die Frist von dem Zeitpunkte der Zustellung zurückgerechnet, sofern schon zu dieser Zeit der Schuldner zahlungsunfähig war und bis zum Ablaufe von zwei Jahren seit diesem Zeitpunkte die Anfechtung erfolgt ist. Nov. 98.

§ 5. Die Erhebung des Anfechtungsanspruchs im Wege der Einrede kann erfolgen, bevor ein vollstreckbarer Schuldtitel für die Forderung erlangt ist; der Gläubiger hat denselben jedoch vor der Entscheidung binnen einer von dem Gerichte zu bestimmenden Frist beizubringen.

§ 6. Die Anfechtung wird dadurch nicht ausgeschlossen, daß für die anzufechtende Rechtshandlung ein vollstreckbarer Schuldtitel erlangt, oder daß dieselbe durch Zwangsvollstreckung oder durch Vollziehung eines Arrestes erwirkt worden ist.

§ 7. Der Gläubiger kann, soweit es zu seiner Befriedigung erforderlich ist, beanspruchen, daß dasjenige, was durch die anfechtbare Handlung aus dem Vermögen des Schuldners veräußert, weggegeben oder aufgegeben ist, als noch zu demselben gehörig von dem Empfänger zurückgewährt werde.

Der gutgläubige Empfänger einer unentgeltlichen Leistung hat dieselbe nur insoweit zurückzugewähren, als er durch sie bereichert ist.

§ 8. Wegen Erstattung einer Gegenleistung oder im Fall einer anfechtbaren Leistung wegen seiner Forderung kann der Empfänger sich nur an den Schuldner halten.

§ 9. Erfolgt die Anfechtung im Wege der Klage, so hat der Klageantrag bestimmt zu bezeichnen, in welchem Umfange und in welcher Weise die Rückgewähr seitens des Empfängers bewirkt werden soll.

§ 10. Liegt ein nur vorläufig vollstreckbarer Schuldtitel des Gläubigers oder ein unter Vorbehalt ergangenes Urteil (Zivilprozeßordnung §§ 540, 599) vor, so ist in dem den Anfechtungsanspruch für begründet erklärenden Urteile die Vollstreckung desselben davon abhängig zu machen, daß die gegen den Schuldner ergangene Entscheidung rechtskräftig oder vorbehaltlos wird.

§ 11. Die gegen den Erblasser begründete Anfechtung findet gegen den Erben statt.

Gegen einen anderen Rechtsnachfolger desjenigen, welchem gegenüber die anfechtbare Handlung vorgenommen ist, findet die gegen den letzteren begründete Anfechtung statt:

1. wenn ihm zur Zeit seines Erwerbes die Umstände, welche die Anfechtbarkeit des Erwerbes seines Rechtsvorgängers begründen, bekannt waren;
2. wenn er zu den im § 3 Nr. 2 genannten Personen gehört, es sei denn, daß ihm zur Zeit seines Erwerbes die Umstände, welche die Anfechtbarkeit des Erwerbes seines Rechtsvorgängers begründen, unbekannt waren;
3. wenn ihm das Erlangte unentgeltlich zugewendet worden ist.

Im Falle des Abs. 2 Nr. 3 findet auf die Haftung des Rechtsnachfolgers die Vorschrift des § 7 Abs. 2 Anwendung.

Zur Erstreckung der Fristen in Gemäßheit des § 4 genügt die Zustellung des Schriftsatzes an den Rechtsnachfolger, gegen welchen die Anfechtung erfolgen soll.

Abs. 2—4 Nov. 98.

§ 12. Die Anfechtung einer nach § 3 Nr. 1 anfechtbaren Handlung kann nur binnen zehn Jahren erfolgen. Auf den Lauf der Frist finden die für die Verjährung geltenden Vorschriften des § 203 Abs. 2 und der §§ 206, 207 des Bürgerlichen Gesetzbuchs entsprechende Anwendung.

Die Frist beginnt mit dem Zeitpunkte, in welchem der Gläubiger den vollstreckbaren Schuldtitel erlangt hatte und seine Forderung fällig war, wenn aber die Rechtshandlung nach diesem Zeitpunkte vorgenommen ist, mit der Vornahme der Handlung.

Die Anfechtung ist ausgeschlossen, wenn seit der Vornahme der Rechtshandlung dreißig Jahre verstrichen sind.

Nov. 98.

§ 13. Wird über das Vermögen des Schuldners das Konkursverfahrens eröffnet, so steht die Verfolgung der von Konkursgläubigern erhobenen Anfechtungsansprüche dem Konkursverwalter zu. Aus dem Erstrittenen sind dem Gläubiger die Prozeßkosten vorweg zu erstatten.

Ist das Verfahren über den Anfechtungsanspruch noch rechtshängig, so wird dasselbe unterbrochen. Im Fall einer Verzögerung der Aufnahme kommen die Bestimmungen der Zivilprozeßordnung § 239 zur entsprechenden Anwendung. Der Konkursverwalter kann den Anspruch nach den Vorschriften der Konkursordnung §§ 37 bis 39, 41 in Gemäßheit der §§ 268, 529 der Zivilprozeßordnung erweitern. Lehnt der Verwalter die Aufnahme des Rechtsstreits ab, so kann derselbe rücksichtlich der Prozeßkosten von jeder Partei aufgenommen werden. Durch die Ablehnung der Aufnahme wird die Befugnis des Verwalters, nach den Vorschriften der Konkursordnung das Anfechtungsrecht auszuüben, nicht ausgeschlossen.

Soweit der Gläubiger aus dem Zurückzugewährenden eine Sicherung oder Befriedigung erlangt hatte, finden auf die Anfechtung derselben die Vorschriften des § 30 Nr. 1 der Konkursordnung entsprechende Anwendung.

Nach der Beendigung des Konkursverfahrens können Anfechtungsrechte, deren Ausübung dem Konkursverwalter zustand, von den einzelnen Gläubigern nach Maßgabe dieses Gesetzes verfolgt werden, soweit nicht dem Anspruch entgegenstehende Einreden gegen den Verwalter erlangt sind. War die Anfechtung nicht schon zur Zeit der Eröffnung des Konkursverfahrens erfolgt, so wird die im § 3 Nr. 2 bis 4 bestimmte Frist von diesem Zeitpunkte berechnet, sofern die Anfechtung bis zum Ablauf eines Jahres seit der Beendigung des Konkursverfahrens erfolgt.

Rechtshandlungen, welche der Gemeinschuldner rücksichtlich seines nicht zur Konkursmasse gehörigen Vermögens vorgenommen hat, können von den Konkursgläubigern auch während des Konkursverfahrens nach Maßgabe dieses Gesetzes angefochten werden.

Abs. 4 S. 2 Nov. 98.

§ 14. [1]) Dieses Gesetz tritt im ganzen Umfange des Reichs gleichzeitig mit der Konkursordnung in Kraft.

Dasselbe findet auch auf die vor diesem Zeitpunkte vorgenommenen Rechtshandlungen Anwendung, sofern sie nicht nach den Vorschriften der bisherigen Gesetze der Anfechtung entzogen oder in geringerem Umfange unterworfen sind.

Ist der Anfechtungsanspruch zur Zeit des Inkrafttretens dieses Gesetzes rechtshängig, so bleiben für die Entscheidung des Rechtsstreits die Vorschriften der bisherigen Gesetze maßgebend.

[1]) Dieser § fehlt in der Bekanntmachung vom 20. Mai 1898.

II. Teil.

Ergänzungsgesetze und -verordnungen zur Konkursordnung und zum Anfechtungsgesetz.

---

3. Gesetz,

betr. die Einführung der Konkursordnung.

Vom 10. Februar 1877 (RGBl. 390).

Geändert durch Ges. v. 1. Mai 1889 betr. die Erwerbs- und Wirtschaftsgenossenschaften (RGBl. 565), das EinfG. zu dem Ges. betr. Aenderungen der Konkursordnung v. 17. Mai 1898 (RGBl. 248), durch das Hypothekenbankges. v. 13. Juli 1899 (RGBl. 375) und durch das Ges. v. 14. Juli 1923 (RGBl. 635).

§ 1. Die Konkursordnung tritt im ganzen Umfange des Reichs gleichzeitig mit dem Gerichtsverfassungsgesetze in Kraft.

§ 2. Gesetz im Sinne der Konkursordnung und dieses Gesetzes ist jede Rechtsnorm.

§ 3. Die den Konkurs betreffenden Vorschriften der Reichsgesetze werden durch die Konkursordnung nicht berührt.

Aufgehoben werden:

1. die Vorschriften des § 51 des Gesetzes, betreffend die privatrechtliche Stellung der Erwerbs- und Wirtschaftsgenossenschaften, vom 4. Juli 1868, sowie die im § 48 desselben Gesetzes bestimmte Zuständigkeit des Handelsgerichts;

2. die Vorschriften der §§ 13—18 des Gesetzes, betreffend die Gewährung der Rechtshilfe, vom 21. Juni 1869;
3. die Vorschriften der §§ 281—283 des Strafgesetzbuchs.

[Der Artikel 80 der Wechselordnung wird dahin abgeändert, daß die Verjährung auch nach Maßgabe des § 13 der Konkursordnung unterbrochen wird.] [1]) [2])

[1]) Abs. 3 ist seit Aufhebung des Art. 80 WO. durch EG.HGB. vom 10. Mai 1897 Art. 8 Nr. 2 gegenstandslos.

[2]) Abs. 4 gestrichen durch das Ges. vom 1. Mai 1889, betr. die Erwerbs- und Wirtschaftsgenossenschaften § 153 Abs. 1.

§ 4. Aufgehoben werden die Vorschriften der Landesgesetze über Konkurs-, Falliments-, Gant-, Debit-Verfahren, über gerichtliche, zur Abwendung oder Einleitung eines solchen Verfahrens dienende Stundungs- und Nachlaßverhandlungen, konkursmäßige Einleitungen, Vermögensuntersuchungen, über die Rechtswohltat der Güterabtretung und die landesherrliche oder gerichtliche Bewilligung einer allgemeinen Zahlungsstundung, sowie über das Konkursrecht, insoweit nicht in der Konkursordnung auf dieselben verwiesen oder bestimmt ist, daß sie nicht berührt werden.

Aufgehoben werden die Strafvorschriften, welche rücksichtlich des Konkurses in den Landesgesetzen enthalten sind.

§ 5. Unberührt bleiben die landesgesetzlichen Vorschriften, welche die Lehen, Stammgüter oder Familienfideikommisse betreffen.

Nr. 2 gestrichen Nov. 98.

§ 6. Die Bestimmungen der §§ 193, 194, 214 [1]) der Konkursordnung finden auf registrierte Gesellschaften, welche auf Grund der bayerischen Gesetze vom 29. April 1869, betreffend die privatrechtliche Stellung der Vereine sowie der der Erwerbs- und Wirtschaftsgesellschaften, bestehen, entsprechende Anwendung.

Die Gesellschaft wird in dem Konkursverfahren durch den Vorstand oder die Liquidatoren vertreten. Ein Zwangsvergleich findet nicht statt.

Nov. 98.

[1]) Nach geltender Fassung §§ 207, 208, 244.

§ 7. In Ansehung der Landesherren und der Mitglieder

der landesherrlichen Familien sowie der Mitglieder der Fürstlichen Familie Hohenzollern finden die Bestimmungen der Konkursordnung nur insoweit Anwendung, als nicht besondere Vorschriften der Hausverfassungen oder der Landesgesetze abweichende Bestimmungen enthalten.

Das Gleiche gilt in Ansehung der Mitglieder des vormaligen Hannoverschen Königshauses, des vormaligen Kurhessischen und des vormaligen Herzoglich Nassauischen Fürstenhauses.

Abs. 2 Nov. 98.

§ 8. Ein vor dem Tage des Inkrafttretens der Konkursordnung eröffnetes Konkursverfahren ist nach den bisherigen Gesetzen zu erledigen.

Der Landesgesetzgebung bleibt vorbehalten, die Konkursordnung auf die Erledigung der vor dem Inkrafttreten der Konkursordnung anhängig gewordenen Konkurssachen für anwendbar zu erklären und zu dem Zwecke Uebergangsbestimmungen zu erlassen.

§ 9. In einem am Tage des Inkrafttretens der Konkursordnung oder nach diesem Tage eröffneten Konkursverfahren finden die Bestimmungen der Konkursordnung über die Anfechtung von Rechtshandlungen auf eine vor dem bezeichneten Tage vorgenommme Rechtshandlung Anwendung, sofern nicht dieselbe nach den Vorschriften der bisherigen Gesetze der Anfechtung entzogen oder in geringerem Umfange unterworfen ist.

§ 10. In einem am Tage des Inkrafttretens der Konkursordnung oder nach diesem Tage eröffneten Konkursverfahren finden die Bestimmungen der §§ 42, 48 Nr. 3, 49 [1]) der Konkursordnung auf eine vor dem bezeichneten Tage abgetretene oder erworbene Forderung Anwendung, sofern nicht die bisherigen Gesetze eine Aufrechnung zulassen oder eine Verpflichtung zum Schadensersatze nicht oder in geringerem Umfange begründen.

[1]) nach geltender Fassung §§ 50, 55 Nr. 3, 56.

§ 11. In einem am Tage des Inkrafttretens der Konkursordnung oder nach diesem Tage eröffneten Konkursverfahren finden die Bestimmungen der Konkursordnung und dieses Gesetzes über abgesonderte Befriedigung auf Pfand- und

Vorzugsrechte Anwendung, wenngleich dieselben oder die Forderungen vor dem bezeichneten Tage erworben sind.

§ 12. Insoweit Pfand- und Vorzugsrechte, welche vor dem Tage des Inkrafttretens der Konkursordnung auf Grund eines Vertrages, einer letztwilligen Anordnung oder einer richterlichen Verfügung erworben oder in Bankstatuten den Banknoteninhabern rechtsgültig zugesichert sind, zufolge der Bestimmungen der Konkursordnung und dieses Gesetzes ihre Wirksamkeit verlieren, kann die Landesgesetzgebung für die Forderung des Berechtigten ein Vorrecht vor allen oder einzelnen der im § 54 [1]) der Konkursordnung bezeichneten Forderungen gewähren.

Ist das Pfand- oder Vorzugsrecht auf einzelne bewegliche Gegenstände des Schuldners beschränkt, so kann das Vorrecht nur in Höhe des Erlöses derselben gewährt werden.

Das durch die vorstehenden Bestimmungen vorbehaltene Vorrecht kann nicht gewährt werden für ein zwei Jahre nach dem Inkrafttreten der Konkursordnung eröffnetes Konkursverfahren, wenn nicht das Vorrecht dadurch erhalten wird, daß dasselbe bis zum Ablaufe der zwei Jahre zur Eintragung in ein öffentliches Register vorschriftsmäßig angemeldet ist. Der Erlaß von Vorschriften über die Einrichtung solcher Register, sowie über die Anmeldung und Eintragung der Forderungen bleibt der Landesgesetzgebung vorbehalten.

[1]) nach geltender Fassung § 61.

§ 13. Die Landesgesetzgebung kann der Ehefrau, den Kindern und den Pflegebefohlenen des Gemeinschuldners für Forderungen, welche vor dem Tage des Inkrafttretens der Konkursordnung entstanden sind, ein Vorrecht nach Maßgabe des § 12 Abs. 1, 2 insoweit gewähren, als ein gesetzliches Pfand- oder Vorzugsrecht der Ehefrau, der Kinder oder der Pflegebefohlenen nach den bisherigen Gesetzen bestanden hat.

Auf das Vorrecht der Ehefrau findet die Bestimmung des § 12 Abs. 3 entsprechende Anwendung.

Den Kindern und den Pflegebefohlenen kann das Vorrecht für ein fünf Jahre nach dem Inkrafttreten der Konkursordnung eröffnetes Konkursverfahren nicht gewährt werden.

§ 14 (fortgefallen).

§ 15 (fortgefallen).

§ 16 (fortgefallen).

§ 17. Unberührt bleiben die landesgesetzlichen Vorschriften, nach welchen den Inhabern von Schuldverschreibungen, die von anderen Kreditanstalten als Hypothekenbanken auf Grund von Hypotheken oder von Reallasten oder von nichthypothekarischen Darlehen der im § 41 Abs. 1 des Hypothekenbankgesetzes bezeichneten Art ausgegeben sind, ein Vorrecht vor allen anderen Konkursgläubigern in Ansehung der Befriedigung aus den Hypotheken oder den Reallasten oder den genannten Darlehen der Anstalt zusteht. Wird ein solches Vorrecht gewährt, so gehen in Ansehung der Befriedigung aus den Hypotheken die Forderungen aus Schuldverschreibungen, zu deren Deckung Hypotheken verwendet werden, den Forderungen aus den übrigen Schuldverschreibungen vor; entsprechendes gilt für die Befriedigung aus Reallasten und nichthypothekarischen Darlehen. Werden wertbeständige Hypotheken verschiedener Gattung zur Deckung verwendet, so gehen in Ansehung der Befriedigung aus den Hypotheken der einen Gattung die Forderungen aus Schuldverschreibungen der gleichen Gattung den Forderungen aus anderen Schuldverschreibungen anderer Gattung vor; entsprechendes gilt für Reallasten und nichthypothekarische Darlehen.

Unberührt bleiben die landesgesetzlichen Vorschriften, nach welchen den Inhabern von Schuldverschreibungen, die von Körperschaften des öffentlichen Rechtes, Aktiengesellschaften, Kommanditgesellschaften auf Aktien, Gesellschaften mit beschränkter Haftung oder Genossenschaften über ein Anlehen ausgestellt sind, ein Vorrecht vor nicht bevorrechtigten Konkursgläubigern, deren Forderungen später entstehen, dadurch gewährt werden kann, daß die zu bevorrechtigenden Forderungen in ein öffentliches Schuldbuch eingetragen werden.

Abs. 1 Fassung nach Art. III des Ges. v. 14. Juli 1923 (RGBl. 635); Abs. 2 Fassung nach § 43 HypBankGes. v. 13. Juli 1899 (RGBl. 375).

4. Gesetz,
betr. Aenderungen der Konkursordnung.
Vom 17. Mai 1898 (RGBl. 230).

[Das Gesetz enthält nur Aenderungen der Konkursordnung, die bei deren Abdruck berücksichtigt sind.]

---

5. Einführungsgesetz
zu dem Gesetz betr. Aenderungen der Konkursordnung.
Vom 17. Mai 1898 (RGBl. 248).

Art. I. Das Gesetz, betr. Aenderungen der Konkursordnung, tritt gleichzeitig mit dem Bürgerlichen Gesetzbuch in Kraft.

Art. II. (Art. II enthält Aenderungen des EG.KO., die bei diesem berücksichtigt sind.)

Art. III. Die Vorschriften des § 41 Abs. 2 [1]) der Konkursordnung und des § 17 Nr. 1, 2 [2]) des Gesetzes, betreffend die Einführung der Konkursordnung, finden auch außerhalb des Konkurses Anwendung.

[1]) Nach geltender Fassung § 49 Abs. 2.

[2]) alter Fassung.

Art. IV. Unberührt bleiben die landesgesetzlichen Vorschriften, welche die Zulässigkeit des Konkursverfahrens über das Vermögen der im § 15 Nr. 3 [1]) des Einführungsgesetzes zur Zivilprozeßordnung bezeichneten juristischen Personen beschränken oder ausschließen.

[1]) EG. ZPO. § 15. Unberührt bleiben: 3. die landesgesetzlichen Vorschriften über die Zwangsvollstreckung wegen Geldforderungen

gegen den Fiskus, eine Körperschaft, Stiftung oder Anstalt des öffentlichen Rechts oder eine unter der Verwaltung einer öffentlichen Behörde stehende Körperschaft oder Stiftung, soweit nicht dingliche Rechte verfolgt werden.

Art. V. Ein vor dem Inkrafttreten des Gesetzes, betreffend Aenderungen der Konkursordnung, eröffnetes Konkursverfahren ist nach den bisherigen Gesetzen zu erledigen.

Art. VI. In einem am Tage des Inkrafttretens des Gesetzes, betreffend Aenderungen der Konkursordnung, oder nach diesem Tage eröffneten Konkursverfahren bleiben, soweit für ein Rechtsverhältnis die Vorschriften des bisherigen bürgerlichen Rechtes maßgebend sind, für das Rechtsverhältnis auch die Vorschriften des bisherigen Konkursrechts maßgebend. Dies gilt insbesondere in Ansehung eines Nachlasses, wenn der Erblasser vor dem bezeichneten Zeitpunkte gestorben ist. Die Landesgesetzgebung kann jedoch auf ein Rechtsverhältnis, für welches nach den Uebergangsvorschriften des Einführungsgesetzes zum Bürgerlichen Gesetzbuche die Landesgesetze maßgebend sind, die Vorschriften des neuen Konkursrechts für anwendbar erklären.

Art. VII (enthält Aenderungen des Anfechtungsgesetzes, die bei diesem berücksichtigt sind).

Art. VIII. Die Vorschriften des Art. VII finden auf die vor dem Inkrafttreten dieses Gesetzes vorgenommenen Rechtshandlungen keine Anwendung.

Art. IX. In bürgerlichen Rechtsstreitigkeiten, in welchen durch Klage oder Widerklage ein Anspruch auf Grund des dritten Titels des ersten Buches der Konkursordnung oder auf Grund des Gesetzes, betreffend die Anfechtung von Rechtshandlungen eines Schuldners außerhalb des Konkursverfahrens, geltend gemacht ist, wird die Verhandlung und Entscheidung letzter Instanz im Sinne des § 8 des Einführungsgesetzes zum Gerichtsverfassungsgesetze dem Reichsgerichte zugewiesen.

6. Gesetz zur Einschränkung der Verfügungen über Miet- und Pachtzinsforderungen.

Vom 8. Juni 1915 (RGBl. 327).

Art. 1. (Enthält Aenderungen des Zwangsversteigerungsgesetzes, die bei dessen Abdruck berücksichtigt sind.)

Art. 2. (Aendert das BGB.)

Art. 3. (Bei § 21 der KO. berücksichtigt.)

Art. 4. Für die Wirkung von Verfügungen und Rechtsgeschäften, die vor dem Inkrafttreten dieses Gesetzes in Ansehung der Miet- oder Pachtzinsforderung vorgenommen sind, bleiben die im Artikel 2 und im Artikel 3 unter I bezeichneten Vorschriften bis zum Ablauf des dem Inkrafttreten dieses Gesetzes folgenden Kalendervierteljahrs in der bisherigen Fassung maßgebend.

Art. 5. Ist das Miet- oder Pachtverhältnis vor dem Inkrafttreten dieses Gesetzes begründet worden, so bleiben für die Wirksamkeit von Rechtsgeschäften, die zwischen dem Mieter oder Pächter und dem Vermieter oder Verpächter in Ansehung der Miet- oder Pachtzinsforderung vorgenommen werden, die im Artikel 2 und im Artikel 3 unter I bezeichneten Vorschriften in der bisherigen Fassung maßgebend, soweit es sich um Miet- oder Pachtzins für die Zeit bis zu dem ersten Termine handelt, für den die Kündigung des Miet- oder Pachtverhältnisses zulässig ist.

Art. 6. Dieses Gesetz tritt am 20. Juni 1915 in Kraft.

7. Gesetz,

betr. die Gesellschaften mit beschränkter Haftung

in der Fassung der Bekanntmachung vom 20. Mai 1898 (RGBl. 846).

Geändert durch Ges. v. 21. Dezbr. 1922 (RGBl. 1923, 22).

Fünfter Abschnitt.

Auflösung und Nichtigkeit der Gesellschaft.

§ 60. Die Gesellschaft mit beschränkter Haftung wird aufgelöst:

1. durch Ablauf der im Gesellschaftsvertrage bestimmten Zeit;
2. durch Beschluß der Gesellschafter; derselbe bedarf, sofern im Gesellschaftsvertrage nicht ein anderes bestimmt ist, einer Mehrheit von drei Vierteilen der abgegebenen Stimmen;
3. durch gerichtliches Urteil oder durch Entscheidung des Verwaltungsgerichts oder der Verwaltungsbehörde in den Fällen der §§ 61 und 62;
4. durch die Eröffnung des Konkursverfahrens; wird das Verfahren nach Abschluß eines Zwangsvergleichs aufgehoben oder auf Antrag des Gemeinschuldners eingestellt, so können die Gesellschafter die Fortsetzung der Gesellschaft beschließen.

Im Gesellschaftsvertrage können weitere Auflösungsgründe festgesetzt werden.

§ 63. Ueber das Vermögen der Gesellschaft findet das Konkursverfahren außer dem Falle der Zahlungsunfähigkeit auch in dem Falle der Ueberschuldung statt.

Die auf das Konkursverfahren über das Vermögen einer Aktiengesellschaft bezüglichen Vorschriften im § 207 Absatz 2, § 208 der Konkursordnung finden auf die Gesellschaft mit beschränkter Haftung entsprechende Anwendung.

§ 64. Die Geschäftsführer haben die Eröffnung des Konkursverfahrens zu beantragen, sobald die Zahlungsunfähigkeit der Gesellschaft eintritt oder aus der Jahresbilanz oder aus einer im Laufe des Geschäftsjahres aufgestellten Bilanz Ueberschuldung sich ergibt.

Die Geschäftsführer sind der Gesellschaft zum Ersatze aller nach diesem Zeitpunkt geleisteten Zahlungen verpflichtet. Auf den Ersatzanspruch finden die Bestimmungen im § 43 Absatz 3 und 4 entsprechende Anwendung.

§ 65. Die Auflösung der Gesellschaft ist außer dem Falle des Konkursverfahrens zur Eintragung in das Handelsregister anzumelden. Das Gleiche gilt von einer Fortsetzung der Gesellschaft in den im § 60 Absatz 1 Nr. 4 bezeichneten Fällen.

Die Auflösung ist von den Liquidatoren zu drei verschiedenen Malen durch die im § 30 Absatz 2 bezeichneten öffentlichen Blättern bekannt zu machen. Durch die Bekanntmachung sind zugleich die Gläubiger der Gesellschaft aufzufordern sich bei derselben zu melden.

§ 66. In den Fällen der Auflösung außer dem Falle des Konkursverfahrens erfolgt die Liquidation durch die Geschäftsführer, wenn nicht dieselbe durch den Gesellschaftsvertrag oder durch Beschluß der Gesellschafter anderen Personen übertragen wird.

Auf Antrag von Gesellschaftern, deren Geschäftsanteile zusammen mindestens dem zehnten Teile des Stammkapitals entsprechen, kann aus wichtigen Gründen die Bestellung von Liquidatoren durch das Gericht (§ 7 Absatz 1) erfolgen.

Die Abberufung von Liquidatoren kann durch das Gericht unter derselben Voraussetzung wie die Bestellung stattfinden. Liquidatoren, welche nicht vom Gericht ernannt sind, können auch durch Beschluß der Gesellschafter vor Ablauf des Zeitraums, für welchen sie bestellt sind, abberufen werden.

§ 71. Die Liquidatoren haben die aus §§ 36, 37, § 41 Absatz 1, § 43 Absatz 1, 2 und 4, § 49 Absatz 1 und 2, § 64 sich ergebenden Rechte und Pflichten der Geschäftsführer.

Sie haben sofort bei Beginn der Liquidation und demnächst in jedem Jahre eine Bilanz aufzustellen.

Sechster Abschnitt.

Schlußbestimmungen.

§ **83.** Die Strafvorschriften der §§ 239 bis 241 der Konkursordnung finden gegen die Geschäftsführer einer Gesellschaft mit beschränkter Haftung, welche ihre Zahlungen eingestellt hat oder über deren Vermögen das Konkursverfahren eröffnet worden ist, Anwendung, wenn sie in dieser Eigenschaft die mit Strafe bedrohten Handlungen begangen haben.

§ **84.** Die Geschäftsführer oder Liquidatoren einer Gesellschaft mit beschränkter Haftung werden mit Gefängnis bis zu drei Monaten und zugleich mit Geldstrafe bis zu eintausend Mark [1]) bestraft, wenn entgegen den Vorschriften im § 64, § 71 Absatz 1 der Antrag auf Eröffnung des Konkursverfahrens unterlassen ist.

Sind mildernde Umstände vorhanden, so tritt ausschließlich die Geldstrafe ein.

Straflos bleibt derjenige, bezüglich dessen festgestellt wird, daß der Antrag auf Eröffnung des Konkursverfahrens ohne sein Verschulden unterblieben ist.

[1]) S. hierzu die VO. über Vermögensstr. u. Bußen v. 6. Febr. 1924 (RGBl. 44).

8. Gesetz,

betr. die Erwerbs- und Wirtschaftsgenossenschaften

in der Fassung vom 20. Mai 1898 (RGBl. 810).

Geändert durch Ges. v. 1. Juli 1922 (RGBl. 567) mit VO. v. 24. Okt. 1922 (RGBl. 807), Ges. v. 12. Mai 1923 (RGBl. 288) mit VO. v. 23. Mai 1923 (RGBl. 298) u. v. 5. Juni 1923 (RGBl. 372).

Fünfter Abschnitt.

Ausscheiden einzelner Genossen.

§ **76.** Ein Genosse kann zu jeder Zeit, auch im Laufe des Geschäftsjahres, sein Geschäftsguthaben mittelst schriftlicher Uebereinkunft einem anderen übertragen und hierdurch aus der Genossenschaft ohne Auseinandersetzung mit ihr austreten, sofern der Erwerber an seiner Stelle Genosse wird oder sofern derselbe schon Genosse ist und dessen bisheriges Guthaben mit dem ihm zuzuschreibenden Betrage den Geschäftsanteil nicht übersteigt. Das Statut kann eine solche Uebertragung ausschließen oder an weitere Voraussetzungen knüpfen.

Der Vorstand hat die Uebereinkunft dem Gerichte (§ 10) ohne Verzug einzureichen und, falls der Erwerber schon Genosse ist, zugleich die schriftliche Versicherung abzugeben, daß dessen bisheriges Guthaben mit dem zuzuschreibenden Betrage den Geschäftsanteil nicht übersteigt.

Die Uebertragung ist in die Liste bei dem veräußernden Genossen unverzüglich einzutragen. Als Zeitpunkt des Ausscheidens gilt der Tag der Eintragung. Dieselbe darf, falls der Erwerber noch nicht Genosse ist, nur zugleich mit der Eintragung des letzteren erfolgen. Die Vorschriften der §§ 15, 71 und 72 finden entsprechende Anwendung.

Wird die Genossenschaft binnen sechs Monaten nach dem Ausscheiden des Genossen aufgelöst, so hat dieser im Falle der Eröffnung des Konkursverfahrens die Nachschüsse, zu deren Zahlung er verpflichtet gewesen sein würde, insoweit zu leisten, als zu derselben der Erwerber unvermögend ist.

Siebenter Abschnitt.

Konkursverfahren und Haftpflicht der Genossen.

§ 98. Das Konkursverfahren findet im Falle der Zahlungsunfähigkeit, nach Auflösung der Genossenschaft auch im Falle der Ueberschuldung statt.

Nach Auflösung der Genossenschaft ist die Eröffnung des Verfahrens so lange zulässig, als die Verteilung des Vermögens nicht vollzogen ist.

§ 99. Sobald die Zahlungsunfähigkeit der Genossenschaft eintritt, hat der Vorstand die Eröffnung des Konkursverfahrens zu beantragen; dasselbe gilt, wenn bei oder nach Auflösung der Genossenschaft aus der Jahresbilanz oder aus einer im Laufe des Jahres aufgestellten Bilanz Ueberschuldung sich ergibt.

Die Mitglieder des Vorstandes sind der Genossenschaft zum Ersatz einer nach diesem Zeitpunkte geleisteten Zahlung nach Maßgabe des § 34 verpflichtet.

Die Ansprüche auf Grund der vorstehenden Bestimmungen verjähren in fünf Jahren.

§ 100. Zu dem Antrage auf Eröffnung des Verfahrens ist außer den Konkursgläubigern jedes Mitglied des Vorstandes berechtigt.

Wird der Antrag nicht von allen Mitgliedern gestellt, so ist derselbe zuzulassen, wenn die ihn begründenden Tatsachen (§ 98) glaubhaft gemacht werden. Das Gericht hat die übrigen Mitglieder nach Maßgabe der Konkursordnung § 105 Absatz 2, 3 zu hören.

Der Eröffnungsantrag kann nicht aus dem Grunde abgewiesen werden, daß eine den Kosten des Verfahrens entsprechende Konkursmasse nicht vorhanden sei.

§ 101. Durch die Eröffnung des Konkursverfahrens wird die Genossenschaft aufgelöst.

§ 102. Die Eröffnung des Konkursverfahrens ist unverzüglich in das Genossenschaftsregister einzutragen. Die Eintragung wird nicht bekannt gemacht.

§ 103. Bei der Eröffnung des Verfahrens ist von dem Gerichte ein Gläubigerausschuß zu bestellen. Die Gläubigerversammlung hat über die Beibehaltung der bestellten oder die Wahl anderer Mitglieder zu beschließen. Im übrigen kommen die Vorschriften im § 87 der Konkursordnung zur Anwendung.

§ 104. Die Generalversammlung ist ohne Verzug zur Beschlußfassung darüber zu berufen (§§ 44 bis 46), ob die bisherigen Mitglieder des Vorstandes und des Aufsichtsrats beizubehalten oder andere zu bestellen sind.

§ 105. Soweit die Konkursgläubiger wegen ihrer bei der Schlußverteilung (Konkursordnung § 161) berücksichtigten Forderungen aus dem zur Zeit der Eröffnung des Konkursverfahrens vorhandenen Vermögen der Genossenschaft nicht befriedigt werden, sind die Genossen verpflichtet, Nachschüsse zur Konkursmasse zu leisten.

Die Nachschüsse sind von den Genossen, wenn nicht das Statut ein anderes Beitragsverhältnis festsetzt, nach Köpfen zu leisten.

Beiträge, zu deren Leistung einzelne Genossen unvermögend sind, werden auf die übrigen verteilt.

Zahlungen, welche Genossen über die von ihnen nach den vorstehenden Bestimmungen geschuldeten Beiträge hinaus leisten, sind ihnen, nachdem die Befriedigung der Gläubiger erfolgt ist, aus den Nachschüssen zu erstatten.

Gegen die Nachschüsse kann der Genosse eine Forderung an die Genossenschaft aufrechnen, sofern die Voraussetzungen vorliegen, unter welchen er als Konkursgläubiger Befriedigung wegen der Forderung aus den Nachschüssen zu beanspruchen hat.

§ 106. Der Konkursverwalter hat sofort, nachdem die Bilanz auf der Gerichtsschreiberei niedergelegt ist (Konkursordnung § 124), zu berechnen, wieviel zur Deckung des in der Bilanz bezeichneten Fehlbetrages die Genossen vorschußweise beizutragen haben.

In der Berechnung (Vorschußberechnung) sind die sämtlichen Genossen namentlich zu bezeichnen und auf sie die

Beiträge zu verteilen. Die Höhe der Beiträge ist jedoch derart zu bemessen, daß durch ein vorauszusehendes Unvermögen einzelner Genossen zur Leistung von Beiträgen ein Ausfall an dem zu deckenden Gesamtbetrage nicht entsteht.

Die Berechnung ist dem Konkursgerichte mit dem Antrage einzureichen, dieselbe für vollstreckbar zu erklären. Wird das Genossenschaftsregister nicht bei dem Konkursgerichte geführt, so ist dem Antrage eine beglaubigte Abschrift des Statuts und der Liste der Genossen beizufügen.

§ 107. Zur Erklärung über die Berechnung bestimmt das Gericht einen Termin, welcher nicht über zwei Wochen hinaus anberaumt werden darf. Derselbe ist öffentlich bekannt zu machen; die in der Berechnung aufgeführten Genossen sind besonders zu laden.

Die Berechnung ist spätestens drei Tage vor dem Termine auf der Gerichtsschreiberei zur Einsicht der Beteiligten niederzulegen. Hierauf ist in der Bekanntmachung und den Ladungen hinzuweisen.

§ 108. In dem Termine sind Vorstand und Aufsichtsrat der Genossenschaft, sowie der Konkursverwalter und der Gläubigerausschuß und, soweit Einwendungen erhoben werden, die sonst Beteiligten zu hören.

Das Gericht entscheidet über die erhobenen Einwendungen, berichtigt, soweit erforderlich, die Berechnung oder ordnet die Berichtigung an und erklärt die Berechnung für vollstreckbar. Die Entscheidung ist in dem Termine oder in einem sofort anzuberaumenden Termine, welcher nicht über eine Woche hinaus angesetzt werden soll, zu verkünden. Die Berechnung mit der sie für vollstreckbar erklärenden Entscheidung ist zur Einsicht der Beteiligten auf der Gerichtsschreiberei niederzulegen.

Gegen die Entscheidung findet ein Rechtsmittel nicht statt.

§ 109. Nachdem die Berechnung für vollstreckbar erklärt ist, hat der Konkursverwalter ohne Verzug die Beiträge von den Genossen einzuziehen.

Die Zwangsvollstreckung gegen einen Genossen findet in Gemäßheit der Zivilprozeßordnung auf Grund einer vollstreckbaren Ausfertigung der Entscheidung und eines Auszuges aus der Berechnung statt.

Für die in den Fällen der §§ 731, 767, 768 der Zivilprozeßordnung zu erhebenden Klagen ist das Amtsgericht, bei welchem das Konkursverfahren anhängig ist, und, wenn der Streitgegenstand zur Zuständigkeit der Amtsgerichte nicht gehört, das Landgericht ausschließlich zuständig, zu dessen Bezirke der Bezirk des Konkursgerichts gehört.

§ 110. Die eingezogenen Beträge sind bei der von der Gläubigerversammlung bestimmten Stelle (Konkursordnung § 132) zu hinterlegen oder anzulegen.

§ 111. Jeder Genosse ist befugt, die für vollstreckbar erklärte Berechnung im Wege der Klage anzufechten. Die Klage ist gegen den Konkursverwalter zu richten. Sie findet nur binnen der Notfrist eines Monats seit Verkündung der Entscheidung und nur insoweit statt, als der Kläger den Anfechtungsgrund in dem Termine (§ 107) geltend gemacht hat oder ohne sein Verschulden geltend zu machen außerstande war.

Das rechtskräftige Urteil wirkt für und gegen alle beitragspflichtigen Genossen.

§ 112. Die Klage ist ausschließlich bei dem Amtsgerichte zu erheben, welches die Berechnung für vollstreckbar erklärt hat. Die mündliche Verhandlung erfolgt nicht vor Ablauf der bezeichneten Notfrist. Mehrere Anfechtungsprozesse sind zur gleichzeitigen Verhandlung und Entscheidung zu verbinden.

Uebersteigt der Streitgegenstand eines Prozesses die sonst für die sachliche Zuständigkeit der Amtsgerichte geltende Summe, so hat das Gericht, sofern eine Partei in einem solchen Prozesse vor der Verhandlung zur Hauptsache darauf anträgt, durch Beschluß die sämtlichen Streitsachen an das Landgericht, in dessen Bezirke es seinen Sitz hat, zu verweisen. Gegen diesen Beschluß findet die sofortige Beschwerde statt. Die Notfrist beginnt mit der Verkündung des Beschlusses.

Ist der Beschluß rechtskräftig, so gelten die Streitsachen als bei dem Landgerichte anhängig. Die im Verfahren vor dem Amtsgerichte erwachsenen Kosten werden als Teil der bei dem Landgerichte erwachsenen Kosten behandelt und gelten als Kosten einer Instanz.

Die Vorschriften der Zivilprozeßordnung §§ 769, 770

über die Einstellung der Zwangsvollstreckung und die Aufhebung der Vollstreckungsmaßregeln finden entsprechende Anwendung.

§ 113. Soweit infolge des Unvermögens einzelner Genossen zur Leistung von Beiträgen der zu deckende Gesamtbetrag nicht erreicht wird, oder in Gemäßheit des auf eine Anfechtungsklage ergehenden Urteils oder aus anderen Gründen die Berechnung abzuändern ist, hat der Konkursverwalter eine Zusatzberechnung aufzustellen. Rücksichtlich derselben kommen die Vorschriften in §§ 106 bis 112 zur Anwendung.

Die Aufstellung einer Zusatzberechnung ist erforderlichenfalls zu wiederholen.

§ 114. Sobald mit dem Vollzuge der Schlußverteilung (Konkursordnung § 161) begonnen wird, hat der Konkursverwalter in Ergänzung oder Berichtigung der Vorschußberechnung und der zu derselben etwa ergangenen Zusätze zu berechnen, wieviel die Genossen in Gemäßheit des § 105 an Nachschüssen zu leisten haben.

Die Berechnung (Nachschußberechnung) unterliegt den Vorschriften in §§ 106 bis 109, 111 bis 113, der Vorschrift in § 106 Absatz 2 mit der Maßgabe, daß auf Genossen, deren Unvermögen zur Leistung von Beiträgen sich herausgestellt hat, Beiträge nicht verteilt werden.

§ 115. Der Verwalter hat, nachdem die Nachschußberechnung für vollstreckbar erklärt ist, unverzüglich den gemäß § 110 vorhandenen Bestand und, so oft von den noch einzuziehenden Beiträgen hinreichender Bestand eingegangen ist, diesen im Wege der Nachtragsverteilung (Konkursordnung § 166) unter die Gläubiger zu verteilen.

Außer den Anteilen auf die im § 168 der Konkursordnung bezeichneten Forderungen sind zurückzubehalten die Anteile auf Forderungen, welche im Prüfungstermine von dem Vorstande ausdrücklich bestritten worden sind. Dem Gläubiger bleibt überlassen, den Widerspruch des Vorstandes durch Klage zu beseitigen. Soweit der Widerspruch rechtskräftig für begründet erklärt wird, werden die Anteile zur Verteilung unter die übrigen Gläubiger frei.

Die zur Befriedigung der Gläubiger nicht erforderlichen

Ueberschüsse hat der Konkursverwalter an die Genossen zurückzuzahlen.

§ 116. Eine Aufhebung des Konkursverfahrens durch Zwangsvergleich findet nicht statt.

Eine Einstellung des Verfahrens ist erst zulässig, nachdem mit dem Vollzuge der Schlußverteilung begonnen ist. Die Zustimmung aller bei der letzteren berücksichtigten Konkursgläubiger ist beizubringen. Inwieweit es der Zustimmung oder der Sicherstellung von Gläubigern bedarf, deren Forderungen nicht festgestellt sind, entscheidet das Konkursgericht nach freiem Ermessen.

§ 117. Der Vorstand ist verpflichtet, den Konkursverwalter bei den diesem in § 106 Absatz 1, § 109 Absatz 1, §§ 113, 114 zugewiesenen Obliegenheiten zu unterstützen.

§ 118. Die in diesem Abschnitte hinsichtlich des Vorstandes getroffenen Bestimmungen gelten auch hinsichtlich der Liquidatoren.

Achter Abschnitt.

Besondere Bestimmungen.

I. Für Genossenschaften mit unbeschränkter Haftpflicht.

§ 121. Sobald sich bei der Geschäftsführung ergibt, daß das Vermögen der Genossenschaft einschließlich des Reservefonds und der Geschäftsguthaben zur Deckung der Schulden nicht ausreicht, hat der Vorstand die Generalversammlung zur Beschlußfassung, ob die Genossenschaft aufgelöst werden soll, zu berufen.

Für den Fall, daß die Auflösung beschlossen wird, ist zugleich die im § 104 vorgesehene Beschlußfassung herbeizuführen.

§ 122. Im Falle des Konkursverfahrens sind neben der Genossenschaft die einzelnen Genossen solidarisch und mit ihrem ganzen Vermögen den Konkursgläubigern für den Ausfall verhaftet, welchen diese an ihren bei der Schlußverteilung (Konkursordnung § 161) berücksichtigten Forderungen bei derselben erleiden.

Nach Ablauf von drei Monaten seit dem Termine, in welchem die Nachschußberechnung für vollstreckbar erklärt ist, können die Gläubiger, soweit sie bisher nicht befriedigt sind, die einzelnen Genossen in Anspruch nehmen.

Festgestellte Forderungen, welche im Prüfungstermine von dem Vorstande oder den Liquidatoren nicht ausdrücklich bestritten sind, können auch von den in Anspruch genommenen Genossen nicht bestritten werden.

Das rechtskräftige Urteil, welches in dem Prozeß über eine im Prüfungstermine von dem Vorstande oder den Liquidatoren bestrittene Forderung für oder gegen dieselben ergeht, wirkt gegenüber allen Genossen.

In Ansehung einer im Konkursverfahren streitig gebliebenen Forderung kann, solange dieselbe nicht festgestellt ist, eine Verurteilung der Genossen nicht erfolgen.

§ 123. Die Klage der Gläubiger gegen die einzelnen Genossen verjährt, sofern nicht nach Beschaffenheit der Forderung eine kürzere Verjährungsfrist gesetzlich eintritt, in zwei Jahren seit Ablauf der im § 122 Absatz 2 bestimmten Frist.

Die Verjährung zugunsten eines Genossen wird durch Rechtshandlungen unterbrochen, welche gegen die Genossenschaft oder von derselben vorgenommen werden; sie wird nicht unterbrochen durch Rechtshandlungen, welche gegen einen anderen Genossen oder von demselben vorgenommen werden.

§ 124. Soweit Genossen in Gemäßheit des § 122 Konkursgläubiger befriedigen, treten sie in die Rechte der letzteren gegen die Genossenschaft ein.

§ 125. Die Bestimmungen der §§ 122 bis 124 finden auf die in den letzten zwei Jahren vor der Eröffnung des Konkursverfahrens aus der Genossenschaft ausgeschiedenen Genossen (§§ 70, 76), welche nicht schon in Gemäßheit des § 75 der Haftpflicht unterliegen, wegen der bis zu dem Zeitpunkte ihres Ausscheidens von der Genossenschaft eingegangenen Verbindlichkeiten mit der Maßgabe Anwendung, daß der Anspruch der Gläubiger erst nach Ablauf von sechs Monaten seit dem Termine, in welchem die Nachschußberechnung (§ 114) für vollstreckbar erklärt ist, erhoben werden kann.

Dieser Anspruch erstreckt sich, wenn im Falle des Todes eines Genossen dessen Ausscheiden nach dem im § 77 Absatz 1 bezeichneten Zeitpunkte eingetragen ist, auf die bis zum Tage der Eintragung von der Genossenschaft eingegangenen Verbindlichkeiten, sofern nicht der Erbe beweist, daß bei ihrer Eingehung dem Gläubiger der Tod des Genossen bekannt war.

II. Für Genossenschaften mit unbeschränkter Nachschußpflicht.

§ 126. Die Bestimmungen des § 119 über die Beschränkung der Beteiligung auf einen Geschäftsanteil und des § 121 über die Berufung der Generalversammlung im Falle der Ueberschuldung finden auf die Genossenschaften mit unbeschränkter Nachschußpflicht Anwendung.

§ 127. Die Beitrittserkärungen (§ 15) müssen die ausdrückliche Bemerkung enthalten, daß die einzelnen Genossen mit ihrem ganzen Vermögen verpflichtet sind, der Genossenschaft die zur Befriedigung der Gläubiger derselben erforderlichen Nachschüsse nach Maßgabe des Gesetzes zu leisten.

§ 128. Ist im Falle der Eröffnung des Konkursverfahrens nach Ablauf von drei Monaten seit dem Termine, in welchem die Nachschußberechnung (§ 114) für vollstreckbar erklärt ist, die Befriedigung oder Sicherstellung der im § 105 Absatz 1 bezeichneten Konkursgläubiger noch nicht bewirkt, so sind die hierzu erforderlichen Beiträge von den innerhalb der letzten achtzehn Monate vor der Eröffnung des Konkursverfahrens ausgeschiedenen Genossen, welche nicht schon in Gemäßheit des § 75 oder des § 76 Absatz 4 der Nachschußpflicht unterliegen, nach Maßgabe des § 105 zur Konkursmasse zu leisten.

§ 129. Der Konkursverwalter hat ohne Verzug eine Berechnung über die Beitragspflicht der Ausgeschiedenen aufzustellen.

In der Berechnung sind dieselben namentlich zu bezeichnen und auf sie die Beiträge zu verteilen, soweit nicht das Unvermögen Einzelner zur Leistung von Beiträgen vorauszusehen ist.

Im übrigen finden die Vorschriften in § 106 Absatz 3, §§ 107 bis 109, 111 bis 113 und 115 entsprechende Anwendung.

§ 130. Durch die Bestimmungen der §§ 128, 129 wird

die Einziehung der Nachschüsse von den in der Genossenschaft verbliebenen Genossen nicht berührt.

Aus den Nachschüssen der letzteren sind den Ausgeschiedenen die von diesen geleisteten Beiträge zu erstatten, sobald die Befriedigung oder Sicherstellung der sämtlichen im § 105 Absatz 1 bezeichneten Konkursgläubiger bewirkt ist.

III. Für Genossenschaften mit beschränkter Haftpflicht.

§ 140. Das Konkursverfahren findet bei bestehender Genossenschaft außer dem Falle der Zahlungsunfähigkeit in dem Falle der Ueberschuldung statt, sofern diese ein Viertel des Betrages der Haftsummen aller Genossen übersteigt. Der Vorstand hat, wenn eine solche Ueberschuldung sich aus der Jahresbilanz oder aus einer im Laufe des Jahres aufgestellten Bilanz ergibt, die Eröffnung des Konkursverfahrens zu beantragen. Die Vorschriften des § 99 Absatz 2, 3, § 100 finden entsprechende Anwendung.

§ 141. Die einzelnen Genossen können über ihre Haftsumme hinaus weder auf Leistung von Nachschüssen, noch von den Konkursgläubigern in Anspruch genommen werden. Im übrigen finden auf den Anspruch der Gläubiger die Bestimmungen in §§ 122 bis 125 Anwendung.

§ 142. Außer dem Falle des § 90 kann in dem Falle, daß entgegen den Vorschriften in §§ 19, 22 der Gewinn oder das Geschäftsguthaben ausbezahlt wird, der Ersatzanspruch gegen die Mitglieder des Vorstandes oder des Aufsichtsrats oder gegen die Liquidatoren von den Gläubigern der Genossenschaft, soweit sie von dieser ihre Befriedigung nicht erlangen können, selbständig geltend gemacht werden. Dasselbe findet gegen die Mitglieder des Vorstandes oder die Liquidatoren statt, wenn nach dem Zeitpunkte, mit welchem die Verpflichtung zum Antrage auf Eröffnung des Konkursverfahrens eingetreten ist, eine Zahlung geleistet wird, rücksichtlich des Ersatzes derselben.

Die Ersatzpflicht wird den Gläubigern gegenüber dadurch nicht aufgehoben, daß die Handlung auf einem Beschlusse der Generalversammlung beruht.

Neunter Abschnitt.

Strafbestimmungen.

§ 148. Mit Geldstrafe bis zu sechshundert Mark[1]) oder mit Gefängnis bis zu drei Monaten oder mit beiden Strafen zugleich werden bestraft:

1. die Mitglieder des Vorstandes und des Aufsichtsrats und die Liquidatoren, wenn länger als drei Monate die Genossenschaft ohne Aufsichtsrat geblieben ist, oder in dem letzteren die zur Beschlußfähigkeit erforderliche Zahl von Mitgliedern gefehlt hat;
2. die Mitglieder des Vorstandes oder die Liquidatoren, wenn entgegen den Vorschriften in §§ 99, 118, 140 der Antrag auf Eröffnung des Konkursverfahrens unterlassen ist.

Die Strafe tritt nicht gegen denjenigen ein, welcher nachweist, daß die Unterlassung ohne sein Verschulden geschehen ist.

[1]) S. hierzu nun die VO. über Vermögensstr. u. Bußen v. 6. Febr. 1924 (RGBl. 44).

---

9. Gewerbeordnung.
für das Deutsche Reich.

In der Fassung vom 26. Juli 1900 (RGBl. 871).

Geändert durch Ges. v. 14. Okt. 1905 (RGBl. 759), v. 7. Jan. 1907 (RGBl. 3), v. 30. Mai 1908 (RGBl. 356), v. 29. Juni 1908 (RGBl. 473), v. 28. Dez. 1908 (RGBl. 667), § 19 des Ges. v. 2. Juni 1910 (RGBl. 860), Art. 102 u. 130 des Ges. v. 19. Juli 1911 (RGBl. 839), Ges. v. 27. Dez. 1911 (RGBl. 1912, 139), v. 22. Mai 1918 (RGBl. 423), VO. v. 5. Febr. 1919 (RGBl. 176), § 104 des Ges. v. 4. Febr. 1920 (RGBl. 147), Ges. v. 12. Juli 1921

(RGBl. 927), v. 21. Juli 1922 (RGBl. 652), § 71 des Ges. v. 22. Juli 1922 (RGBl. 657), Ges. v. 9. Dez. 1922 (RGBl. 929), v. 16. Dez. 1922 (RGBl. 927), v. 22. Dez. 1922 (RGBl. 967), v. 24. Febr. 1923 (RGBl. 147), v. 27. März 1923 (RGBl. 247), v. 11. Juni 1923 (RGBl. 369), VO. v. 6. Juli 1923 (RGBl. 618), v. 23. Okt. 1923 (RGBl. 990).

Titel VI.

Innungen, Innungsausschüsse, Handwerkskammern, Innungsverbände.

I. Innungen.

a) Allgemeine Vorschriften.

§ 85. Soll in der Innung eine Einrichtung der in § 81b Ziffer 3, 4 und 5 vorgesehenen Art[1]) getroffen werden, so sind die dafür erforderlichen Bestimmungen in Nebenstatuten zusammenzufassen. Dieselben bedürfen der Genehmigung der höheren Verwaltungsbehörde. Vor der Genehmigung ist die Gemeindebehörde des Ortes, an welchem die Innung ihren Sitz hat, sowie die Aufsichtsbehörde zu hören. Die Genehmigung kann nach Ermessen unter Angabe der Gründe versagt werden. Gegen die Verfügung der höheren Verwaltungsbehörde steht den Beteiligten binnen vier Wochen die Beschwerde an die Landes-Zentralbehörde zu. Abänderungen der Nebenstatuten unterliegen den gleichen Vorschriften.

Ueber die Einnahmen und Ausgaben der im § 81b Ziffer 3 und 5 bezeichneten Einrichtungen ist getrennt Rechnung zu führen und das hierfür bestimmte Vermögen gesondert von dem übrigen Innungsvermögen zu verwalten. Verwendungen für andere Zwecke dürfen aus demselben nicht gemacht werden. Die Gläubiger haben das Recht auf gesonderte Befriedigung aus dem getrennt verwalteten Vermögen.

[1]) Unterstützungskassen, Schiedsgerichte, gemeinschaftliche Geschäftsbetriebe.

§ 97. Die Schließung einer Innung kann erfolgen:

1. wenn sich ergibt, daß nach § 84 die Genehmigung hätte versagt werden müssen und die erforderliche Aenderung des Statuts innerhalb einer zu setzenden Frist nicht bewirkt wird;

2. wenn die Innung wiederholter Aufforderung der Aufsichtsbehörde ungeachtet die Erfüllung der ihr durch § 81a gesetzten Aufgaben vernachlässigt;
3. wenn die Innung sich gesetzwidriger Handlungen oder Unterlassungen schuldig macht, durch welche das Gemeinwohl gefährdet wird, oder wenn sie andere als die gesetzlich zulässigen Zwecke verfolgt;
4. wenn die Zahl ihrer Mitglieder soweit zurückgeht, daß die Erfüllung ihrer gesetzlichen Aufgaben dauernd gefährdet erscheint.

Die Schließung wird durch die höhere Verwaltungsbehörde ausgesprochen.

Gegen die die Schließung aussprechende Verfügung findet der Rekurs statt; wegen des Verfahrens und der Behörden gelten die Vorschriften der §§ 20 und 21, soweit nicht landesgesetzlich das Verfahren in streitigen Verwaltungssachen Platz greift.

Die Eröffnung des Konkursverfahren über das Vermögen einer Innung hat die Schließung kraft Gesetzes zur Folge.

b) Zwangsinnungen.

§ 100c. Auf Innungen, für welche die im § 100[1]) bezeichnete Anordnung getroffen ist, finden die Vorschriften der §§ 81a bis 99 mit den aus §§ 100d bis 100u sich ergebenden Aenderungen Anwendung.

[1]) „Zwangsinnung".

II. Innungsausschüsse.

§ 102. Die Schließung eines Innungsausschusses kann erfolgen, wenn der Ausschuß seinen statutarischen Verpflichtungen nicht nachkommt oder wenn er Beschlüsse faßt, welche über seine statutarischen Rechte hinausgehen.

Die Schließung wird durch die höhere Verwaltungsbehörde ausgesprochen.

Gegen die die Schließung aussprechende Verfügung findet der Rekurs statt. Wegen des Verfahrens und der Behörden gelten die entsprechenden Bestimmungen des § 97 Abs. 3.

Die Eröffnung des Konkursverfahrens über das Vermögen eines Innungsausschusses hat die Schließung kraft Gesetzes zur Folge.

Vom Zeitpunkte der Auflösung oder Schließung eines Innungsausschusses ab bleiben die beteiligten Innungen noch für diejenigen Zahlungen verhaftet, zu welchen sie statutarisch für den Fall eigenen Ausscheidens aus dem Innungsausschusse verpflichtet sind.

Auf die Verwendung des Vermögens finden die Vorschriften des § 98 Abs. 1 und des § 98a entsprechende Anwendung.

Soweit das Statut nicht ein anderes bestimmt, ist der Austritt aus dem Innungsausschusse jeder Innung mit Ablauf des Rechnungsjahrs gestattet, sofern die Anzeige des Austritts mindestens drei Monate vorher erfolgt.

IV. Innungsverbände.

§ 104l. Die Eröffnung des Konkursverfahrens über das Vermögen des Innungsverbandes hat die Schließung des letzteren kraft Gesetzes zur Folge. Der Vorstand des Innungsverbandes hat jedoch die während des Konkursverfahrens dem Gemeinschuldner zustehenden Rechte wahrzunehmen.

---

10. Gesetz,

betr. die gemeinsamen Rechte der Besitzer von Schuldverschreibungen.

Vom 4. Dezember 1899 (RGBl. 691).

Geändert durch Ges. v. 14. Mai 1914 (RGBl. 121).

§ 1. Sind von jemand, der im Inlande seinen Wohnsitz oder seine gewerbliche Niederlassung hat, im Inlande Schuldverschreibungen mit im voraus bestimmten Nennwerten ausgestellt, die nach dem Verhältnisse dieser Werte den Gläudigern gleiche Rechte gewähren, und betragen die Nennwerte der ausgegebenen Schuldverschreibungen zusammen mindestens dreihunderttausend Mark und die Zahl der ausgegebenen Stücke mindestens dreihundert, so haben die Beschlüsse, welche von einer Versammlung der Gläubiger aus diesen Schuldverschreibungen zur Wahrung ihrer gemeinsamen Interessen gefaßt werden, nach Maßgabe dieses Gesetzes verbindliche Kraft für alle Gläubiger der bezeichneten Art.

Die Versammlung kann insbesondere zur Wahrnehmung der Rechte der Gläubiger einen gemeinsamen Vertreter für diese bestellen.

Eine Verpflichtung zu Leistungen kann für die Gläubiger durch Beschluß der Gläubigerversammlung nicht begründet werden.

§ 3. Die Versammlung wird durch den Schuldner berufen.

Die Versammlung ist zu berufen, wenn Gläubiger, deren Schuldverschreibungen zusammen den zwanzigsten Teil des Gesamtbetrags der im Umlaufe befindlichen Schuldverschreibungen erreichen, oder ein von der Gläubigerversammlung bestellter Vertreter der Gläubiger die Berufung schriftlich unter Angabe des Zweckes und der Gründe verlangen.

Die Kosten der Berufung und Abhaltung der Versammlung trägt, soweit nicht in diesem Gesetz ein anderes vorgeschrieben ist, der Schuldner.

§ 18. Ist über das Vermögen des Schuldners der Konkurs eröffnet, so gelten in Ansehung der Versammlung der im § 1 bezeichneten Gläubiger die folgenden besonderen Vorschriften.

Die Versammlung wird von dem Konkursgerichte berufen und geleitet.

Unverzüglich nach der Eröffnung des Konkurses ist eine Versammlung der Gläubiger zu berufen, um über die Bestellung eines gemeinsamen Vertreters im Konkursverfahren zu beschließen; die Berufung kann unterbleiben, wenn schon vorher von einer Versammlung über die Bestellung eines solchen Vertreters Beschluß gefaßt worden ist.

Das Konkursgericht hat außer den Fällen des § 3 Abs. 2 eine Versammlung der Gläubiger zu berufen, wenn dies von dem Konkursverwalter, dem Ausschusse der Konkursgläubiger oder der Aufsichtsbehörde verlangt wird.

Die Stelle, bei welcher die Gläubiger die Schuldverschreibungen zu hinterlegen haben, wird durch das Konkursgericht bestimmt.

Die Vorschriften des § 5 Abs. 1, 2, des § 11 Abs. 1, des § 12 Abs. 3 und des § 13 finden keine Anwendung.

§ 19. Werden im Konkurse die Forderungen aus den Schuldverschreibungen durch den von der Gläubigerversammlung bestellten Vertreter der Gläubiger angemeldet, so bedarf es der Beifügung der Schuldverschreibungen nicht. Zur Erhebung der bei einer Verteilung auf die Schuldverschreibungen fallenden Beträge ist die Vorlegung der Schuldverschreibungen erforderlich; auf die Erhebung findet die Vorschrift des § 14 Abs. 2 keine Anwendung.

---

11. Hypothekenbankgesetz.

Vom 13. Juli 1899 (RGBl. 375).

Geändert durch Gesetz v. 14. Juli 1923 (RGBl. 635).

§ 35. Ist über das Vermögen der Hypothekenbank der Konkurs eröffnet, so gehen in Ansehung der Befriedigung aus den in das Hypothekenregister eingetragenen Hypotheken und Wertpapieren die Forderungen der Pfandbriefgläubiger den Forderungen aller anderen Konkursgläubiger vor. Das Gleiche gilt von Geld, das dem Treuhänder zur Deckung der Hypothekenpfandbriefe in Verwahrung gegeben ist. Die Pfandbriefgläubiger haben untereinander gleichen Rang.

In betreff des Anspruchs der Pfandbriefgläubiger auf Befriedigung aus dem sonstigen Vermögen der Bank finden die für die Absonderungsberechtigten geltenden Vorschriften der §§ 64, 153, 155, 156 und des § 168 Nr. 3 der Konkursordnung (RGBl. 1898 S. 612) entsprechende Anwendung.

Gehören zur Konkursmasse eigene Hypothekenpfandbriefe

der Bank, die von dieser dem Bestand an Wertpapieren zugeschrieben sind, so werden sie bei der Berechnung der auf die einzelnen Hypothekenpfandbriefe fallenden Anteile an dem Erlös aus den im Abs. 1 bezeichneten Gegenständen mitgezählt.

Während des Konkurses der Hypothekenbank sind die Kosten einer Versammlung der Pfandbriefgläubiger, die nach den Vorschriften des Gesetzes, betreffend die gemeinsamen Rechte der Besitzer von Schuldverschreibungen, berufen wird, aus dem zur vorzugsweisen Befriedigung der letzteren dienenden Teile der Konkursmasse zu berichtigen.

§ 40. Den Hypotheken stehen im Sinne dieses Gesetzes die Grundschulden gleich.

Hat die Bank ein Grundstück zur Verhütung von Verlusten an einer ihr an dem Grundstücke zustehenden Hypothek oder Grundschuld bei der Zwangsversteigerung erworben und an Stelle der gelöschten Hypothek oder Grundschuld für sich eine Grundschuld eintragen lassen, so findet auf diese die Vorschrift des § 6 Abs. 3 entsprechende Anwendung.

§ 41. Werden von einer Hypothekenbank auf Grund nicht hypothekarischer Darlehen, die an inländische Körperschaften des öffentlichen Rechtes oder gegen Uebernahme der Gewährleistung durch eine solche Körperschaft gewährt sind, Schuldverschreibungen ausgegeben, so finden auf diese Schuldverschreibungen und die ihnen zugrunde liegenden Darlehensforderungen die Vorschriften des § 6 Abs. 1, 4 und der §§ 8, 9, 22, 23, 25, 26, 29—38 entsprechende Anwendung.

Die Schuldverschreibungen, welche die Hypothekenbank gemäß Abs. 1 ausgibt, dürfen unter Hinzurechnung der im Umlaufe befindlichen Hypothekenpfandbriefe den für die letzteren im § 7 bestimmten Höchstbetrag nicht um mehr als zwei Fünfteile übersteigen.

§ 42. Werden von einer Hypothekenbank auf Grund von Darlehen, die an Kleinbahnunternehmungen gegen Verpfändung der Bahn gewährt sind, Schuldverschreibungen ausgegeben, so finden auf diese Schuldverschreibungen und die ihnen zugrunde liegenden Darlehensforderungen die im § 41 Abs. 1 angeführten Vorschriften entsprechende Anwendung. Die von der Hypothekenbank in der bezeichneten Weise ausgegebenen Schuldverschreibungen stehen im Sinne der Vorschriften des § 7 und des § 41 Abs. 2 den Hypothekenpfandbriefen gleich.

Die Satzung der Bank kann bestimmen, daß auf Grund der Forderungen aus den gemäß Abs. 1 gewährten Darlehen und auf Grund der Forderungen aus Darlehen, die an Kleinbahnunternehmungen gegen Uebernahme der Gewährleistung durch eine inländische Körperschaft des öffentlichen Rechtes gewährt sind, Schuldverschreibungen einer und derselben Art ausgegeben werden, denen beide Arten von Forderungen zur Deckung dienen. In dem Geschäftsbericht oder in der Bilanz ist der Gesamtbetrag der Forderungen der einen und der anderen Art ersichtlich zu machen.

Im übrigen sind die für die Gewährung von Darlehen an Kleinbahnunternehmungen maßgebenden Grundsätze von der Hypothekenbank festzustellen; die Grundsätze bedürfen der Genehmigung der Aufsichtsbehörde. Die Vorschriften des § 13 Abs. 2 finden entsprechende Anwendung.

§ 52. Hat eine Hypothekenbank auf Grund von Rentenforderungen, die vor dem 1. Januar 1899 als Reallasten in das Grundbuch eingetragen worden sind, besondere Schuldverschreibungen ausgegeben, so finden auf diese Schuldverschreibungen und auf die ihnen zugrunde liegenden Rentenforderungen die Vorschriften der §§ 6, 22, 29—35, des § 37 Abs. 2, 3, des § 41 Abs. 1 und des § 51 entsprechende Anwendung.

12. Gesetz
über die privaten Versicherungsunternehmungen
(Versicherungsaufsichtsgesetz).

Vom 12. Mai 1901 (RGBl. 139).

Geändert durch Gesetz v. 20. Dez. 1911 (RGBl. 985), v. 24. Okt. 1917 (RGBl. 973), durch VO. v. 29. April 1920 (RGBl. 1433), Ges. v. 30. Dez. 1921 (RGBl. 1922, 42) und durch Ges. v. 19. Juli 1923 (RGBl. 684).

III. Versicherungsvereine auf Gegenseitigkeit.

§ 34. Auf den Vorstand finden die Vorschriften der §§ 231 bis 239, 241, 242 des Handelsgesetzbuchs mit der Maßgabe entsprechende Anwendung, daß das von Beschlüssen der Generalversammlung Gesagte von den Beschlüssen des obersten Organs gilt und daß an die Stelle des § 236 Abs. 1 und des § 241 Abs. 3 des Handelsgesetzbuchs folgende Vorschriften treten:

1. die Mitglieder des Vorstandes dürfen, sofern die Satzung nicht ein anderes bestimmt, ohne Einwilligung des Aufsichtsrats weder ein Handelsgewerbe betreiben noch dem Vorstand oder Aufsichtsrat einer gleichartigen Versicherungsunternehmung angehören;
2. die Mitglieder des Vorstandes sind insbesondere zum Schadensersatze verpflichtet, wenn entgegen den Vorschriften des Gesetzes eine Verzinsung oder Tilgung des Gründungsfonds oder eine Verteilung des Vereinsvermögens erfolgt oder wenn Zahlungen geleistet werden, nachdem die Zahlungsunfähigkeit des Vereins eingetreten ist oder seine Ueberschuldung sich ergeben hat.

§ 35. Auf den Aufsichtsrat finden die Vorschriften der §§ 243 bis 249 des Handelsgesetzbuchs mit der Maßgabe entsprechende Anwendung, daß die der Generalversammlung übertragenen Aufgaben von dem obersten Organe wahrgenommen werden, und daß an die Stelle des § 243 Abs. 4 Satz 2, des § 245 Abs. 1 und des § 249 Abs. 3 Satz 1 des Handelsgesetzbuchs folgende Vorschriften treten:

1. die Satzung hat zu bestimmen, ob für einen Beschluß des obersten Organs, durch den die Bestellung zum Mitgliede des Aufsichtsrats widerrufen wird, eine besondere Mehrheit erforderlich sein soll;
2. eine nach dem Jahresüberschusse bemessene Vergütung für die Mitglieder des Aufsichtsrats darf nur von dem Betrage gewährt werden, welcher verbleibt, nachdem sämtliche Abschreibungen und Rücklagen bewirkt worden sind und nachdem für diejenigen Personen, welche gegen Zusicherung einer Beteiligung am Ueberschusse den Gründungsfonds zur Verfügung gestellt haben, der nach § 22 Abs. 3 bedungene Anteil am Ueberschuß in Abzug gebracht worden ist;
3. die Mitglieder des Aufsichtsrats sind insbesondere zum Schadensersatze verpflichtet, wenn mit ihrem Wissen und ohne ihr Einschreiten die im § 34 Nr. 2 bezeichneten Handlungen vorgenommen werden.

§ 47. Auf die Liquidation finden die Vorschriften des § 295 Abs. 1, Abs. 3 Satz 2, der §§ 296 bis 299 und des § 302 des Handelsgesetzbuchs entsprechende Anwendung. Auf Antrag des Aufsichtsrats oder einer in der Satzung zu bestimmenden Minderheit von Mitgliedern kann aus wichtigen Gründen die Ernennung von Liquidatoren durch das Gericht erfolgen, in dessen Bezirke der Verein seinen Sitz hat. Die Abberufung von Liquidatoren kann durch das Gericht unter denselben Voraussetzungen wie die Bestellung stattfinden. Die Vorschriften der §§ 145, 146 des Gesetzes über die Angelegenheiten der freiwilligen Gerichtsbarkeit finden entsprechende Anwendung.

Eine Tilgung des Gründungsfond darf erst erfolgen, nachdem die Ansprüche sämtlicher übrigen Gläubiger, insbesondere die Ansprüche der Mitglieder aus dem Versicherungsverhältnisse, befriedigt oder sichergestellt worden sind. Zum Zwecke der Tilgung dürfen Nachschüsse oder Umlagen nicht erhoben werden.

§ 49. Durch die Eröffnung des Konkurses wird der Verein aufgelöst. Die Vorschriften des § 307 Abs. 2, 3 des Handelsgesetzbuchs finden entsprechende Anwendung.

§ 50. Soweit den Mitgliedern oder ausgeschiedenen Mitgliedern nach dem Gesetz oder der Satzung eine Beitragspflicht obliegt (§§ 24 bis 26), haften sie im Falle des Konkurses dem Vereine gegenüber für dessen Schulden.

Ausgeschiedene Mitglieder gelten, wenn ihr Ausscheiden innerhalb des letzten Jahres vor der Konkurseröffnung stattgefunden hat, in Ansehung der Haftung für die Schulden des Vereins noch als dessen Mitglieder.

§ 51. Die Ansprüche auf Tilgung des Gründungsfonds stehen allen übrigen Konkursforderungen nach. Unter den letzteren werden die Ansprüche aus dem Versicherungsverhältnisse, soweit sie den zur Zeit der Konkurseröffnung dem Verein angehörenden oder den innerhalb des letzten Jahres vor der Konkurseröffnung ausgeschiedenen Mitgliedern zustehen, im Range nach den Ansprüchen der sonstigen Konkursgläubiger befriedigt.

Zur Tilgung des Gründungsfonds dürfen Nachschüsse oder Umlagen nicht erhoben werden.

§ 52. Die Feststellung und Ausschreibung der im Falle des Konkurses erforderlichen Nachschüsse oder Umlagen erfolgt durch den Konkursverwalter. Dieser hat sofort, nachdem die Bilanz auf der Gerichtsschreiberei niedergelegt worden ist (Konkursordnung § 124), zu berechnen, wieviel die Mitglieder zur Deckung des in der Bilanz bezeichneten Fehlbetrags auf Grund ihrer Beitragspflicht vorschußweise beizutragen haben. Auf diese Vorschußberechnung und die erforderlich werdenden Zusatzberechnungen finden die Vorschriften des § 106 Abs. 2, 3 und der §§ 107 bis 113 des Gesetzes, betreffend die Erwerbs- und Wirtschaftsgenossenschaften, entsprechende Anwendung.

Sobald mit dem Vollzuge der Schlußverteilung (Konkursordnung § 161) begonnen ist, hat der Konkursverwalter in Ergänzung oder Berichtigung der Vorschußberechnung und der etwa ergangenen Zusätze die von den Mitgliedern zu leistenden Beiträge zu berechnen. Auf diese Berechnung und das weitere Verfahren finden die Vorschriften des § 114 Abs. 2 und der §§ 115 bis 118 des Gesetzes, betreffend die Erwerbs- und Wirtschaftsgenossenschaften, entsprechende Anwendung.

§ 53. Auf Vereine, die bestimmungsgemäß einen sachlich,

örtlich oder hinsichtlich des Personenkreises engbegrenzten Wirkungskreis haben, finden von den im Abschnitte III gegebenen Vorschriften nur der § 15, der § 17 Abs. 1, der § 18 Abs. 1, die §§ 19, 20, der § 21 Abs. 1, die §§ 22 bis 27, der § 28 Abs. 1, der § 37, der § 38 Abs. 1, 2, der § 39 Abs. 1 bis 3, die §§ 41 bis 44, der § 47 Abs. 2 und die §§ 50 bis 52 Anwendung. Die Uebernahme von Versicherungen gegen feste Prämie ohne Erwerb der Mitgliedschaft durch den Versicherungsnehmer ist ausgeschlossen.

Soweit sich nach Abs. 1 nicht ein anderes ergibt, hat es für die daselbst bezeichneten Vereine bei den für Vereine gegebenen allgemeinen Vorschriften der §§ 24 bis 53 des Bürgerlichen Gesetzbuchs mit den Maßgaben sein Bewenden, daß

1. in den Fällen des § 29 und des § 37 Abs. 2 des Bürgerlichen Gesetzbuchs an die Stelle des Amtsgerichts die Aufsichtsbehörde tritt,
2. im Falle des § 45 Abs. 3 des Bürgerlichen Gesetzbuchs das Vermögen an die Mitglieder nach dem im § 48 Abs. 1 dieses Gesetzes bestimmten Maßstabe zu verteilen ist.

Soll nach der Satzung ein Aufsichtsrat bestellt werden, so finden die Vorschriften des § 36 Abs. 2, 3, der §§ 37 bis 40 und des § 41 Abs. 1, 2, 4 des Gesetzes, betreffend die Erwerbs- und Wirtschaftsgenossenschaften, entsprechende Anwendung.

Darüber, ob ein Verein im Sinne des Abs. 1 als kleinerer Verein anzusehen ist, entscheidet die Aufsichtsbehörde.

IV. Geschäftsführung der Versicherungsunternehmungen.

2. Besondere Vorschriften über die Prämienreserve bei der Lebensversicherung.

§ 61. Dem Prämienreservefonds dürfen, abgesehen von den zur Vornahme und Aenderung der Kapitalanlagen erforderlichen Mitteln, nur diejenigen Beträge entnommen werden, welche durch Eintritt des Versicherungsfalls, durch Rückkauf oder andere Fälle der Beendigung von Versicherungsverhältnissen oder durch Aenderung des Geschäftsplans frei werden.

Eine Verfügung über die Bestände des Prämienreservefonds im Wege der Zwangsvollstreckung oder der Arrestvollziehung ist nur insoweit zulässig, als für den Anspruch, zu dessen Gunsten die Verfügung ergeht, die Zuführung zum Prämienreservefonds vorgeschrieben (§ 57 Abs. 1) und tatsächlich erfolgt ist.

Durch die Eröffnung des Konkurses erlöschen die Lebensversicherungsverhältnisse; die Versicherten können unbeschadet ihrer weitergehenden Ansprüche aus dem Versicherungsverhältnisse, denjenigen Betrag fordern, der als rechnungsmäßige Prämienreserve zur Zeit der Konkurseröffnung auf sie entfällt.

In Ansehung der Befriedigung aus den in das Register der Bestände des Prämienreservefonds (§ 57 Abs. 3) eingetragenen Gegenständen gehen die Forderungen auf die rechnungsmäßige Prämienreserve insoweit, als für sie die Zuführung zu diesem Fonds vorgeschrieben ist (§ 57 Abs. 1), den Forderungen aller übrigen Konkursgläubiger vor. Untereinander haben sie gleichen Rang. In betreff des Anspruchs der Versicherten auf Befriedigung aus dem sonstigen Vermögen der Unternehmung finden die für die Absonderungsberechtigten geltenden Vorschriften der §§ 64, 153, 155, 156 und des § 168 Nr. 3 der Konkursordnung entsprechende Anwendung.

§ 62. Das Konkursgericht hat den Versicherten zur Wahrung der ihnen nach § 61 zustehenden Rechte einen Pfleger zu bestellen. Für die Pflegschaft tritt an die Stelle des Vormundschaftsgerichts das Konkursgericht.

Dem Pfleger liegt ob, den Umfang des vorhandenen Prämienreservefonds festzustellen sowie die den Versicherten zustehenden Ansprüche zu ermitteln und anzumelden.

Der Pfleger hat die Versicherten soweit tunlich vor der Anmeldung zu hören und von der erfolgten Anmeldung zu benachrichtigen, ihnen auf Verlangen auch sonst über die für ihre Ansprüche erheblichen Tatsachen Auskunft zu erteilen. Das Recht des einzelnen Versicherten zur Anmeldung bleibt unberührt. Soweit mit der Anmeldung des Versicherten eine Anmeldung des Pflegers in Widerspruch steht, gilt bis zur Beseitigung des Widerspruchs die dem Versicherten günstigere Anmeldung.

Der Konkursverwalter hat dem Pfleger die Einsichtnahme aller Bücher und Schriften des Gemeinschuldners zu gestatten und ihm auf Verlangen den Bestand des Prämienreservefonds nachzuweisen.

Der Pfleger kann für die Führung seines Amtes eine angemessene Vergütung verlangen. Die ihm zu erstattenden Auslagen und die Vergütung fallen dem Prämienreservefonds zur Last.

Vor der Bestellung des Pflegers und vor der Festsetzung der Vergütung ist die Aufsichtsbehörde zu hören.

§ 63. Auf Kranken- oder Unfallversicherungen der im § 12 bezeichneten Art finden die Vorschriften der §§ 56 bis 62 entsprechende Anwendung.

V. Beaufsichtigung der Versicherungsunternehmungen.

1. Aufgaben und Befugnisse der Aufsichtsbehörden.

§ 68. Das Konkursgericht hat, unbeschadet der Vorschrift im § 107 Abs. 1 der Konkursordnung, auf Antrag der Aufsichtsbehörde den Konkurs über das Vermögen einer Versicherungsgesellschaft auf Aktien oder eines Versicherungsvereins auf Gegenseitigkeit zu eröffnen. Der Antrag auf Eröffnung kann nur von der Aufsichtsbehörde gestellt werden. Eine Anfechtung des Eröffnungsbeschlusses findet nicht statt.

Sobald die Zahlungsunfähigkeit eintritt, hat der Vorstand der Aufsichtsbehörde Anzeige zu machen. Das gleiche gilt, sobald sich bei der Aufstellung der Jahresbilanz oder einer Zwischenbilanz Ueberschuldung ergibt. Diese Anzeigepflicht tritt an die Stelle der dem Vorstande durch andere gesetzliche Vorschriften auferlegten Pflicht, im Falle der Zahlungsunfähigkeit oder der Ueberschuldung die Eröffnung des Konkurses zu beantragen. Gehen bei Versicherungsvereinen auf Gegenseitigkeit mit Nachschuß- oder Umlagenpflicht ausgeschriebene Nachschüsse oder Umlagen innerhalb fünf Monaten nach der Fälligkeit nicht ein, so hat der Vorstand zu prüfen, ob sich, wenn die nicht bar eingegangenen Nachschuß- oder Umlagebeträge außer Berücksichtigung beiben, Ueberschuldung ergibt; liegt eine solche Ueberschuldung vor, so ist innerhalb eines Monats nach dem Ablaufe der bezeichneten Frist der

Aufsichtsbehörde Anzeige zu machen. Die gleichen Pflichten liegen den Liquidatoren ob.

§ 69. Ergibt sich bei der Prüfung der Geschäftsführung und der Vermögenslage eines Unternehmens, daß dieses zur Erfüllung seiner Verpflichtungen für die Dauer nicht mehr imstande ist, die Vermeidung des Konkurses aber im Interesse des Versicherten geboten erscheint, so kann die Aufsichtsbehörde die zu diesem Zwecke erforderlichen Anordnungen treffen sowie auch die Vertreter des Unternehmens auffordern, binnen bestimmter Frist eine Aenderung der Geschäftsgrundlagen oder die sonstige Beseitigung der Mängel herbeizuführen. Alle Arten von Zahlungen, insbesondere Versicherungsleistungen, Gewinnverteilungen, und bei Lebensversicherungen der Rückkauf oder die Beleihung des Versicherungsscheins sowie Vorauszahlungen darauf können zeitweilig verboten werden.

Unter der im Abs. 1 Satz 1 bezeichneten Voraussetzung ist die Aufsichtsbehörde berechtigt, nötigenfalls die Verpflichtungen einer Lebensversicherungsunternehmung aus ihren laufenden Versicherungen, dem Stande ihres Vermögens entsprechend zu ermäßigen. Die Ermäßigung geschieht in der Weise, daß zunächst die rechnungsmäßige Prämienreserve der einzelnen Versicherungen herabgesetzt und danach die Versicherungssummen neu festgestellt werden. Die Verpflichtung der Versicherungsnehmer zur Zahlung der Prämie in der bisherigen Höhe wird hierdurch nicht berührt.

2. Verfassung und Verfahren der Aufsichtsbehörden.

§ 73. Das Aufsichtsamt für Privatversicherung entscheidet auf Grund mündlicher Beratung in der Besetzung von drei Mitgliedern einschließlich des Vorsitzenden unter Zuziehung von zwei Mitgliedern des Versicherungsbeirats

1. über die Erteilung der Erlaubnis zum Geschäftsbetriebe (§§ 4 bis 7),
2. über die Genehmigung einer Aenderung des Geschäftsplans (§ 13), sofern bei dem Aufsichtsamte Bedenken bestehen,
3. über die Genehmigung einer Bestandsveränderung (§ 14),
4. über die Genehmigung der Auflösung eines Versicherungsvereins auf Gegenseitigkeit (§ 43),

5. über die Anerkennung eines Vereins als eines kleineren (§ 53),
6. über den Erlaß einer Anordnung der im § 64 Abs. 2 bezeichneten Art, sofern damit eine Strafandrohung nach § 64 Abs. 3 verbunden werden soll,
7. über die Untersagung des Geschäftsbetriebs (§ 67),
8. über die Stellung des Antrags auf Eröffnung des Konkurses (§ 68),
9. über Maßnahmen auf Grund des § 67a und über den Erlaß einer Anordnung der im § 69 Abs. 1 Satz 2 und Abs. 2 bezeichneten Art.

Die Zuziehung der Mitglieder des Versicherungsbeirats erfolgt in der Regel nach einer im voraus (§ 80) aufgestellten Reihenfolge. Weicht der Vorsitzende des Amtes aus besonderen Gründen von der Reihenfolge ab, so sind diese aktenkundig zu machen.

Die Bestimmungen der Zivilprozeßordnung über Ausschließung und Ablehnung der Gerichtspersonen finden auf alle zur Mitwirkung bei der Entscheidung berufenen Personen entsprechende Anwendung.

Vor der Erteilung einer ablehnenden Entscheidung in den Fällen der Nr. 1 bis 5 und vor der Erteilung einer Entscheidung in den Fällen der Nr. 6 bis 9 sind Vertreter der beteiligten Unternehmungen zu hören und auf ihren Antrag zur mündlichen Verhandlung zu laden.

Die ablehnenden Entscheidungen in den Fällen der Nr. 1 bis 5 und die Entscheidungen in den Fällen der Nr. 6 bis 9 sind mit Gründen zu versehen.

In den Fällen der Nr. 1 bis 3 kann der Vorsitzende des Amtes einen ablehnenden Vorbescheid ergehen lassen; gegen diesen ist bis zum Ablaufe von zwei Wochen nach der Zustellung der Antrag auf eine gemäß Abs. 1 bis 5 zu erteilende Entscheidung statthaft.

Sämtliche Entscheidungen sind den Beteiligten zuzustellen. Die rechtskräftig erfolgte Erteilung der Erlaubnis zum Geschäftsbetrieb und die Genehmigung einer Bestandsveränderung sowie die Untersagung des Geschäftsbetriebs ist vom Aufsichtsamt im Reichsanzeiger öffentlich bekannt zu machen.

§ 74. Gegen die gemäß § 73 Abs. 1 erteilten Entscheidungen steht den Beteiligten der Rekurs zu. Als Beteiligte gelten im Falle des § 73 Abs. 1 Nr. 4, wenn die Genehmigung des Auflösungsbeschlusses versagt ist, nur der Vereinsvorstand, wenn der Auflösungsbeschluß genehmigt ist, nur diejenigen Mitglieder des obersten Organs, welche gegen den Auflösungsbeschluß Widerspruch zum Protokoll erklärt haben. Im Falle des § 73 Abs. 1 Nr. 5 gilt als Beteiligter nur der Vereinsvorstand, gegen dessen Antrag die Anerkennung des Vereins als eines kleineren versagt worden ist.

Ueber den Rekurs entscheidet das Aufsichtsamt für Privatversicherung in der Besetzung von drei Mitgliedern einschließlich des Vorsitzenden unter Zuziehung von zwei Mitgliedern des Versicherungsbeirats sowie eines richterlichen Beamten und eines Mitglieds eines höchsten Verwaltungsgerichtshofs in einem deutschen Bundesstaate.

Die richterlichen Beamten sowie die Mitglieder höchster Verwaltungsgerichtshöfe werden für die Dauer ihres Hauptamts auf Vorschlag des Bundesrats vom Kaiser [1]) ernannt.

Bezüglich der Zuziehung der Mitglieder des Versicherungsbeirats gilt die Vorschrift des § 73 Abs. 2, bezüglich der Ausschließung und Ablehnung der zur Mitwirkung bei der Entscheidung berufenen Personen die Vorschrift des § 73 Abs. 3.

[1]) S. jetzt Uebergangsges. v. 4. März 1919 (RGBl. 285); Art. 179 RVerf.

§ 75. Der Rekurs ist innerhalb eines Monats nach der Zustellung der Entscheidung bei dem Aufsichtsamte für Privatversicherung schriftlich einzulegen und zu begründen. Der Rekurs gegen die nach § 67 Abs. 2 oder nach § 69 Abs. 1 Satz 2 von der Aufsichtsbehörde getroffenen Anordnungen sowie gegen die Entscheidung auf Stellung des Konkursantrags hat keine aufschiebende Wirkung. Von der Aufhebung der Entscheidung auf Stellung des Konkursantrags hat das Aufsichtsamt für Privatversicherung dem Konkursgerichte Mitteilung zu machen. Das Konkursgericht hat das Verfahren einzustellen.

An der Entscheidung über den Rekurs dürfen außer dem Vorsitzenden des Amtes Personen, die bei der angefochtenen Entscheidung mitgewirkt haben, nicht teilnehmen.

Der Vorsitzende des Amtes ernennt einen ersten und einen zweiten Berichterstatter; ein Berichterstatter muß aus den richterlichen Beamten oder aus den Mitgliedern höchster Verwaltungsgerichtshöfe ernannt werden.

Die Entscheidung erfolgt nach Ladung der Beteiligten auf Grund mündlicher und öffentlicher Verhandlung. Die Oeffentlichkeit kann aus den Gründen des § 173 des Gerichtsverfassungsgesetzes ausgeschlossen werden.

VII. Uebergangsvorschriften.

§ 102. Den Vorschriften des Abschnitts III unterliegen nicht solche eingetragene Genossenschaften und solche nach dem sächsischen Gesetze vom 15. Juni 1868, betreffend die juristischen Personen, bestehende eingetragene Vereine, welche die Versicherung ihrer Mitglieder nach dem Grundsatze der Gegenseitigkeit betreiben.

Auf die im Abs. 1 bezeichneten Genossenschaften und Vereine finden die Vorschriften des § 68 Abs. 1, 2 Satz 1 bis 3, 5, auf die bezeichneten Vereine auch die Vorschriften des § 16 und des § 68 Abs. 2 Satz 4 entsprechende Anwendung.

VIII. Strafvorschriften.

§ 109. Mit Gefängnis bis zu drei Monaten und zugleich mit Geldstrafe bis zu fünftausend Mark [1]) werden die Mitglieder des Vorstandes oder die Liquidatoren einer Versicherungsgesellschaft auf Aktien, eines Versicherungsvereins auf Gegenseitigkeit, einer eingetragenen Genossenschaft oder eines Vereins der im § 102 bezeichneten Art bestraft, wenn entgegen der Vorschrift des § 68 Abs. 2 der Aufsichtsbehörde eine der dort vorgeschriebenen Anzeigen nicht gemacht worden ist.

Sind mildernde Umstände vorhanden, so tritt ausschließlich die Geldstrafe ein.

Straflos bleibt derjenige, bezüglich dessen festgestellt wird, daß die Anzeige ohne sein Verschulden unterblieben ist.

[1]) S. hierzu Anm. 1 zu § 240 KO.

§ 112. Die Vorschriften der §§ 239 bis 241 der Konkursordnung finden gegen die Mitglieder des Vorstandes und die Liquidatoren eines Versicherungsvereins auf Gegenseitigkeit, welcher seine Zahlungen eingestellt hat oder über dessen Vermögen das Konkursverfahren eröffnet worden ist, Anwendung, wenn sie in dieser Eigenschaft die mit Strafe bedrohten Handlungen begangen haben.

§ 113. Die Vorschriften der §§ 106, 109 bis 112 finden auch auf die Mitglieder des Vorstandes, eines Aufsichtsrats oder ähnlichen Organs sowie die Liquidatoren eines solchen Vereins Anwendung, der nach § 101 als Versicherungsverein auf Gegenseitigkeit im Sinne dieses Gesetzes gilt.

---

13. Gesetz über den Versicherungsvertrag.

Vom 30. Mai 1908 (RGBl. 263).

Geändert durch Gesetz v. 20. Dez. 1911 (RGBl. 985) und 12. Febr. 1924 (RGBl. 65 u. RAnz. Nr. 37 v. 13. Febr. 1924).

Erster Abschnitt.

Vorschriften für sämtliche Versicherungszweige.

Erster Titel.

Allgemeine Vorschriften.

§ 13. Wird über das Vermögen des Versicherers der Konkurs eröffnet, so endigt das Versicherungsverhältnis mit dem Ablauf eines Monats seit der Eröffnung; bis zu diesem Zeitpunkte bleibt es der Konkursmasse gegenüber wirksam. Soweit das Gesetz über die privaten Versicherungsunternehmungen vom 12. Mai 1901 (Reichs-Gesetzbl. S. 139) besondere Vorschriften über die Wirkungen der Konkurseröffnung enthält, bewendet es bei diesen Vorschriften.

§ 14. Auf eine Vereinbarung, nach welcher im Falle der

Eröffnung des Konkurses über das Vermögen des Versicherungsnehmers das Versicherungsverhältnis erlöschen oder der Versicherer befugt sein soll, das Versicherungsverhältnis ohne Einhaltung einer Kündigungsfrist oder unter Einhaltung einer Kündigungsfrist von weniger als einem Monate zu kündigen, kann sich der Versicherer nicht berufen.

Das gleiche gilt, wenn eine Vereinbarung der im Abs. 1 bezeichneten Art für den Fall getroffen ist, daß die Zwangsverwaltung des versicherten Grundstücks angeordnet wird.

§ 15. Soweit sich die Versicherung auf unpfändbare Sachen bezieht, kann die Forderung aus der Versicherung nur an solche Gläubiger des Versicherungsnehmers übertragen werden, die diesem zum Ersatze der zerstörten oder beschädigten Sachen andere Sachen geliefert haben.

Dritter Titel.

Prämie.

§ 40. Wird das Versicherungsverhältnis wegen unterbliebener oder unrichtiger Anzeige von Gefahrumständen oder wegen Gefahrerhöhung auf Grund der Vorschriften des zweiten Titels durch Rücktritt oder Kündigung aufgehoben, so gebührt dem Versicherer gleichwohl die Prämie, jedoch nicht über die laufende Versicherungsperiode hinaus.

Das gleiche gilt, wenn das Versicherungsverhältnis wegen nicht rechtzeitiger Prämienzahlung gemäß § 39 gekündigt wird. Kündigt der Versicherer gemäß § 38 Abs. 2, so kann er nur eine angemessene Geschäftsgebühr verlangen. Ist mit Genehmigung der Aufsichtsbehörde in den Versicherungsbedingungen ein bestimmter Betrag für die Geschäftsgebühr festgesetzt, so gilt dieser als angemessen.

Endigt das Versicherungsverhältnis infolge der Eröffnung des Konkurses über das Vermögen des Versicherers, so kann der Versicherungsnehmer den auf die Zeit nach der Beendigung des Versicherungsverhältnisses entfallenden Teil der Prämie unter Abzug der für diese Zeit aufgewendeten Kosten zurückfordern.

Zweiter Abschnitt.

Schadensversicherung.

Erster Titel.

Vorschriften für die gesamte Schadensversicherung.

III. Versicherung für fremde Rechnung.

§ 77. Der Versicherungsnehmer ist nicht verpflichtet, dem Versicherten oder, falls über das Vermögen des Versicherten der Konkurs eröffnet ist, der Konkursmasse den Versicherungsschein auszuliefern, bevor er wegen der ihm gegen den Versicherten in bezug auf die versicherte Sache zustehenden Ansprüche befriedigt ist. Er kann sich für diese Ansprüche aus der Entschädigungsforderung gegen den Versicherer und nach der Einziehung der Forderung aus der Entschädigungssumme vor dem Versicherten und dessen Gläubigern befriedigen.

Zweiter Titel.

Feuerversicherung.

§ 100. Hat im Falle der Gebäudeversicherung ein Hypothekengläubiger seine Hypothek dem Versicherer angemeldet, so wirkt eine Kündigung, ein Rücktritt oder eine sonstige Tatsache, welche die Beendigung des Versicherungsverhältnisses zur Folge hat, gegenüber dem Hypothekengläubiger erst mit dem Ablauf eines Monats, nachdem die Beendigung und, sofern diese noch nicht eingetreten war, der Zeitpunkt der Beendigung ihm durch den Versicherer mitgeteilt worden oder in anderer Weise zu seiner Kenntnis gelangt ist. Dies gilt jedoch nicht, wenn das Versicherungsverhältnis wegen nicht rechtzeitiger Prämienzahlung gekündigt oder durch den Konkurs des Versicherers beendigt wird.

Auf die Wirksamkeit einer Vereinbarung zwischen dem Versicherer und dem Versicherungsnehmer, durch welche die Versicherungssumme oder der Umfang der Gefahr, für die der Versicherer haftet, gemindert wird, finden diese Vorschriften entsprechende Anwendung.

Eine sich aus dem § 51 Abs. 2 oder dem § 59 Abs. 3 ergebende Nichtigkeit des Versicherungsvertrags kann gegenüber einem Hypothekengläubiger, der seine Hypothek dem Versicherer angemeldet hat, nicht geltend gemacht werden. Das Versicherungsverhältnis endigt jedoch ihm gegenüber mit dem Ablauf eines Monats, nachdem die Nichtigkeit ihm durch den Versicherer mitgeteilt worden oder in anderer Weise zu seiner Kenntnis gelangt ist.

Sechster Titel.

Haftpflichtversicherung.

§ 157. Ist über das Vermögen des Versicherungsnehmers der Konkurs eröffnet, so kann der Dritte wegen des ihm gegen den Versicherungsnehmer zustehenden Anspruchs abgesonderte Befriedigung aus der Entschädigungsforderung des Versicherungsnehmers verlangen.

---

14. Gesetz über das Verlagsrecht.

Vom 19. Juni 1901 (RGBl. 217).

Geändert durch das Gesetz v. 22. Mai 1910 (RGBl. 793).

§ 36. Wird über das Vermögen des Verlegers der Konkurs eröffnet, so finden die Vorschriften des § 17 der Konkursordnung auch dann Anwendung, wenn das Werk bereits vor der Eröffnung des Verfahrens abgeliefert worden war.

Besteht der Konkursverwalter auf der Erfüllung des Vertrages, so tritt, wenn er die Rechte des Verlegers auf einen Anderen überträgt, dieser an Stelle der Konkursmasse in die sich aus dem Vertragsverhältnis ergebenden Verpflichtungen ein. Die Konkursmasse haftet jedoch, wenn der Erwerber die Verpflichtungen nicht erfüllt, für den von dem Erwerber zu ersetzenden Schaden wie ein Bürge, der auf die Einrede der Vorausklage verzichtet hat. Wird das Konkursverfahren aufgehoben, so sind die aus dieser Haftung sich ergebenden Ansprüche des Verfassers gegen die Masse sicherzustellen.

War zur Zeit der Eröffnung des Verfahrens mit der Vervielfältigung noch nicht begonnen, so kann der Verfasser von dem Vertrage zurücktreten.

§ 37. Auf das in den §§ 17, 30, 35, 36 bestimmte Rücktrittsrecht finden die für das vertragsmäßige Rücktrittsrecht geltenden Vorschriften der §§ 346—356 des Bürgerlichen Gesetzbuchs entsprechende Anwendung. Erfolgt der Rücktritt wegen eines Umstandes, den der andere Teil nicht zu vertreten hat, so haftet dieser nur nach den Vorschriften über die Herausgabe einer ungerechtfertigten Bereicherung.

---

15. Gesetz,

betr. die Pflichten der Kaufleute bei Aufbewahrung fremder Wertpapiere (Depotgesetz).

Vom 5. Juli 1896 (RGBl. 183 u. 194).

Geändert durch VO. v. 21. Nov. 1923 (RGBl. 1119).

§ 1. Ein Kaufmann, welchem im Betriebe seines Handelsgewerbes Aktien, Kuxe, Interimsscheine, Erneuerungsscheine (Talons), auf den Inhaber lautende oder durch Indossament übertragbare Schuldverschreibungen oder vertretbare andere Wertpapiere, mit Ausnahme von Banknoten und Papiergeld sowie von Schatzanweisungen der wertbeständigen Anleihen des Deutschen Reichs ohne Zinsscheine und von Rentenbankscheinen, unverschlossen zur Verwahrung oder als Pfand übergeben sind, ist verpflichtet:

1. diese Wertpapiere unter äußerlich erkennbarer Bezeichnung jedes Hinterlegers oder Verpfänders gesondert von seinen eigenen Beständen und von denen Dritter aufzubewahren,
2. ein Handelsbuch zu führen, in welches die Wertpapiere

jedes Hinterlegers oder Verpfänders nach Gattung und Nennwert der Stücke einzutragen sind; der Eintragung steht die Bezugnahme auf Verzeichnisse gleich, welche neben dem Handelsbuche geführt werden. Die Eintragung kann unterbleiben, insoweit die Wertpapiere zurückgegeben sind, bevor die Eintragung bei ordnungsmäßigem Geschäftsgange erfolgen konnte.

Etwaige Rechte und Pflichten des Verwahrers oder Pfandgläubigers, im Interesse des Hinterlegers oder Verpfänders Verfügungen oder Verwaltungshandlungen vorzunehmen, werden durch die Bestimmung unter Ziffer 1 nicht berührt.

§ 3. Der Kommissionär (§§ 383, 406 des Handelsgesetzbuchs), welcher einen Auftrag zum Einkauf von Wertpapieren der im § 1 bezeichneten Art ausführt, hat dem Kommittenten auf dessen Verlangen binnen einer Woche ein Verzeichnis der Stücke mit Angabe der Gattung, des Nennwerts, der Nummern oder sonstigen Bezeichnungsmerkmale zu übersenden. Die Frist beginnt, falls der Kommissionär bei der Anzeige über die Ausführung des Auftrags einen Dritten als Verkäufer namhaft gemacht hat, mit dem Erwerbe der Stücke, andernfalls mit dem Zeitpunkt, in welchem dem Kommissionär die Erklärung des Kommittenten, daß er die Uebersendung eines Stückeverzeichnisses verlange, zugeht, frühestens jedoch mit dem Ablauf des Zeitraums, innerhalb dessen der Kommissionär nach der Erstattung der Ausführungsanzeige die Stücke bei ordnungsmäßigem Geschäftsgang ohne schuldhafte Verzögerung beziehen konnte.

Der Kommissionär kann sich das Recht ausbedingen, dem Kommittenten an Stelle der Uebersendung des Stückeverzeichnisses die Stücke selbst herauszugeben oder ihm den Herausgabeanspruch an eine zur Verwahrung der Stücke bestimmte dritte Stelle abzutreten. Im übrigen kann das Recht des Kommittenten, die Uebersendung des Stückeverzeichnisses zu verlangen, nicht durch Rechtsgeschäft ausgeschlossen oder beschränkt werden, es sei denn, daß der Kommittent gewerbsmäßig Bank- oder Geldwechslergeschäfte betreibt.

Soweit die Auslieferung der eingekauften Stücke an den Kommittenten erfolgt oder ein Auftrag des Kommittenten zur Wiederveräußerung ausgeführt ist, kann die Uebersendung des Stückverzeichnisses unterbleiben.

§ 5. Der Kommissionär, welcher einen Auftrag zum Umtausche von Wertpapieren der im § 1 bezeichneten Art oder zur Geltendmachung eines Bezugsrechts auf solche Wertpapiere ausführt, hat binnen zwei Wochen nach dem Empfange der neuen Stücke dem Kommittenten ein Verzeichnis der Stücke mit den im § 3 Abs. 1 vorgeschriebenen Angaben zu übersenden, soweit er ihm die Stücke nicht innerhalb dieser Frist aushändigt.

§ 7a. Hat bei einem Kommissionsgeschäft über den Einkauf von Wertpapieren der im § 1 bezeichneten Art zur Zeit der Eröffnung des Konkursverfahrens über das Vermögen des Kommissionärs der Kommittent die ihm dem Kommissionär gegenüber obliegenden Pflichten vollständig erfüllt, ohne daß die einzukaufenden Wertpapiere bis zu diesem Zeitpunkt durch Uebersendung eines Stückeverzeichnisses oder auf andere Weise in das Eigentum des Kommittenten übergegangen sind, so geht in Ansehung der Befriedigung aus den in der Masse vorhandenen Wertpapieren gleicher Gattung und aus den Ansprüchen auf Lieferung solcher Wertpapiere die Forderung des Kommittenten den Forderungen aller anderen Konkursgläubiger vor. Mehrere Kommittenten haben untereinander gleichen Rang. Aus dem sonstigen Vermögen des Kommissionärs können die Kommittenten unter entsprechender Anwendung der für die Absonderungsberechtigten geltenden Vorschriften der §§ 64, 153, 155, 156 und des § 168 Nr. 3 der Konkursordnung Befriedigung verlangen.

Das Konkursgericht hat, wenn es nach Lage des Falles erforderlich erscheint, den Kommittenten zur Wahrung der ihnen nach Abs. 1 zustehenden Rechte einen Pfleger zu bestellen. Für die Pflegschaft tritt an die Stelle des Vormundschaftsgerichts das Konkursgericht. Die Vorschriften des § 62 Abs. 2—5 des Gesetzes über die privaten Versicherungsunternehmungen vom 12. Mai 1901 (RGBl. S. 139) finden entsprechende Anwendung.

§ 10. Ein Kaufmann, welcher seine Zahlungen eingestellt hat oder über dessen Vermögen das Konkursverfahren eröffnet worden ist, wird mit Gefängnis bis zu zwei Jahren bestraft, wenn er den Vorschriften des § 1 Ziffer 1 oder 2 vorsätzlich zuwidergehandelt hat und dadurch der Berechtigte bezüglich des Anspruches auf Aussonderung der von jenem zu verwahrenden Wertpapiere benachteiligt wird, desgleichen wenn er als Kommissionär den Vorschriften der §§ 3 oder 5 vorsätzlich zuwidergehandelt hat und dadurch der Berechtigte bezüglich des Anspruches auf Aussonderung der von jenem eingekauften, eingetauschten oder bezogenen Wertpapiere benachteiligt wird.

§ 11. Ein Kaufmann, welcher seine Zahlungen eingestellt hat oder über dessen Vermögen das Konkursverfahren eröffnet worden ist, wird mit Zuchthaus bestraft, wenn er im Bewußtsein seiner Zahlungsunfähigkeit oder Ueberschuldung fremde Wertpapiere, welche er im Betriebe seines Handelsgewerbes als Verwahrer, Pfandgläubiger oder Kommissionär in Gewahrsam genommen, sich rechtswidrig zugeeignet hat.

Sind mildernde Umstände vorhanden, so tritt Gefängnisstrafe nicht unter drei Monaten ein.

§ 12. Die Strafvorschrift des § 9 findet gegen die Mitglieder des Vorstandes einer Aktiengesellschaft oder eingetragenen Genossenschaft, die Geschäftsführer einer Gesellschaft mit beschränkter Haftung sowie gegen die Liquidatoren einer Handelsgesellschaft oder eingetragenen Genossenschaft Anwendung, wenn sie in Ansehung von Wertpapieren, die sich im Besitze der Gesellschaft oder Genossenschaft befinden oder von dieser einem Dritten ausgeantwortet sind, die mit Strafe bedrohte Handlung begangen haben.

Die vorbezeichneten Personen werden, wenn die Gesellschaft oder Genossenschaft ihre Zahlungen eingestellt hat, oder wenn über deren Vermögen das Konkursverfahren eröffnet worden ist, bestraft

1. gemäß § 10, wenn sie den Vorschriften des § 1 Ziffer 1 oder 2 oder den Vorschriften der §§ 3 oder 5 vorsätzlich zuwidergehandelt haben und dadurch der Berechtigte bezüglich des Anspruchs auf Aussonderung der von der Gesellschaft oder Genossenschaft zu verwahrenden oder von ihr eingekauften, eingetauschten oder bezogenen Wertpapiere benachteiligt wird,
2. gemäß § 11, wenn sie im Bewußtsein der Zahlungs-

unfähigkeit oder Ueberschuldung der Gesellschaft oder Genossenschaft fremde Wertpapiere, welche von dieser als Verwahrer, Pfandgläubiger oder Kommissionär in Gewahrsam genommen sind, sich rechtswidrig zugeeignet haben.

---

16. Scheckgesetz.

Vom 11. März 1908 (RGBl. 71).

§ 24. Auf die Anfechtung einer auf einen Scheck geleisteten Zahlung finden die Vorschriften des § 34 der Konkursordnung entsprechende Anwendung.

---

17. Bekanntmachung

betr. die zeitweilige Außerkraftsetzung einzelner Vorschriften des Handelsgesetzbuchs usw. [1])

Vom 8. August 1914 (RGBl. 365).

§ 1. Die nachstehenden Vorschriften werden, soweit sie die Verpflichtung, bei Zahlungsunfähigkeit einer Gesellschaft oder einer Genossenschaft die Eröffnung des Konkursverfahrens zu beantragen, sowie das Verbot von Zahlungen nach Eintritt der Zahlungsunfähigkeit betreffen, bis auf weiteres außer Kraft gesetzt:

---

[1]) Erlassen auf Grund des Ermächtigungsges. v. 4. Aug. 1914 (RGBl. 327).

1. die Vorschriften des § 240 Abs. 2, des § 241 Abs. 3, 4, des § 249 Abs. 3, des § 298 Abs. 2, des § 315, des § 325 Nr. 8 des Handelsgesetzbuchs;
2. die Vorschriften der §§ 64, 71, 84 des Gesetzes, betreffend die Gesellschaften mit beschränkter Haftung;
3. die Vorschriften der §§ 99, 118, 142, 148 des Gesetzes, betreffend die Erwerbs- und Wirtschaftsgenossenschaften.

§ 2. Diese Verordnung tritt mit dem Tage der Verkündung (10. Aug. 1914) in Kraft.

---

18. Verordnung

über die zeitweilige Befreiung von der Verpflichtung zur Konkursanmeldung bei Ueberschuldung.[1])

Vom 28. April 1920 (RGBl. 696).

Geändert durch die Bek. v. 24. Dez. 1922 (RGBl. 1923, 21).

§ 1. Beruht die Ueberschuldung einer Aktiengesellschaft, einer Kommanditgesellschaft auf Aktien, einer Gesellschaft mit beschränkter Haftung, einer eingetragenen Genossenschaft oder einer anderen juristischen Person, eines Nachlasses oder des Gesamtguts einer fortgesetzten Gütergemeinschaft darauf, daß sich infolge Veränderung des Umrechnungskurses der in Reichsmark ausgedrückte Wert einer auf ausländische Währung lautenden Schuld gegenüber dem Werte bei Eingehung der Verbindlichkeit erhöht hat, so finden folgende Vorschriften, soweit sie die Verpflichtung bei Ueberschuldung die Eröffnung des Konkursverfahrens zu beantragen, sowie das Verbot von

---

[1]) Ergangen auf Grund des § 1 des Gesetzes v. 17. April 1919 (RGBl. 394).

Zahlungen nach Eintritt der Ueberschuldung betreffen, bis auf weiteres keine Anwendung:

1. die Vorschriften des § 240 Abs. 2, des § 241 Abs. 3, 4, des § 249 Abs. 3, des § 298 Abs. 2, des § 315, des § 325 Nr. 8, des Handelsgesetzbuchs;
2. die Vorschriften der §§ 64, 71, 84 des Gesetzes, betreffend die Gesellschaften mit beschränkter Haftung;
3. die Vorschriften der §§ 99, 118, 140, 142, 148 des Gesetzes, betreffend die Erwerbs- und Wirtschaftsgenossenschaften;
4. die Vorschriften des § 42 Abs. 2, der §§ 48, 53, 86, 88, des § 89 Abs. 2, des § 1489 Abs. 2, des § 1980, des § 1985 Abs. 2 des Bürgerlichen Gesetzbuchs.

Dasselbe gilt, wenn die Ueberschuldung der im Abs. 1 bezeichneten juristischen Personen oder Vermögensmassen darauf beruht, daß der Schuldner sich zur Zahlung in Gold verpflichtet hat.

Die Vorschriften der Abs. 1 und 2 finden auch dann Anwendung, wenn die auf ausländische Währung oder auf Zahlung in Gold lautende Schuld in eine Markschuld ohne Goldklausel umgewandelt oder durch eine solche Markschuld abgelöst worden ist.

§ 2. Diese Verordnung tritt mit dem Tage der Verkündung in Kraft. Der Reichsminister der Justiz bestimmt, wann sie wieder außer Kraft tritt.

19. Verordnung über die Goldmarkrechnung im Konkurse.[1])

Vom 14. Febr. 1924 (RGBl. 115; RAnz. Nr. 38 v. 14. Febr. 1924).

§ 1. Konkursforderungen behalten den Goldmarkwert, den sie am Tage der Eröffnung des Konkursverfahrens besitzen.

Für die Umrechnung ist der vom Reichsminister der Finanzen bestimmte Goldumrechnungssatz (§ 2 Abs. 3 der Verordnung vom 11./18. Oktober 1923, Reichsgesetzbl. I S. 939/979) maßgebend. Der Reichsminister der Justiz ist ermächtigt, einen anderen Umrechnungssatz zu bestimmen[2]).

§ 2. Der Anmeldung einer Konkursforderung (§ 139 der Konkursordnung) soll eine Berechnung des Goldmarkwertes der Forderung nach dem für den Tag der Eröffnung des Verfahrens gültigen Umrechnungssatze (§ 1 Abs. 2) beigefügt werden.

Die Eintragung in die Tabelle (§ 140 Abs. 2 der Konkursordnung) erfolgt in Goldmark.

§ 3. Nach jeder Verteilung (§§ 149, 161, 167 der Konkursordnung) und nach jeder gemäß § 170 der Konkursordnung bewirkten Zahlung hat der Verwalter dem Gericht unter Angabe des Zahlungstags anzuzeigen, welche Beträge er an die einzelnen Gläubiger gezahlt hat. Der Gerichtsschreiber hat die Beträge nach dem Umrechnungssatze (§ 1 Abs. 2) des Zahlungstags in Goldmark umzurechnen und in der Tabelle zu vermerken.

§ 4. Die Verordnung findet auf die vor ihrem Inkrafttreten eröffneten Verfahren nach Maßgabe der folgenden Bestimmungen Anwendung, es sei denn, daß bereits die Schluß-

---

[1]) Erlassen auf Grund des Ermächtigungsges. v. 8. Dez. 1923 (RGBl. 1179).

[2]) § 2 Abs. 3 der VO. v. 11./18. Okt. 1923 bestimmt:

Der Reichsminister der Finanzen bestimmt das Wertverhältnis, zu dem Zahlungen, die in deutschem Währungsgeld berechnet sind, in Gold umzurechnen sind (Goldumrechnungssatz).

verteilung vom Gerichte genehmigt oder ein Zwangsvergleich rechtskräftig bestätigt ist.

§ 5. Die Eintragungen der Konkursforderungen in der Tabelle sind von dem Gerichtsschreiber nach dem Umrechnungssatze (§ 1 Abs. 2) des Tages der Eröffnung des Verfahrens in Goldmark umzuschreiben; soweit jedoch dieser Betrag die Höchstgrenze übersteigt, die für eine Aufwertung nach gesetzlichen Vorschriften besteht, darf diese Grenze nicht überschritten werden. Die im § 3 vorgesehenen Anzeigen und Vermerke sind alsbald nachträglich zu bewirken.

Ist für eine auf Grund des Abs. 1 vorzunehmende Umrechnung ein vor dem 1. September 1923 liegender Zeitpunkt maßgebend, so erfolgt die Umrechnung nach dem vor dem maßgebenden Tage zuletzt an der Berliner Börse festgesetzten amtlichen Briefkurs für Auszahlung New York.

§ 6. Die Feststellung einer Konkursforderung behält ihre Wirkung auch für die umgeschriebene Forderung. Der Konkursverwalter, der Gemeinschuldner sowie jeder Konkursgläubiger können jedoch innerhalb eines Monats nach Inkrafttreten der Verordnung die nochmalige Prüfung einer bereits festgestellten Forderung beantragen. Das Gericht hat dann auf Kosten des Antragstellers einen neuen Prüfungstermin zu bestimmen. Ein in diesem Termine von dem Verwalter oder einem Konkursgläubiger erhobener Widerspruch hebt die frühere Feststellung auf; ein Bestreiten des Gemeinschuldners beseitigt die aus § 164 Abs. 2 der Konkursordnung sich ergebende Wirkung.

Wird die Forderung nicht oder nicht in der früheren Höhe festgestellt, so findet eine Rückerstattung zuviel gezahlter Beträge nicht statt.

§ 7. Ist zur Zeit des Inkrafttretens dieser Verordnung ein Zwangsvergleich angenommen, aber noch nicht rechtskräftig bestätigt, so finden die Vorschriften der Verordnung in Ansehung der nicht bevorrechtigten Konkursforderungen nur dann Anwendung, wenn der Zwangvergleich rechtskräftig verworfen wird.

Der Vergleich ist zu verwerfen

1. auf Antrag eines nicht bevorrechtigten Konkursgläubigers, welcher stimmberechtigt war oder seine Forderung glaub-

haft macht, wenn im Hinblick auf die Vorschriften dieser Verordnung anzunehmen ist, daß der Vergleich dem gemeinsamen Interesse der nicht bevorrechtigten Konkursgläubiger widerspricht;

2. auf Antrag des Gemeinschuldners, wenn ihm mit Rücksicht auf die nach dieser Verordnung vorzunehmende Umrechnung der bevorrechtigten Konkursforderungen die Aufrechterhaltung des Zwangsvergleichs nicht zugemutet werden kann.

Die im Abs. 2 bezeichneten Anträge können auch in der Beschwerdeinstanz gestellt werden.

§ 8. Der Reichsminister der Justiz wird ermächtigt, mit Zustimmung des Reichsrats die zur Ausführung der Verordnung erforderlichen Vorschriften zu erlassen.

III. Teil.

Geschäftsaufsichtsverordnung nebst Aenderungsgesetzen und -verordnungen.

20. Verordnung über die Geschäftsaufsicht zur Abwendung des Konkurses.[1]

Vom 14. Dez. 1916 (RGBl. 1363).

Geändert durch VO. v. 8. Febr. 1924 (RGBl. 51 mit Berichtigung S. 154) und die VO. v. 14. Juni 1924 (RGBl. 641); s. hierzu Nr. 21 u. 23.

I. Voraussetzungen und Wirkungen der Geschäftsaufsicht.

§ 1. Wer infolge des Krieges oder der aus ihm erwachsenen wirtschaftlichen Verhältnisse zahlungsunfähig geworden ist, kann bei dem für die Eröffnung des Konkursverfahrens zuständigen Gerichte die Anordnung einer Geschäftsaufsicht zur Abwendung des Konkurses beantragen. Soweit das Konkursverfahren im Falle der Ueberschuldung stattfindet, kann der Antrag auch gestellt werden, wenn infolge des Krieges oder der aus ihm erwachsenen wirtschaftlichen Verhältnisse eine Ueberschuldung eingetreten ist.

Dem Antrag ist stattzugeben, wenn begründete Aussicht

[1]) Erlassen auf Grund des § 3 des Ermächtigungsgesetzes v. 4. Aug. 1914 (RGBl. 327).

besteht, daß in absehbarer Zeit die Zahlungsunfähigkeit oder Ueberschuldung behoben oder der Konkurs durch ein Uebereinkommen mit den Gläubigern abgewendet werden wird.

Der Antrag ist abzulehnen, wenn die Zahlungsunfähigkeit oder Ueberschuldung auf ein unredliches oder leichtsinniges Verhalten des Schuldners zurückzuführen ist oder wenn das bisherige Verhalten des Schuldners die Besorgnis begründet, daß er während der Dauer der Geschäftsaufsicht den Interessen der Gläubiger zuwiderhandeln werde.

§ 2. Während der Dauer der Geschäftsaufsicht wird die Geschäftsführung des Schuldners durch eine oder mehrere Aufsichtspersonen unterstützt und überwacht. Die Aufsichtsperson kann zu diesem Zwecke die erforderlichen Maßnahmen treffen, insbesondere die Geschäftsführung ganz oder teilweise selbst übernehmen oder einer anderen Person übertragen.

§ 3. Der Schuldner ist verpflichtet, der Aufsichtsperson Einsicht in seine Geschäftsbücher und sonstigen Aufzeichnungen zu gewähren und Auskunft über den Stand seines Vermögens und über seine Geschäfte zu geben.

Der Schuldner soll ohne Zustimmung der Aufsichtsperson weder unentgeltliche Verfügungen oder Verfügungen über Grundstücke und Rechte an Grundstücken vornehmen, noch Ansprüche befriedigen oder sicherstellen, noch andere als solche Verbindlichkeiten eingehen, die zur Fortführung des Geschäfts oder zu einer bescheidenen Lebensführung des Schuldners und seiner Familie erforderlich sind.

Auf Antrag der Aufsichtsperson kann das Gericht dem Schuldner besondere Verpflichtungen zur Sicherung der Gläubiger auferlegen.

§ 4. Von dem Verfahren werden vorbehaltlich der im § 13 bestimmten Ausnahmen alle persönlichen Gläubiger betroffen, die einen vermögensrechtlichen Anspruch gegen den Schuldner haben.

§ 5. Die vorhandenen Mittel sind, soweit sie nicht zur Fortführung des Geschäfts und zu einer bescheidenen Lebensführung des Schuldners und seiner Familie erforderlich sind, zur Befriedigung der Gläubiger zu verwenden, auch soweit die Gläubiger von dem Verfahren nicht betroffen werden. Die Reihenfolge der Befriedigung wird von der Aufsichtsperson unter entsprechender Anwendung der Grundsätze der Konkursordnung bestimmt; Abweichungen von diesen Grundsätzen sind nur mit Zustimmung des Gerichts zulässig.

§ 6. Während der Dauer der Geschäftsaufsicht ist die Entscheidung über Anträge auf Eröffnung des Konkursverfahrens über das Vermögen des Schuldners auszusetzen.

Arreste und Zwangsvollstreckungen in das Vermögen des Schuldners finden zugunsten der Gläubiger, die von dem Verfahren betroffen werden, nicht statt. Zu ihren Gunsten darf in Ansehung der Grundstücke des Schuldners sowie der für den Schuldner eingetragenen Rechte an Grundstücken oder an eingetragenen Rechten eine Vormerkung auf Grund einer einstweiligen Verfügung nicht eingetragen werden; das gleiche gilt von der Eintragung einer Vormerkung in Ansehung eines Schiffspfandrechts.

§ 7. Die Verjährung des Anspruchs eines Gläubigers, der von dem Verfahren betroffen wird, ist während der Dauer der Geschäftsaufsicht gehemmt.

§ 8. Ein Gläubiger, der von dem Verfahren betroffen wird, kann während der Dauer der Geschäftsaufsicht seine Forderung gegen den Schuldner nicht aufrechnen,

1. wenn er dem Schuldner erst nach der Anordnung der Geschäftsaufsicht etwas schuldig geworden ist;
2. wenn er dem Schuldner vor der Anordnung der Geschäftsaufsicht etwas schuldig war und erst nachher seine Forderung erworben hat.

§ 9. Wenn ein gegenseitiger Vertrag zur Zeit der Anordnung der Geschäftsaufsicht von dem Schuldner und von dem anderen Teile noch nicht oder noch nicht vollständig erfüllt ist, so kann der Schuldner mit Ermächtigung des Gerichts die Erfüllung ablehnen. Die Ermächtigung soll nur erteilt werden, wenn die Nichterfüllung des Vertrags zur Erreichung des Zweckes der Geschäftsaufsicht geboten ist und dem anderen Teile keinen unverhältnismäßigen Nachteil bringt.

Lehnt der Schuldner die Erfüllung ab, so kann der andere Teil Schadensersatz wegen Nichterfüllung verlangen.

§ 10. Hatte der Schuldner vor der Anordnung der Geschäftsaufsicht einen Gegenstand gemietet oder gepachtet, so kann er das Miet- oder Pachtverhältnis mit Ermächtigung des Gerichts kündigen. Die Vorschrift des § 9 Abs. 1 Satz 2 ist entsprechend anzuwenden. Die Kündigungsfrist ist, falls keine kürzere Frist bedungen war, die gesetzliche.

Kündigt der Schuldner, so kann der andere Teil Ersatz des ihm durch die Aufhebung des Vertrags entstehenden Schadens verlangen. Das dem Vermieter und dem Verpächter nach den §§ 559, 581, 585 des Bürgerlichen Gesetzbuchs zustehende Pfandrecht kann in Ansehung des Schadensersatzanspruchs nicht geltend gemacht werden.

§ 11. Ein in dem Haushalt, Wirtschaftsbetrieb oder Erwerbsgeschäfte des Schuldners angetretenes Dienstverhältnis kann von dem Schuldner mit Ermächtigung des Gerichts gekündigt werden. Die Vorschrift des § 9 Abs. 1 Satz 2 ist entsprechend anzuwenden. Die Kündigungsfrist ist, falls keine kürzere Frist bedungen war, die gesetzliche.

Kündigt der Schuldner, so kann der andere Teil Ersatz des ihm durch die Aufhebung des Dienstverhältnisses entstehenden Schadens verlangen.

§ 12. Erhebt ein Gläubiger, der von dem Verfahren betroffen wird, während der Dauer der Geschäftsaufsicht Klage auf Leistung, so fallen ihm die Prozeßkosten zur Last, wenn der Schuldner den Anspruch sofort anerkennt. Dies gilt nicht, wenn der Gläubiger bei der Erhebung der Klage die Geschäftsaufsicht nicht kannte oder aus besonderem Grunde an alsbaldiger Erlangung des Urteils ein berechtigtes Interesse hatte.

§ 13. Von dem Verfahren werden nicht betroffen:

1. die Gläubiger, deren Ansprüche auf Rechtshandlungen des Schuldners beruhen, die dieser nach der Anordnung der Geschäftsaufsicht mit Zustimmung der Aufsichtsperson vorgenommen hat oder ohne solche Zustimmung vornehmen durfte;
2. die Gläubiger, deren Ansprüche auf einem gegenseitigen Vertrage beruhen, der zur Zeit der Anordnung der Geschäftsaufsicht von dem Schuldner und von dem anderen Teile noch nicht oder noch nicht vollständig erfüllt war;
3. die Gläubiger, denen im Falle des Konkurses ein Anspruch auf Aussonderung zusteht;

4. die Gläubiger, soweit sie im Falle des Konkurses abgesonderte Befriedigung beanspruchen können;
5. die im § 61 Nr. 1 bis 5 der Konkursordnung bezeichneten und die ihnen gesetzlich gleichgestellten Gläubiger wegen ihrer bevorrechtigten Forderungen, auch soweit sie nach der Anordnung der Geschäftsaufsicht fällig werden;
6. die Staatskasse wegen der gerichtlichen Kosten des Verfahrens sowie die Aufsichtsperson wegen ihrer Ansprüche auf Erstattung von Auslagen und auf Vergütung.

Die unter Nr. 2 bezeichneten Gläubiger werden hinsichtlich der im § 9 Abs. 2, § 10 Abs. 2, § 11 Abs. 2 bezeichneten Ansprüche auf Schadensersatz von dem Verfahren betroffen.

II. Verfahren.

1. Allgemeine Vorschriften.

§ 14. Auf das Verfahren finden, soweit sich aus dieser Verordnung nichts anderes ergibt, die Vorschriften der Zivilprozeßordnung entsprechende Anwendung.

§ 15. Die Entscheidungen können ohne mündliche Verhandlung erfolgen.

§ 16. Das Gericht hat zur Aufklärung aller das Verfahren betreffenden Verhältnisse die erforderlichen Ermittlungen anzustellen. Es kann die Vernehmung von Zeugen und Sachverständigen anordnen sowie zur Erörterung der Verhältnisse eine Gläubigerversammlung berufen. Die Berufung muß erfolgen, wenn sie von der Aufsichtsperson, dem Gläubigerbeirat oder von Gläubigern beantragt wird, die im Sinne der Vorschriften über den Zwangsvergleich beteiligt sind, sofern deren Forderungen nach der Schätzung des Gerichts zusammen den fünften Teil der Forderungen der beteiligten Gläubiger erreichen.

§ 17. Bei Zustellungen bedarf es keiner Beglaubigung des zuzustellenden Schriftstücks.

Die Zustellungen an Personen, die sich im Ausland befinden, erfolgen durch Aufgabe zur Post; die Postsendungen sind mit der Bezeichnung „Einschreiben“ zu versehen. Zustellungen an Gläubiger, deren Aufenthalt unbekannt ist, finden nicht statt.

Die Vorschriften des Abs. 2 finden keine Anwendung, wenn die Person, der zuzustellen ist, einen im Inland wohnhaften, zur Empfangnahme von Zustellungen befugten Vertreter hat, der dem Gerichte bekannt ist.

§ 18. Das Gericht kann den Gläubigern die Einsicht der Gerichtsakten gestatten und ihnen Abschriften daraus erteilen lassen. Die Einsicht in die Berichte der Aufsichtsperson darf keinem Gläubiger verweigert werden.

§ 19. Die Entscheidungen des Gerichts sind, soweit diese Verordnung nichts anderes bestimmt, unanfechtbar. Eine weitere Beschwerde findet in keinem Falle statt.

2. Eröffnung des Verfahrens.

§ 20. Mit dem Antrag auf Anordnung der Geschäftsaufsicht hat der Schuldner ein Verzeichnis der Gläubiger unter Angabe ihrer Adressen, eine Uebersicht des Vermögensstandes in Form einer Gegenüberstellung der einzeln aufzuführenden Aktiven und Passiven und, sofern er Kaufmann ist, auch die letzte Bilanz einzureichen.

Das Verzeichnis der Gläubiger soll die sämtlichen Gläubiger des Schuldners enthalten, auch die, welche von dem Verfahren nicht betroffen werden, und die, deren Ansprüche der Schuldner bestreitet. Die Gläubiger, die von dem Verfahren nicht betroffen werden, sollen getrennt von den übrigen Gläubigern aufgeführt werden. Bei Forderungen, für die im Falle des Konkurses abgesonderte Befriedigung beansprucht werden kann, soll die Höhe des mutmaßlichen Ausfalls angegeben werden.

In der Vermögensaufstellung sollen sämtliche Vermögensgegenstände des Schuldners unter Angabe des Wertes aufgeführt werden. Bei Forderungen sollen die Schuldner nach Namen und Wohnort, der Forderungsbetrag und der Schuldgrund angegeben, auch die vorhandenen Beweismittel, insbesondere Wechsel und sonstige Urkunden, sowie Nebenrechte, insbesondere Hypotheken, Pfandrechte und Bürgschaften bezeichnet werden.

§ 21. Das Gericht entscheidet über den Antrag nach freiem Ermessen.

Vor der Entscheidung hat es, wenn der Schuldner Handel- oder Gewerbetreibender oder Landwirt ist, die zuständige amtliche Vertretung des Handels, Handwerks (Gewerbes) oder der Landwirtschaft oder einen Sachverständigen zu hören, es sei denn, daß diese Anhörung nicht ohne eine die Gesamtinteressen der Gläubiger gefährdende Verzögerung erfolgen kann. Die Vertretung hat sich über den Antrag unverzüglich, jedenfalls vor Ablauf einer Woche, zu äußern.

Vor der Entscheidung über den Antrag kann das Gericht von Amts wegen dem Schuldner besondere Verpflichtungen zur Sicherung der Gläubiger auferlegen.

Arreste und Zwangsvollstreckungen, die zugunsten der nach Anordnung der Geschäftsaufsicht von dem Verfahren betroffenen Gläubiger in der Zeit nach Eingang des Antrags, aber vor der Entscheidung über ihn eingeleitet werden, sind für das Verfahren der Geschäftsaufsicht ohne rechtliche Wirksamkeit.

3. Aufsichtsperson und Gläubigerbeirat.

§ 22. Wird die Geschäftsaufsicht angeordnet, so bestellt das Gericht eine oder mehrere Aufsichtspersonen. Die Anordnung der Geschäftsaufsicht und der Name der Aufsichtsperson sind den ihrem Wohnort nach bekannten Gläubigern mitzuteilen und im Deutschen Reichsanzeiger bekanntzumachen; das Gericht kann weitere Bekanntmachungen anordnen. Ist der Schuldner Handel- oder Gewerbetreibender oder Landwirt, so ist die Anordnung der Geschäftsaufsicht auch der zuständigen amtlichen Vertretung des Handels, Handwerkes (Gewerbes) oder der Landwirtschaft mitzuteilen. Die Mitteilungen können ohne besondere Form erfolgen.

Mit der Mitteilung an die amtliche Vertretung (Abs. 1 Satz 3) ist, sofern diese vor der Anordnung des Verfahrens nicht gehört worden ist, die Aufforderung zu verbinden, sich unverzüglich, jedenfalls vor Ablauf einer Woche, darüber zu äußern, ob die Voraussetzungen der Geschäftsaufsicht für vorliegend erachtet werden.

Der Schuldner und jeder Gläubiger, der von dem Verfahren betroffen wird, können innerhalb drei Wochen nach Bestellung der Aufsichtsperson unter Darlegung der Gründe die Bestellung anderer oder weiterer Aufsichtspersonen beantragen.

§ 23. Der Aufsichtsperson ist über ihre Ernennung eine urkundliche Bescheinigung zu erteilen. Die Bescheinigung ist bei der Beendigung des Amtes dem Gerichte zurückzureichen.

§ 24. Die Aufsichtsperson ist für die Erfüllung der ihr obliegenden Pflichten allen Personen verantwortlich, deren Interessen sie kraft ihres Amtes zu berücksichtigen hat.

§ 25. Die Aufsichtsperson steht unter der Aufsicht des Gerichts.

Das Gericht kann gegen die Aufsichtsperson Ordnungsstrafen bis zu zweihundert Mark [1]) festsetzen und sie aus wichtigen Gründen ihres Amtes entlassen. Als ein wichtiger Grund ist es namentlich anzusehen, wenn in einer Gläubigerversammlung die nach den Forderungsbeträgen zu berechnende Mehrheit die Entlassung beantragt; bei Gleichheit der Summen entscheidet die Zahl der Gläubiger. Vor der Entscheidung ist die Aufsichtsperson zu hören.

[1]) Die Strafe beträgt nun 1—1000 Goldmark (Art. II der VO. über Vermögensstrafen 2c. v. 6. Febr. 1924, RGBl. 44).

§ 26. Das Gericht hat die Aufsichtsperson auf ihren Antrag bei der Erfüllung ihrer Aufgaben in angemessener Weise zu unterstützen.

§ 27. Die Aufsichtsperson hat gegen den Schuldner Anspruch auf Erstattung angemessener barer Auslagen und auf Vergütung.

Die Festsetzung erfolgt durch das Gericht. Gegen den Beschluß findet sofortige Beschwerde statt.

§ 28. Die Aufsichtsperson hat darauf Bedacht zu nehmen, daß das Geschäft des Schuldners, soweit angängig, weiter betrieben wird, daß dabei aber vorhandene Bestände verwertet und eingegangene Verpflichtungen abgewickelt werden. Sie hat die Ursachen der Zahlungsunfähigkeit oder der Ueberschuldung zu ermitteln, die geschäftlichen Verhältnisse des Schuldners zu prüfen und dem Gericht unverzüglich zu berichten, sobald sie die erforderliche Uebersicht erlangt hat.

Das Gericht bestimmt, in welcher Weise und in welchen

Zeiträumen die Aufsichtsperson weitere Berichte zu erstatten hat.

Jeder Bericht hat eine Aeußerung darüber zu enthalten, ob die Voraussetzungen für eine Fortdauer der Geschäftsaufsicht noch vorliegen, sowie darüber, ob und inwieweit der Schuldner seine und seiner Familie Lebensführung gemäß der Vorschrift des § 5 eingeschränkt hat.

§ 29. In Streitfällen über die Verwendung der vorhandenen Mittel und in Streitfällen, die sich aus Anordnungen der Aufsichtsperson zwischen ihr und dem Schuldner ergeben, sowie bei Meinungsverschiedenheiten mehrerer Aufsichtspersonen entscheidet das Gericht.

§ 30. Das Gericht hat aus der Zahl der Gläubiger oder ihrer Vertreter einen Gläubigerbeirat zu bestellen, es sei denn, daß der geringe Umsatz der Geschäfte es entbehrlich erscheinen läßt. Es kann die Bestellung zum Mitglied des Beirats widerrufen. Die Gläubigerversammlung kann jederzeit eine anderweitige Zusammensetzung des Gläubigerbeirats beschließen; die Mehrheit berechnet sich nach § 25 Abs. 2 Satz 2.

Auf die Mitglieder des Beirats sind die Vorschriften des § 24 entsprechend anzuwenden.

§ 31. Die Mitglieder des Beirats haben die Aufsichtsperson in ihren Obliegenheiten zu unterstützen und zu beraten. Sie können sich von dem Gange der Geschäfte unterrichten, die Bücher und Schriften der Aufsichtsperson und des Schuldners einsehen und den Bestand der Kasse untersuchen. Der Beirat ist berechtigt, von der Aufsichtsperson Auskunft über die Lage der Sache und die Geschäftsführung zu verlangen.

§ 32. Ein Beschluß des Beirats ist gültig, wenn die Mehrheit der Mitglieder an der Beschlußfassung teilgenommen hat und der Beschluß mit absoluter Mehrheit der abgegebenen Stimmen gefaßt ist.

4. Zwangsvergleich.

§ 33. Auf Antrag eines Schuldners, der unter Geschäftsaufsicht steht, kann zwischen ihm und seinen Gläubigern ein Zwangsvergleich zur Abwendung des Konkurses geschlossen werden.

An dem Vergleichsverfahren sind nicht beteiligt Gläubiger, die nach § 13 von dem Verfahren nicht betroffen werden, sowie Gläubiger, deren Ansprüche zum Gegenstande haben:

1. Geldstrafen;
2. die im § 3 Abs. 2 der Konkursordnung bezeichneten Unterhaltsleistungen, soweit sie für die Zukunft geltend gemacht werden, es sei denn, daß der Schuldner als Erbe des Verpflichteten haftet;
3. Leistungen aus einer Freigebigkeit des Schuldners;
4. die seit der Eröffnung des Vergleichsverfahrens laufenden Zinsen;
5. die Kosten, die durch die Teilnahme an dem Vergleichsverfahren erwachsen.

§ 34. Der Vergleich muß allen beteiligten Gläubigern gleiche Rechte gewähren. Eine ungleiche Bestimmung der Rechte ist nur mit ausdrücklicher Einwilligung der zurückgesetzten Gläubiger zulässig. Das Gericht kann jedoch eine ungleiche Bestimmung der Rechte zulassen, wenn die Mehrzahl der zurückgesetzten Gläubiger zustimmt und die Gesamtsumme der Forderungen der zustimmenden Gläubiger wenigstens drei Vierteile der Gesamtsumme der Forderungen der zurückgesetzten Gläubiger beträgt.

Jedes andere Abkommen des Schuldners oder anderer Personen mit einzelnen Gläubigern, durch das diese bevorzugt werden sollen, ist nichtig.

§ 35. Der Vergleich kann auf Erlaß oder Stundung oder beides gerichtet sein. Im übrigen darf er nur Bestimmungen enthalten, die der Sicherung seiner Durchführung dienen.

Ist der Schuldner eine eingetragene Genossenschaft, so darf der Vergleich nur auf Stundung, allein oder in Verbindung mit einem Erlasse von Zinsen für die Dauer der Stundung, gerichtet sein.

§ 36. Die Vorschriften der §§ 64 bis 66, 68 bis 70 der Konkursordnung sind entsprechend anzuwenden.

§ 37. Zum Abschluß des Vergleichs ist erforderlich, daß

1. die Mehrzahl der beteiligten Gläubiger dem Vergleiche zustimmt,
2. die Gesamtsumme der Forderungen der zustimmenden

Gläubiger wenigstens drei Vierteile der Gesamtsumme der Forderungen der beteiligten Gläubiger beträgt.

§ 38. Soll der Vergleich nur auf Stundung bis zur Dauer von längstens einem Jahre nach der Bestätigung allein oder in Verbindung mit einem Erlasse von Zinsen für die Dauer der Stundung gehen, so genügt es, wenn die nach § 37 Nr. 2 erforderliche Gesamtsumme wenigstens die Hälfte der Gesamtsumme der Forderungen der beteiligten Gläubiger beträgt.

§ 39. Bei der Berechnung der Mehrheiten bleiben die Gläubiger, deren Rechte durch den Vergleich nicht beeinträchtigt werden, außer Betracht.

§ 40. Bei der Berechnung der Mehrheiten bleibt der Ehegatte des Schuldners außer Betracht, wenn er dem Vergleiche zugestimmt hat.

Das gleiche gilt von demjenigen, dem der Ehegatte des Schuldners während der Dauer der Geschäftsaufsicht oder in dem letzten Jahre vorher eine Forderung gegen den Schuldner abgetreten hat, soweit das Stimmrecht auf der abgetretenen Forderung beruht. Diese Vorschrift findet keine Anwendung, wenn der Ehegatte zu der Abtretung durch das Gesetz oder durch einen Vertrag verpflichtet war, der früher als ein Jahr vor der Anordnung der Geschäftsaufsicht geschlossen wurde.

§ 41. Mit dem Antrag auf Eröffnung des Vergleichsverfahrens hat der Schuldner vorzulegen:

1. einen bestimmten Vergleichsvorschlag (§§ 34, 35) mit der Angabe, in welcher Weise die Befriedigung der Gläubiger erfolgen sowie ob und in welcher Art ihnen Sicherheit geleistet werden soll,
2. die schriftlichen Erklärungen der zum Abschluß des Vergleichs nach Zahl und Forderungssumme erforderlichen Mehrheit von Gläubigern (§§ 37 bis 40), daß sie der Eröffnung des Vergleichsverfahrens auf der Grundlage des Vorschlags des Schuldners zustimmen,
3. eine den Vorschriften des § 20 entsprechende Aufstellung über die Vermögenslage zur Zeit des Antrags (Vermögensverzeichnis); das Vermögensverzeichnis soll nach Möglichkeit glaubhaft gemacht werden.

Zur Nachholung fehlender Erfordernisse kann das Gericht

dem Schuldner vor der Entscheidung über den Antrag eine Frist bewilligen. Es kann zulassen, daß an Stelle eines neuen Vermögensverzeichnisses ein Nachtrag zu der mit dem Antrag auf Anordnung der Geschäftsaufsicht eingereichten Aufstellung vorgelegt wird.

§ 42. Vor der Entscheidung über den Antrag soll die Aufsichtsperson und, wenn ein Gläubigerbeirat bestellt ist, auch dieser gehört werden.

Der Antrag ist zurückzuweisen:

1. wenn Tatsachen vorliegen, welche die Vertrauenswürdigkeit des Schuldners in Frage stellen;
2. wenn den Erfordernissen des § 41 nicht genügt ist.

Gegen den Beschluß, durch den der Antrag zurückgewiesen wird, steht dem Schuldner die sofortige Beschwerde zu.

§ 43. Bei der Entscheidung der Frage, ob die nach § 41 Abs. 1 Nr. 2 zur Eröffnung des Vergleichsverfahrens erforderlichen Zustimmungserklärungen vorliegen, sind die Gläubiger bestrittener Forderungen, soweit nicht das Bestreiten offenbar unbegründet ist, und die Gläubiger aufschiebend bedingter Forderungen nicht mitzuzählen; Gläubiger, die abgesonderte Befriedigung beanspruchen können, sind zu dem Betrage mitzuzählen, zu dem sie nach der Angabe im Vermögensverzeichnisse mutmaßlich ausfallen werden.

§ 44. Gibt das Gericht dem Antrag statt, so bestimmt es einen nicht über einen Monat hinauszusetzenden Vergleichstermin.

Der Beschluß ist dem Schuldner, der Aufsichtsperson und allen Gläubigern, auch den im § 33 Abs. 2 bezeichneten, zuzustellen. Den beteiligten Gläubigern ist mit dem Beschlusse der Vergleichsvorschlag des Schuldners mitzuteilen.

§ 45. Die Aufsichtsperson soll vor dem Vergleichstermine, soweit es erforderlich erscheint, mit den Gläubigern verhandeln, insbesondere mit den beteiligten Gläubigern, die der Eröffnung des Vergleichsverfahrens noch nicht zugestimmt haben oder deren Forderungen bestritten sind.

§ 46. In dem Vergleichstermine wird das Stimmrecht der Forderungen, soweit es bestritten wird, festgestellt und über den Vergleichsvorschlag verhandelt und abgestimmt.

§ 47. Die Forderungen der beteiligten Gläubiger werden an der Hand des Verzeichnisses erörtert, der Schuldner hat sich darüber zu erklären.

Soweit gegen eine Forderung weder von dem Schuldner noch von einem beteiligten Gläubiger noch von einer Aufsichtsperson Widerspruch erhoben wird, gilt sie als stimmberechtigt. Soweit widersprochen wird, ist zu erörtern, ob und zu welchem Betrag ein Stimmrecht gewährt wird. In Ermangelung einer Einigung nimmt der Gläubiger, dessen Stimmrecht streitig ist, zunächst an der Abstimmung teil. Stellt sich heraus, daß es für das Ergebnis der Abstimmung auf die bestrittene Stimme ankommt, so entscheidet das Gericht; die Wirkung der Entscheidung beschränkt sich auf die Frage des Stimmrechts.

In gleicher Weise entscheidet das Gericht, ob und zu welchem Betrage Forderungen, für die abgesonderte Befriedigung beansprucht wird, in Ansehung des mutmaßlichen Ausfalls, sowie Forderungen unter aufschiebender Bedingung zum Stimmen berechtigen.

Der Gerichtsschreiber hat nach der Erörterung einer jeden Forderung das Ergebnis in das Verzeichnis der Gläubiger einzutragen. Soweit gegen eine Forderung weder von dem Schuldner noch von einem beteiligten Gläubiger noch von einer Aufsichtsperson Widerspruch erhoben wird, ist zu vermerken, daß die Forderung anerkannt ist.

§ 48. Soweit das Vermögen des Schuldners nicht zu der den Gläubigern angebotenen Befriedigung oder Sicherung ausreicht, hat der Schuldner glaubhaft zu machen, daß die Erfüllung des vorgeschlagenen Vergleichs hinreichend gesichert ist.

Auch der Anteil für aufschiebend bedingte Forderungen ist sicherzustellen, es sei denn, daß die Möglichkeit des Eintritts der Bedingung so entfernt ist, daß die Forderung einen gegenwärtigen Vermögenswert nicht hat. Ob der Anteil für bebestrittene Forderungen sicherzustellen ist, bestimmt das Gericht. Bei der Prüfung der Frage, ob das Vermögen ausreicht, sind die Ansprüche der nicht beteiligten Gläubiger mit Ausnahme der im § 33 Abs. 2 Nr. 5 bezeichneten mit zu berücksichtigen.

§ 49. Die Aufsichtsperson hat in dem Termin über die

Sachlage zu berichten und sich darüber zu äußern, ob sie den Vergleich und die für die Erfüllung angebotenen Sicherheiten für angemessen erachtet.

§ 50. Das Gericht kann von dem Schuldner die Leistung eines Eides dahin verlangen,

daß er nach bestem Wissen sein Vermögen und seine Gläubiger so vollständig angeben habe, als er dazu imstande sei.

Soweit erforderlich, hat der Schuldner die Vermögensaufstellung und das Gläubigerverzeichnis zu ergänzen. Die Vorschriften der §§ 899 bis 915 der Zivilprozeßordnung finden auf den Eid keine Anwendung.

Von der Abnahme des Eides ist abzusehen, wenn anzunehmen ist, daß es auch im Falle der Eidesleistung zur Einstellung des Vergleichsverfahrens oder zur Verwerfung des Vergleichs kommen wird.

§ 51. Die Zustimmung zu dem Vergleichsvorschlage kann auch durch schriftliche Erklärung gegenüber dem Gericht erfolgen.

Die schriftliche Erklärung eines Gläubigers, daß er der Eröffnung des Vergleichsverfahrens auf der Grundlage des Vergleichsvorschlags zustimmt, gilt als Zustimmung zu dem Vergleichsvorschlage, wenn der Gläubiger in dem Termine nicht erschienen ist und die Erklärung bis zu dem Termine nicht widerrufen hat.

§ 52. Hält das Gericht oder die Mehrheit der erschienenen stimmberechtigten Gläubiger eine Vertagung zum Zwecke weiterer Verhandlungen oder Ermittlungen oder behufs Stellungnahme zu einer Aenderung des Vergleichsvorschlags für erforderlich, so ist ein neuer, nicht über einen Monat hinausgehender Termin zur Fortsetzung der Verhandlung anzuberaumen.

Im übrigen ist eine Vertagung nur zulässig, wenn sie aus besonderen Gründen geboten erscheint.

§ 53. Der angenommene Zwangsvergleich bedarf der Bestätigung des Gerichts.

Das Gericht entscheidet, nachdem es die Gläubiger, den Schuldner, die Aufsichtsperson und den Gläubigerbeirat in dem Vergleichstermin oder einem zu verkündenden Termine gehört hat.

§ 54. Der Vergleich ist zu verwerfen:

1. wenn die für das Verfahren und den Abschluß des Vergleichs gegebenen Vorschriften in einem wesentlichen Punkte nicht beobachtet sind und das Fehlende nicht ergänzt werden kann;
2. wenn der Schuldner in dem Verfahren in erheblichem Maße seine Pflichten verletzt oder den Interessen der Gläubiger zuwidergehandelt hat;
3. wenn die Vermögenslage des Schuldners so verworren ist, daß sie ein Urteil über den Vergleich ohne zeitraubende Ermittlungen nicht ermöglicht;
4. wenn der Vergleich durch Begünstigung eines Gläubigers oder sonst in unlauterer Weise zustande gebracht ist;
5. wenn der Vergleich dem gemeinsamen Interesse der beteiligten Gläubiger widerspricht.

§ 55. Der Vergleich ist zu verwerfen, wenn er den Gläubigern nicht mindestens den fünften Teil ihrer Forderungen gewährt und dieses Ergebnis auf ein unredliches Verhalten des Schuldners zurückzuführen ist. Der Vergleich kann verworfen werden, wenn das gleiche Ergebnis auf ein leichtsinniges Verhalten des Schuldners zurückzuführen ist.

§ 56. Nimmt der Schuldner den Vergleichsvorschlag zurück, so hat das Gericht das Vergleichsverfahren einzustellen. Die Zurücknahme ist nur bis zur Annahme des Vergleichs zulässig.

§ 57. Das Gericht kann bis zur Annahme des Vergleichs das Vergleichsverfahren einstellen, wenn ihm der Verdacht begründet erscheint, daß der Schuldner in erheblichem Maße seine Pflichten verletzt oder den Interessen der Gläubiger zuwiderhandelt, oder wenn mit Bestimmtheit anzunehmen ist, daß es zu einem Vergleichsabschlusse nicht kommen wird.

Das Vergleichsverfahren ist einzustellen, wenn die zur Annahme des Vergleichs erforderlichen Mehrheiten ihm in dem Vergleichstermine nicht zugestimmt haben oder der Schuldner die Leistung des ihm nach § 50 auferlegten Eides verweigert hat.

§ 58. In dem Beschlusse, durch den der Vergleich verworfen oder das Vergleichsverfahren eingestellt wird, hat das Gericht von Amts wegen zugleich über die Aufhebung oder Fortdauer der Geschäftsaufsicht zu beschließen.

§ 59. Der Beschluß, durch den der Vergleich bestätigt oder verworfen wird, ist zu verkünden; der Beschluß, durch den das Vergleichsverfahren eingestellt wird, ist dem Schuldner, der Aufsichtsperson und allen Gläubigern zuzustellen.

Gegen den Beschluß, durch den der Vergleich bestätigt oder verworfen wird, steht dem Schuldner und jedem beteiligten Gläubiger, der stimmberechtigt war oder seine Forderung glaubhaft macht, die sofortige Beschwerde zu; diese Beschwerdefrist beginnt mit der Verkündung des Beschlusses. Gegen den Beschluß, durch den das Vergleichsverfahren eingestellt wird, steht dem Schuldner die sofortige Beschwerde zu.

Die Beschlüsse werden erst mit der Rechtskraft wirksam.

§ 60. Der rechtskräftig bestätigte Vergleich ist wirksam für und gegen alle beteiligten Gläubiger, auch wenn sie in dem Verfahren Erklärungen nicht abgegeben oder gegen den Vergleich gestimmt haben. Unberührt bleiben die Ansprüche der Gläubiger, die in den von dem Schuldner vorgelegten Verzeichnissen nicht aufgeführt sind.

Die Rechte der Gläubiger gegen Mitschuldner und Bürgen des Schuldners sowie die Rechte aus einem für die Forderung bestehenden Pfandrecht, aus einer für sie bestehenden Hypothek, Grundschuld oder Rentenschuld oder aus einer zu ihrer Sicherung eingetragenen Vormerkung werden durch den Vergleich nicht berührt.

§ 61. Aus dem rechtskräftig bestätigten Zwangsvergleich in Verbindung mit einem Auszug aus dem Gläubigerverzeichnis oder seinen Nachträgen findet wegen der darin als anerkannt vermerkten Forderungen beteiligter Gläubiger gegen den Schuldner und die Personen, die in dem Vergleiche für dessen Erfüllung neben dem Schuldner ohne Vorbehalt der Einrede der Vorausklage Verpflichtungen übernommen haben, die Zwangsvollstreckung unter entsprechender Anwendung der §§ 724 bis 793 der Zivilprozeßordnung und des § 164 Abs. 3 der Konkursordnung statt.

§ 62. Gegen die Gläubiger der im § 33 Abs. 2 Nr. 3 bezeichneten Ansprüche ist der durch den Vergleich begründete Erlaß oder die durch ihn gewährte Stundung wirksam. Die im § 33 Abs. 2 Nr. 5 bezeichneten Ansprüche gelten im Falle rechtskräftiger Bestätigung des Vergleichs als erlassen.

§ 63. Eine Klage auf Aufhebung des Vergleichs wegen Nichterfüllung findet nicht statt.

§ 64. Unbeschadet der durch den Vergleich gewährten Rechte kann jeder beteiligte Gläubiger den vergleichsmäßigen Erlaß oder die vergleichsmäßige Stundung seiner Forderung anfechten,

1. wenn der Vergleich durch Betrug zustande gebracht ist,
2. wenn durch die Geltendmachung des Anspruchs eines nach § 60 Abs. 1 Satz 2 durch den Vergleich nicht betroffenen Gläubigers die Rechte der durch den Vergleich betroffenen Gläubiger gefährdet werden.

Im Falle der Nr. 1 ist die Anfechtung nur zulässig, wenn der Gläubiger ohne Verschulden außerstande war, den Anfechtungsgrund in dem Verfahren über den Zwangsvergleich geltend zu machen.

§ 65. Die rechtskräftige Verurteilung des Schuldners wegen betrüglichen Bankerotts oder wegen vorsätzlicher Verletzung der Eidespflicht bei Leistung des ihm nach § 50 auferlegten Eides hebt für alle Gläubiger den durch den Vergleich begründeten Erlaß und die durch ihn gewährte Stundung auf, unbeschadet der ihnen durch den Vergleich gewährten Rechte.

5. Beendigung des Verfahrens.

§ 66. Die Geschäftsaufsicht ist aufzuheben, wenn der Schuldner es beantragt oder wenn ein wichtiger Grund für die Aufhebung vorliegt.

Als ein wichtiger Grund ist es namentlich anzusehen,

1. wenn der Schuldner in erheblichem Maße seine Pflichten verletzt oder den Interessen der Gläubiger zuwiderhandelt;
2. wenn sich ergibt, daß die Voraussetzungen für die Anordnung der Geschäftsaufsicht nicht vorhanden waren, oder wenn die Voraussetzungen nachträglich weggefallen sind.

Die Geschäftsaufsicht ist ferner aufzuheben,

1. wenn sich in einer Gläubigerversammlung die Mehrzahl der im Sinne der Vorschriften über den Zwangsvergleich beteiligten Gläubiger gegen die Fortdauer des Verfahrens erklärt; die Forderungen der Mehrzahl müssen bei entsprechender Anwendung der §§ 40, 46 und des § 47 Abs. 1 bis 3 wenigstens die Hälfte der

Gesamtsumme der Forderungen der beteiligten Gläubiger betragen;

2. wenn der Schuldner nicht bis zum Ablauf der Frist von einem Monat seit der Anordnung einen den Erfordernissen des § 41 Abs. 1 genügenden Antrag auf Eröffnung des Vergleichsverfahrens einreicht. Die Frist kann auf Antrag des Schuldners verlängert werden, wenn er nachweist, daß die Mehrzahl der im Sinne der Vorschriften über den Zwangsvergleich beteiligten Gläubiger der Verlängerung zustimmt; die Forderungen der zustimmenden Gläubiger müssen nach der unter entsprechender Anwendung der §§ 40, 43 erfolgenden Schätzung des Gerichts wenigstens die Hälfte der Gesamtsumme der Forderungen der beteiligten Gläubiger betragen;
3. wenn drei Monate seit der Anordnung verstrichen sind; ist vorher ein Zwangsvergleich bestätigt worden, so endet die Frist nicht vor Rechtskraft der Entscheidung über den Zwangsvergleich. Die Frist kann auf Antrag des Schuldners verlängert werden, wenn er nachweist, daß drei Vierteile der im Sinne der Vorschriften über den Zwangsvergleich beteiligten Gläubiger der Verlängerung zustimmen; die Forderungen der zustimmenden Gläubiger müssen nach der unter entsprechender Anwendung der §§ 40, 43 erfolgenden Schätzung des Gerichts wenigstens drei Vierteile der Gesamtsumme der Forderungen der beteiligten Gläubiger betragen.

§ 67. Von dem Eingang eines Antrags des Schuldners auf Aufhebung der Geschäftsaufsicht ist der Aufsichtsperson und den Mitgliedern des Gläubigerbeirats unverzüglich Kenntnis zu geben.

Vor der Aufhebung der Geschäftsaufsicht ist in den Fällen des § 66 Abs. 1, 2 der Schuldner zu hören.

§ 68. (Fortgefallen.)

§ 69. Die Geschäftsaufsicht endigt mit der Rechtskraft des Beschlusses, durch den der Zwangsvergleich bestätigt wird.

§ 70. Die rechtskräftige Beendigung der Geschäftsaufsicht ist allen Gläubigern und den Stellen mitzuteilen, denen die Anordnung der Geschäftsaufsicht mitgeteilt worden ist, sowie in der vom Gerichte zu bestimmenden Art unter Angabe des Grundes der Beendigung öffentlich bekannt zu machen. Die Mitteilungen können ohne besondere Form erfolgen.

III. Schlußvorschriften.

§ 71. Wird im Anschluß an eine Geschäftsaufsicht das Konkursverfahren über das Vermögen des Schuldners eröffnet, so sind im Konkurse die gerichtlichen Kosten der Geschäftsaufsicht und des Vergleichsverfahrens sowie die Gebühren und Auslagen der Aufsichtsperson als Massekosten (§ 58 der Konkursordnung) zu behandeln.

§ 72. Die Vorschriften der §§ 207 bis 211, 213 der Konkursordnung, des § 63 des Gesetzes, betreffend die Gesellschaften mit beschränkter Haftung (RGBl. 1898 S. 846), des § 98, § 100 Abs. 1, 2 des Gesetzes, betreffend die Erwerbs- und Wirtschaftsgenossenschafteu (RGBl. 1898 S. 810), sind auf die Geschäftsaufsicht und das Vergleichsverfahren entsprechend anzuwenden. Ein Antragsrecht der Gläubiger wird hierdurch nicht begründet.

In dem Vergleichsverfahren über das Privatvermögen eines persönlich haftenden Gesellschafters einer offenen Handelsgesellschaft, einer Kommanditgesellschaft oder einer Kommanditgesellschaft auf Aktien sind die Gesellschaftsgläubiger, wenn über das Gesellschaftsvermögen das Vergleichsverfahren oder das Konkursverfahren eröffnet ist, nur in Höhe desjenigen Betrags beteiligt, für den sie in diesem Verfahren keine Befriedigung erhalten.

§ 73. Auf die Geschäftsaufsicht zur Abwendung des Konkurses über einen Nachlaß sind die Vorschriften der §§ 217, 218, 221, 225 der Konkursordnung entsprechend anzuwenden. Ein Antragsrecht der Gläubiger wird hierdurch nicht begründet.

In Ansehung der Haftung des Erben für die Nachlaßverbindlichkeiten wirkt die Geschäftsaufsicht wie der Nachlaßkonkurs.

Von dem Verfahren werden außer den im § 13 dieser Verordnung bezeichneten Gläubigern auch die Gläubiger der im § 224 der Konkursordnung bezeichneten Ansprüche nicht betroffen.

Ein Zwangsvergleich kann nur auf den Vorschlag aller Erben geschlossen werden. Die Eröffnung des Vergleichsverfahrens kann erst beantragt werden, wenn das Aufgebot der Nachlaßgläubiger erfolgt ist. An dem Vergleichsverfahren sind alle Nachlaßgläubiger mit Ausnahme der im § 226 Abs. 2 und 4 der Konkursordnung bezeichneten beteiligt. Der Zwangsvergleich begrenzt, soweit er nicht ein anderes festsetzt, zugleich den Umfang der persönlichen Haftung des Erben.

Die vorstehenden Bestimmungen finden im Falle der fortgesetzten Gütergemeinschaft auf die Geschäftsaufsicht zur Abwendung des Konkurses über das Gesamtgut entsprechende Anwendung. An dem Vergleichsverfahren sind nur die Gesamtgutsgläubiger beteiligt, deren Forderungen schon zur Zeit des Eintritts der fortgesetzten Gütergemeinschaft bestanden.

§ 74. Die Vorschriften dieser Verordnung finden auf Versicherungsunternehmungen, die der Beaufsichtigung nach Maßgabe des Gesetzes über die privaten Versicherungsunternehmungen vom 12. Mai 1901 (RGBl. S. 139) unterliegen, keine Anwendung.

§ 75. Soweit nach den Vorschriften der Konkursordnung oder des Gesetzes, betreffend die Anfechtung von Rechtshandlungen eines Schuldners außerhalb des Konkursverfahrens (RGBl. 1898 S. 709), die Anfechtbarkeit von Rechtshandlungen davon abhängt, daß sie innerhalb bestimmter Fristen vor der Eröffnung des Konkurses, vor dem Eröffnungsantrag, vor der Zahlungseinstellung oder vor der Anfechtung vorgenommen sind, wird bei der Berechnung der Fristen die Zeit nicht mitgerechnet, während deren die Geschäftsaufsicht besteht.

Die Vorschrift des Abs. 1 findet keine Anwendung, wenn die Rechtshandlung auf Grund des Gesetzes, betreffend die Anfechtung von Rechtshandlungen eines Schuldners außerhalb des Konkursverfahrens, von einem Gläubiger angefochten wird, der von dem Verfahren nicht betroffen war.

§ 76. Hat ein Genosse seinen Austritt aus einer eingetragenen Genossenschaft erklärt oder der Gläubiger eines Genossen dessen Kündigungsrecht ausgeübt, so scheidet der Genosse nicht vor dem Schlusse des Geschäftsjahrs aus, in welchem die Geschäftsaufsicht über die Genossenschaft endigt, oder wenn in einem Zwangsvergleich eine Stundung bewilligt wird, nicht vor dem Schlusse des Geschäftsjahrs, in welchem die Stundung abläuft.

Die Einreichung der Erklärung des Genossen oder des Gläubigers zur Liste der Genossen ist spätestens sechs Wochen vor dem Ende des Geschäftsjahrs, zu dessen Schlusse der Genosse ausscheidet, oder wenn die Geschäftsaufsicht innerhalb der letzten sechs Wochen dieses Jahres endigt, unverzüglich zu bewirken. Die Eintragung des Jahresschlusses, zu dem der Genosse ausscheidet, in die Liste der Genossen erfolgt erst nach der Beendigung der Geschäftsaufsicht; ist sie bereits geschehen, so ist nachträglich zu vermerken, daß die Geschäftsaufsicht angeordnet ist.

§ 77. Ein Gläubiger, der sich von dem Schuldner oder andern Personen besondere Vorteile dafür hat gewähren oder versprechen lassen, daß er bei der Abstimmung über den Vergleichsvorschlag in einem gewissen Sinne stimme, wird mit Geldstrafe bis zu dreitausend Mark[1]) oder mit Gefängnis bis zu einem Jahre bestraft.

[1]) S. hierzu Anm. 1 zu § 240 KO.

§ 78. Für das Verfahren der Geschäftsaufsicht und das Vergleichsverfahren wird je eine volle Gebühr (§ 8 des Gerichtskostengesetzes — RGBl. 1923 I S. 12, 813, 1186 —) erhoben. Die Gebühr ermäßigt sich auf die Hälfte, wenn der Antrag auf Anordnung der Geschäftsaufsicht oder auf Eröffnung des Vergleichsverfahrens zurückgenommen oder zurückgewiesen wird. § 43 des Gerichtskostengesetzes gilt entsprechend.

Für das Verfahren in der Beschwerdeinstanz wird, soweit die Beschwerde als unzulässig verworfen oder zurückgewiesen wird, die halbe Gebühr erhoben. In den Fällen des § 42 Abs. 3, § 59 Abs. 2 dieser Verordnung gelten die Vorschriften des § 43 des Gerichtskostengesetzes entsprechend.

Im übrigen finden die Vorschriften des fünften und sechsten Abschnitts des Gerichtskostengesetzes entsprechende Anwendung mit der Maßgabe, daß für die allgemeinen Benachrichtigungen der Gläubiger Schreib- und Postgebühren in vollem Umfang erhoben werden.

§ 79. Für die Tätigkeit im Vergleichsverfahren erhält der Rechtsanwalt sechzehn Zehnteile der Gebühr des § 9 der Gebührenordnung für Rechtsanwälte. Für die Vertretung in der Beschwerdeinstanz erhält er die im § 41 der Gebührenordnung für Rechtsanwälte bestimmten Gebühren besonders.

Auf die Wertberechnung finden die Vorschriften des § 59 der Gebührenordnung für Rechtsanwälte entsprechende Anwendung.

§ 80. Diese Verordnung tritt am 25. Dezember 1916, und zwar hinsichtlich des § 75 mit Wirkung vom 10. August 1914 ab in Kraft; sie tritt an die Stelle der Verordnung, betreffend die Anordnung einer Geschäftsaufsicht zur Abwendung des Konkursverfahrens, vom 8. August 1914 (RGBl. S. 363).

Eine vor dem Inkrafttreten abgegebene schriftliche Erklärung, in der ein Gläubiger einem Vergleichsvorschlage des Schuldners zugestimmt hat, gilt als Zustimmungserklärung im Sinne des § 41 Abs. 1 Nr. 2 dieser Verordnung.

Der Bundesrat bestimmt, wann und in welchem Umfang die Verordnung außer Kraft tritt.

---

21. Verordnung

zur Aenderung der Geschäftsaufsichtsverordnung [1]).

Vom 8. Febr. 1924 (RGBl. 51 und RAnz. Nr. 35 vom 11. Febr. 1924).

Art. I. (Ist beim Abdruck der GeschAufsVO., oben Nr. 20, berücksichtigt.)

Art. II. Die Verordnung findet auf die bei ihrem Inkrafttreten bestehenden Geschäftsaufsichten Anwendung. Die Auf-

---

[1]) Ergangen auf Grund des Ermächtigungsges. v. 8. Dez. 1923 (RGBl. 1179).

hebung einer bestehenden Geschäftsaufsicht aus dem im § 66 Abs. 3 bestimmten Grunde findet jedoch nicht vor Ablauf von 3 Monaten seit dem Inkrafttreten statt.

---

22. Gesetz

zur Aenderung der Bekanntmachung des Bundesrats über die Geschäftsaufsicht zur Abwendung des Konkurses vom 14. Dezember 1916 in der Fassung der Verordnung vom 8. Februar 1924.

Vom 12. Juni 1924 (RGBl. 641).

Art. 1. Die Reichsregierung bestimmt mit Zustimmung des Reichsrats, wann und in welchem Umfang die Verordnung außer Kraft tritt, sowie ob und in welchem Umfang einzelne Vorschriften mit Rücksicht auf die wirtschaftliche Lage zu ändern sind. Soweit es die Dringlichkeit der Angelegenheit erlaubt, sollen vorher die Berufsvertretungen von der Regierung gehört werden.

Art. 2. Dieses Gesetz tritt mit seiner Verkündung (14. Juni 1924) in Kraft.

---

23. Verordnung
zur Aenderung der Geschäftsaufsichtsverordnung[1]).

Vom 14. Juni 1924 (RGBl. 641).

Art. I. (Ist beim Abdruck der GeschäftsaufsVO., oben Nr. 20, berücksichtigt.)

Art. II. Die Verordnung tritt mit dem Tage der Verkündung (14. Juni 1924) in Kraft. Sie findet auf die bei ihrem Inkrafttreten bestehenden Geschäftsaufsichten Anwendung. Jedoch kann die Aufhebung einer bestehenden Geschäftsaufsicht aus dem im § 66 Abs. 3 Nr. 2 bestimmten Grunde nicht vor Ablauf von zwei Wochen und aus dem im § 66 Abs. 3 Nr. 3 bestimmten Grunde nicht vor Ablauf von zwei Monaten seit dem Inkrafttreten erfolgen, es sei denn, daß die Geschäftsaufsicht nach der bisherigen Vorschrift des § 66 Abs. 3 zu einem früheren Zeitpunkt aufzuheben ist. Soweit dem Schuldner nach dem bisherigen Abs. 2 des § 67 bereits eine Nachfrist bestimmt war, bleiben die bisherigen Vorschriften maßgebend; jedoch kann eine weitere Verlängerung der Frist nur nach Maßgabe des § 66 Abs. 3 Nr. 3 erfolgen.

Die Veröffentlichung gemäß § 22 Abs. 1 Satz 2 ist bei einer bestehenden Geschäftsaufsicht alsbald nachzuholen; ist die Geschäftsaufsicht vor dem 1. Mai 1924 angeordnet worden, so kann das Gericht von der Veröffentlichung absehen.

---

[1]) Erlassen auf Grund des Art. 1 des Ges. v. 12. Juni 1924 (Nr. 22).

IV. Teil.

Gesetz über die Zwangsversteigerung und Zwangsverwaltung.

---

24. Gesetz über die Zwangsversteigerung und die Zwangsverwaltung.

In der Fassung vom 20. Mai 1898 (RGBl. 713).

Geändert durch das Ges. zur Einschränkung der Verfügungen über Miet- und Pachtzinsforderungen vom 8. Juni 1915 (RGBl. 327).

Erster Abschnitt.

Zwangsversteigerung und Zwangsverwaltung von Grundstücken im Wege der Zwangsvollstreckung.

Erster Titel.

Allgemeine Vorschriften.

§ 1. Für die Zwangsversteigernng und die Zwangsverwaltung eines Grundstücks ist als Vollstreckungsgericht das Amtsgericht zuständig, in dessen Bezirke das Grundstück belegen ist.

§ 2. Ist das Grundstück in den Bezirken verschiedener Amtsgerichte belegen oder ist es mit Rücksicht auf die Grenzen der Bezirke ungewiß, welches Gericht zuständig ist, so hat das zunächst höhere Gericht eines der Amtsgerichte zum Vollstreckungsgerichte zu bestellen; die Vorschriften des § 37 der Zivilprozeßordnung finden entsprechende Anwendung.

Die gleiche Anordnung kann getroffen werden, wenn die Zwangsversteigerung oder die Zwangsverwaltung mehrerer Grundstücke in demselben Verfahren zulässig ist und die Grundstücke in den Bezirken verschiedener Amtsgerichte belegen sind. Von der Anordnung soll das zum Vollstreckungsgerichte bestellte Gericht die übrigen Gerichte in Kenntnis setzen.

§ 3. Die Zustellungen erfolgen von Amts wegen.

§ 4. Wohnt derjenige, welchem zugestellt werden soll, weder am Orte noch im Bezirke des Vollstreckungsgerichts, so kann die Zustellung durch Aufgabe zur Post erfolgen, solange nicht die Bestellung eines daselbst wohnhaften Prozeßbevollmächtigten oder Zustellungsbevollmächtigten dem Gericht angezeigt ist. Die Postsendung muß mit der Bezeichnung „Einschreiben" versehen werden.

§ 5. Die Bestellung eines Zustellungsbevollmächtigten bei dem Grundbuchamte gilt auch für das Verfahren des Vollstreckungsgerichts, sofern sie diesem bekannt geworden ist.

§ 6. Ist der Wohnort desjenigen, welchem zugestellt werden soll, dem Vollstreckungsgerichte nicht bekannt, so hat das Gericht einen Zustellungsvertreter zu bestellen.

Das gleiche gilt, wenn im Falle der Zustellung durch Aufgabe zur Post die Postsendung als unbestellbar zurückkommt. Die zurückgekommene Sendung soll dem Zustellungsvertreter ausgehändigt werden.

Statt der Bestellung eines Vertreters genügt es, wenn die Zustellung für nicht prozeßfähige Personen an die Vormundschaftsbehörde, für juristische Personen oder für Vereine, die als solche klagen und verklagt werden können, an die Aufsichtsbehörde angeordnet wird.

§ 7. An den Zustellungsvertreter erfolgen die Zustellungen, solange derjenige, welchem zugestellt werden soll, nicht ermittelt ist.

Der Zustellungsvertreter ist zur Ermittelung und Benachrichtigung des Vertretenen verpflichtet. Er kann von diesem eine Vergütung für seine Tätigkeit und Ersatz seiner Auslagen fordern. Ueber die Vergütung und die Erstattung der Auslagen entscheidet das Vollstreckungsgericht.

Für die Erstattung der Auslagen haftet der Gläubiger, soweit der Zustellungsvertreter von dem Vertretenen Ersatz nicht zu erlangen vermag; die dem Gläubiger zur Last fallenden Auslagen gehören zu den Kosten der die Befriedigung aus dem Grundstücke bezweckenden Rechtsverfolgung.

§ 8. Die Vorschriften der §§ 4 bis 7 finden auf die an den Schuldner zu bewirkende Zustellung des Beschlusses, durch welchen die Zwangsvollstreckung angeordnet oder der Beitritt eines Gläubigers zugelassen wird, keine Anwendung.

§ 9. In dem Verfahren gelten als Beteiligte, außer dem Gläubiger und dem Schuldner:

1. diejenigen, für welche zur Zeit der Eintragung des Vollstreckungsvermerkes ein Recht im Grundbuch eingetragen oder durch Eintragung gesichert ist;
2. diejenigen, welche ein der Zwangsvollstreckung entgegenstehendes Recht, ein Recht an dem Grundstück oder an einem das Grundstück belastenden Rechte, einen Anspruch mit dem Rechte auf Befriedigung aus dem Grundstück oder ein Miet- oder Pachtrecht, auf Grund dessen ihnen das Grundstück überlassen ist, bei dem Vollstreckungsgericht anmelden und auf Verlangen des Gerichts oder eines Beteiligten glaubhaft machen.

§ 10. Ein Recht auf Befriedigung aus dem Grundstücke gewähren nach folgender Rangordnung, bei gleichem Range nach dem Verhältnis ihrer Beträge:

1. der Anspruch eines die Zwangsverwaltung betreibenden Gläubigers auf Ersatz seiner Ausgaben zur Erhaltung oder nötigen Verbesserung des Grundstücks, im Falle der Zwangsversteigerung jedoch nur, wenn die Verwaltung bis zum Zuschlage fortdauert und die Ausgaben nicht aus den Nutzungen des Grundstücks erstattet werden können;
2. bei einem land- oder forstwirtschaftlichen Grundstücke die Ansprüche der zur Bewirtschaftung des Grundstücks oder zum Betrieb eines mit dem Grundstücke verbundenen land- oder forstwirtschaftlichen Nebengewerbes

angenommenen, in einem Dienst- oder Arbeitsverhältnisse stehenden Personen, insbesondere des Gesindes, der Wirtschafts- und Forstbeamten, auf Lohn, Kostgeld und andere Bezüge wegen der laufenden und der aus dem letzten Jahre rückständigen Beträge;

3. die Ansprüche auf Entrichtung der öffentlichen Lasten des Grundstücks wegen der laufenden und der aus den letzten zwei Jahren rückständigen Beträge;
4. die Ansprüche aus Rechten an dem Grundstücke, soweit sie nicht infolge der Beschlagnahme dem Gläubiger gegenüber unwirksam sind, die Ansprüche auf wiederkehrende Leistungen jedoch, mit Einschluß derjenigen, welche als Zuschlag zu den Zinsen behufs allmählicher Kapitalstilgung zu entrichten sind, nur wegen der laufenden und der aus den letzten zwei Jahren rückständigen Beträge;
5. der Anspruch des Gläubigers, soweit er nicht in einer der vorhergehenden Klassen zu befriedigen ist;
6. die Ansprüche der vierten Klasse, soweit sie infolge der Beschlagnahme dem Gläubiger gegenüber unwirksam sind;
7. die Ansprüche der dritten Klasse wegen der älteren Rückstände;
8. die Ansprüche der vierten Klasse wegen der älteren Rückstände.

Das Recht auf Befriedigung aus dem Grundstücke besteht auch für die Kosten der Kündigung und der die Befriedigung aus dem Grundstücke bezweckenden Rechtsverfolgung.

§ 11. Sind Ansprüche aus verschiedenen Rechten nach § 10 Nr. 4, 6 oder 8 in derselben Klasse zu befriedigen, so ist für sie das Rangverhältnis maßgebend, welches unter den Rechten besteht.

In der fünften Klasse geht unter mehreren Ansprüchen derjenige vor, für welchen die Beschlagnahme früher erfolgt ist.

§ 12. Die Ansprüche aus einem und demselben Rechte haben untereinander folgende Rangordnung:

1. die Ansprüche auf Ersatz der im § 10 Abs. 2 bezeichneten Kosten;

2. die Ansprüche auf wiederkehrende Leistungen und andere Nebenleistungen;
3. der Hauptanspruch.

§ 13. Die laufenden Beträge wiederkehrender Leistungen nehmen ihren Anfang von dem letzten Fälligkeitstermine vor der Beschlagnahme des Grundstücks; die Rückstände werden von demselben Zeitpunkte zurückgerechnet.

Fehlt es innerhalb der letzten zwei Jahre an einem Fälligkeitstermine, so entscheidet die Zeit der Beschlagnahme.

Liegen mehrere Beschlagnahmen vor, so ist die erste maßgebend. Bei der Zwangsversteigerung gilt, wenn bis zur Beschlagnahme eine Zwangsverwaltung fortgedauert hat, die für diese bewirkte Beschlagnahme als die erste.

§ 14. Ansprüche von unbestimmtem Betrage gelten als aufschiebend bedingt durch die Feststellung des Betrags.

Zweiter Titel.

Zwangsversteigerung.

I. Anordnung der Versteigerung.

§ 15. Die Zwangsversteigerung eines Grundstücks wird von dem Vollstreckungsgericht auf Antrag angeordnet.

§ 16. Der Antrag soll das Grundstück, den Eigentümer, den Anspruch und den vollstreckbaren Titel bezeichnen.

Die für den Beginn der Zwangsvollstreckung erforderlichen Urkunden sind dem Antrage beizufügen.

§ 17. Die Zwangsversteigerung darf nur angeordnet werden, wenn der Schuldner als Eigentümer des Grundstücks eingetragen oder wenn er Erbe des eingetragenen Eigentümers ist.

Die Eintragung ist durch ein Zeugnis des Grundbuchamts nachzuweisen. Ist das Vollstreckungsgericht zugleich das Grundbuchamt, so genügt statt des Zeugnisses die Bezugnahme auf das Grundbuch.

Die Erbfolge ist durch Urkunden glaubhaft zu machen, sofern sie nicht bei dem Gericht offenkundig ist.

§ 18. Die Zwangsversteigerung mehrerer Grundstücke kann in demselben Verfahren erfolgen, wenn sie entweder wegen einer Forderung gegen denselben Schuldner oder wegen eines an jedem der Grundstücke bestehenden Rechts betrieben wird.

§ 19. Ordnet das Gericht die Zwangsversteigerung an, so hat es zugleich das Grundbuchamt um Eintragung dieser Anordnung in das Grundbuch zu ersuchen.

Das Grundbuchamt hat nach der Eintragung des Versteigerungsvermerkes dem Gericht eine beglaubigte Abschrift des Grundbuchblatts und der Urkunden, auf welche im Grundbuche bezug genommen wird, zu erteilen, die bei ihm bestellten Zustellungsbevollmächtigten zu bezeichnen und Nachricht zu geben, was ihm über Wohnort und Wohnung der eingetragenen Beteiligten und deren Vertreter bekannt ist. Statt der Erteilung einer beglaubigten Abschrift der Urkunden genügt die Beifügung der Grundakten oder der Urkunden.

§ 20. Der Beschluß, durch welchen die Zwangsversteigerung angeordnet wird, gilt zugunsten des Gläubigers als Beschlagnahme des Grundstücks.

Die Beschlagnahme umfaßt auch diejenigen Gegenstände, auf welche sich bei einem Grundstücke die Hypothek erstreckt.

§ 21. Die Beschlagnahme umfaßt land- und forstwirtschaftliche Erzeugnisse des Grundstücks sowie die Forderung aus einer Versicherung solcher Erzeugnisse nur, soweit die Erzeugnisse noch mit dem Boden verbunden oder soweit sie Zubehör des Grundstücks sind.

Die Beschlagnahme umfaßt nicht die Miet- und Pachtzinsforderungen sowie die Ansprüche aus einem mit dem Eigentum an dem Grundstücke verbundenen Rechte auf wiederkehrende Leistungen.

Das Recht eines Pächters auf den Fruchtgenuß wird von der Beschlagnahme nicht berührt.

§ 22. Die Beschlagnahme des Grundstücks wird mit dem Zeitpunkte wirksam, in welchem der Beschluß, durch den die Zwangsversteigerung angeordnet ist, dem Schuldner zugestellt wird. Sie wird auch wirksam mit dem Zeitpunkt, in welchem das Ersuchen um Eintragung des Versteigerungsvermerkes dem Grundbuchamte zugeht, sofern auf das Ersuchen die Eintragung demnächst erfolgt.

Erstreckt sich die Beschlagnahme auf eine Forderung, so hat das Gericht auf Antrag des Gläubigers dem Drittschuldner zu verbieten, an den Schuldner zu zahlen. Die Beschlagnahme wird dem Drittschuldner gegenüber erst mit dem Zeitpunkte wirksam, in welchem sie ihm bekannt oder das Zahlungsverbot ihm zugestellt wird. Die Vorschriften des § 845 der Zivilprozeßordnung finden entsprechende Anwendung.

§ 23. Die Beschlagnahme hat die Wirkung eines Veräußerungsverbots. Der Schuldner kann jedoch, wenn sich die Beschlagnahme auf bewegliche Sachen erstreckt, über einzelne Stücke innerhalb der Grenzen einer ordnungsmäßigen Wirtschaft auch dem Gläubiger gegenüber wirksam verfügen.

Kommt es bei einer gegen die Beschlagnahme verstoßenden Verfügung nach § 135 Abs. 2 des Bürgerlichen Gesetzbuchs darauf an, ob derjenige, zu dessen Gunsten verfügt wurde, die Beschlagnahme kannte, so steht die Kenntnis des Versteigerungsantrags einer Kenntnis der Beschlagnahme gleich. Die Beschlagnahme gilt auch in Ansehung der mithaftenden beweglichen Sachen als bekannt, sobald der Versteigerungsvermerk eingetragen ist.

§ 24. Die Verwaltung und Benutzung des Grundstücks verbleibt dem Schuldner nur innerhalb der Grenzen einer ordnungsmäßigen Wirtschaft.

§ 25. Ist zu besorgen, daß durch das Verhalten des Schuldners die ordnungsmäßige Wirtschaft gefährdet wird, so hat das Vollstreckungsgericht auf Antrag des Gläubigers die zur Abwendung der Gefährdung erforderlichen Maßregeln anzuordnen. Das Gericht kann die Maßregeln aufheben, wenn der zu deren Fortsetzung erforderliche Geldbetrag nicht vorgeschossen wird.

§ 26. Ist die Zwangsversteigerung wegen des Anspruchs aus einem eingetragenen Rechte angeordnet, so hat eine nach der Beschlagnahme bewirkte Veräußerung des Grundstücks auf den Fortgang des Verfahrens gegen den Schuldner keinen Einfluß.

§ 27. Wird nach der Anordnung der Zwangsversteigerung ein weiterer Antrag auf Zwangsversteigerung des Grundstücks gestellt, so erfolgt statt des Versteigerungsbeschlusses die Anordnung, daß der Beitritt des Antragstellers zu dem Verfahren zugelassen wird. Eine Eintragung dieser Anordnung in das Grundbuch findet nicht statt.

Der Gläubiger, dessen Beitritt zugelassen ist, hat dieselben Rechte, wie wenn auf seinen Antrag die Versteigerung angeordnet wäre.

II. Aufhebung und einstweilige Einstellung des Verfahrens.

§ 28. Wird dem Vollstreckungsgericht ein aus dem Grundbuch ersichtliches Recht bekannt, welches der Zwangsversteigerung oder der Fortsetzung des Verfahrens entgegensteht, so hat das Gericht das Verfahren entweder sofort aufzuheben oder unter Bestimmung einer Frist, binnen welcher der Gläubiger die Hebung des Hindernisses nachzuweisen hat, einstweilen einzustellen. Im letzteren Falle ist das Verfahren nach dem Ablaufe der Frist aufzuheben, wenn nicht inzwischen der Nachweis erbracht ist.

§ 29. Das Verfahren ist aufzuheben, wenn der Versteigerungsantrag von dem Gläubiger zurückgenommen wird.

§ 30. Das Verfahren ist einstweilen einzustellen, wenn der Gläubiger die Einstellung bewilligt; ist die Einstellung erfolgt, so gilt eine neue Bewilligung als Rücknahme des Versteigerungsantrags.

Der Bewilligung der Einstellung steht es gleich, wenn von dem Gläubiger die Aufhebung des Versteigerungstermins bewilligt wird.

§ 31. Im Falle einer einstweiligen Einstellung darf das Verfahren, soweit sich nicht aus dem Gesetz ein anderes ergibt, nur auf Antrag des Gläubigers fortgesetzt werden.

Wird der Antrag nicht binnen sechs Monaten gestellt, so ist das Verfahren aufzuheben. Die Frist beginnt, wenn die Einstellung von dem Prozeßgericht angeordnet war, mit der Wiederaufhebung der Anordnung, in den übrigen Fällen mit der Einstellung des Verfahrens.

§ 32. Der Beschluß, durch welchen das Verfahren aufgehoben oder einstweilen eingestellt wird, ist dem Schuldner, dem Gläubiger und, wenn die Anordnung von einem Dritten beantragt war, auch diesem zuzustellen.

§ 33. Nach dem Schlusse der Versteigerung darf, wenn ein

Grund zur Aufhebung oder zur einstweiligen Einstellung des Verfahrens oder zur Aufhebung des Termins vorliegt, die Entscheidung nur durch Versagung des Zuschlags gegeben werden.

§ 34. Im Falle der Aufhebung des Verfahrens ist das Grundbuchamt um Löschung des Versteigerungsvermerkes zu ersuchen.

III. Bestimmung des Versteigerungstermins.

§ 35. Die Versteigerung wird durch das Vollstreckungsgericht ausgeführt.

§ 36. Der Versteigerungstermin soll erst nach der Beschlagnahme des Grundstücks und nach dem Eingange der Mitteilungen des Grundbuchamts bestimmt werden.

Der Zeitraum zwischen der Anberaumung des Termins und dem Termine soll, wenn nicht besondere Gründe vorliegen, nicht mehr als sechs Monate betragen.

Der Termin kann nach dem Ermessen des Gerichts an der Gerichtsstelle oder an einem anderen Orte im Gerichtsbezirk abgehalten werden.

§ 37. Die Terminsbestimmung muß enthalten:

1. die Bezeichnung des Grundstücks;
2. Zeit und Ort des Versteigerungstermins;
3. die Angabe, daß die Versteigerung im Wege der Zwangsvollstreckung erfolgt;
4. die Aufforderung, Rechte, soweit sie zur Zeit der Eintragung des Versteigerungsvermerkes aus dem Grundbuche nicht ersichtlich waren, spätestens im Versteigerungstermine vor der Aufforderung zur Abgabe von Geboten anzumelden und, wenn der Gläubiger widerspricht, glaubhaft zu machen, widrigenfalls die Rechte bei der Feststellung des geringsten Gebots nicht berücksichtigt und bei der Verteilung des Versteigerungserlöses dem Anspruche des Gläubigers und den übrigen Rechten nachgesetzt werden würden;
5. die Aufforderung an diejenigen, welche ein der Versteigerung entgegenstehendes Recht haben, vor der Erteilung des Zuschlags die Aufhebung oder einstweilige Einstellung des Verfahrens herbeizuführen, widrigen-

falls für das Recht der Versteigerungserlös an die Stelle des versteigerten Gegenstandes treten würde.

§ 38. Die Terminsbestimmung soll die Bezeichnung des zur Zeit der Eintragung des Versteigerungsvermerkes eingetragenen Eigentümers sowie die Angabe des Grundbuchblatts und der Größe des Grundstücks enthalten.

§ 39. Die Terminsbestimmung muß durch einmalige Einrückung in das für Bekanntmachungen des Gerichts bestimmte Blatt öffentlich bekannt gemacht werden.

Hat das Grundstück nur einen geringen Wert, so kann das Gericht anordnen, daß die Einrückung unterbleibt; in diesem Falle muß die Bekanntmachung dadurch erfolgen, daß die Terminsbestimmung in der Gemeinde, in deren Bezirke das Grundstück belegen ist, an die für amtliche Bekanntmachungen bestimmte Stelle angeheftet wird.

§ 40. Die Terminsbestimmung soll an die Gerichtstafel angeheftet werden. Ist das Gericht nach § 2 Abs. 2 zum Vollstreckungsgerichte bestellt, so soll die Anheftung auch bei den übrigen Gerichten bewirkt werden.

Das Gericht ist befugt, noch andere und wiederholte Veröffentlichungen zu veranlassen; bei der Ausübung dieser Befugnis ist insbesondere auf den Ortsgebrauch Rücksicht zu nehmen.

§ 41. Die Terminsbestimmung ist den Beteiligten zuzustellen.

Im Laufe der zweiten Woche vor dem Termine soll den Beteiligten mitgeteilt werden, auf wessen Antrag und wegen welcher Ansprüche die Versteigerung erfolgt.

Als Beteiligte gelten auch diejenigen, welche das angemeldete Recht noch glaubhaft zu machen haben.

§ 42. Die Einsicht der Mitteilungen des Grundbuchamts sowie der erfolgten Anmeldungen ist jedem gestattet.

Das gleiche gilt von anderen das Grundstück betreffenden Nachweisungen, welche ein Beteiligter einreicht, insbesondere von Abschätzungen.

§ 43. Der Versteigerungstermin ist aufzuheben und von neuem zu bestimmen, wenn die Bekanntmachung der Terminsbestimmung nicht sechs Wochen vor dem Termine bewirkt ist.

Das gleiche gilt, wenn nicht zwei Wochen vor dem Termine dem Schuldner ein Beschluß, auf Grund dessen die Versteigerung erfolgen kann, und allen Beteiligten, die schon zur

Zeit der Anberaumung des Termins dem Gerichte bekannt waren, die Terminsbestimmung zugestellt ist, es sei denn, daß derjenige, in Ansehung dessen die Frist nicht eingehalten ist, das Verfahren genehmigt.

IV. Geringstes Gebot. Versteigerungsbedingungen.

§ 44. Bei der Versteigerung wird nur ein solches Gebot zugelassen, durch welches die dem Anspruche des Gläubigers vorgehenden Rechte sowie die aus dem Versteigerungserlöse zu entnehmenden Kosten des Verfahrens gedeckt werden (geringstes Gebot).

Wird das Verfahren wegen mehrerer Ansprüche von verschiedenem Range betrieben, so darf der vorgehende Anspruch der Feststellung des geringsten Gebots nur dann zugrunde gelegt werden, wenn der wegen dieses Anspruchs ergangene Beschluß dem Schuldner zwei Wochen vor dem Versteigerungstermine zugestellt ist.

§ 45. Ein Recht ist bei der Feststellung des geringsten Gebots insoweit, als es zur Zeit der Eintragung des Versteigerungsvermerkes aus dem Grundbuch ersichtlich war, nach dem Inhalte des Grundbuchs, im übrigen nur dann zu berücksichtigen, wenn es rechtzeitig angemeldet und, falls der Gläubiger widerspricht, glaubhaft gemacht wird.

Von wiederkehrenden Leistungen, die nach dem Inhalte des Grundbuchs zu entrichten sind, brauchen die laufenden Beträge nicht angemeldet, die rückständigen nicht glaubhaft gemacht zu werden.

§ 46. Für wiederkehrende Leistungen, die nicht in Geld bestehen, hat das Gericht einen Geldbetrag festzusetzen, auch wenn ein solcher nicht angemeldet ist.

§ 47. Laufende Beträge regelmäßig wiederkehrender Leistungen sind für die Zeit bis zum Ablaufe von zwei Wochen nach dem Versteigerungstermine zu decken. Nicht regelmäßig wiederkehrende Leistungen werden mit den Beträgen berücksichtigt, welche vor dem Ablaufe dieser Frist zu entrichten sind.

§ 48. Bedingte Rechte sind wie unbedingte, Rechte, die durch Eintragung eines Widerspruchs oder einer Vormerkung gesichert sind, wie eingetragene Rechte zu berücksichtigen.

§ 49. Der Teil des geringsten Gebots, welcher zur Deckung der Kosten sowie der im § 10 Nr. 1 bis 3 und im § 12 Nr. 1, 2 bezeichneten Ansprüche bestimmt ist, desgleichen der das geringste Gebot übersteigende Betrag des Meistgebots ist von dem Ersteher im Verteilungstermine bar zu berichtigen (Bargebot).

Das Bargebot ist von dem Zuschlag an zu verzinsen.

Der Ersteher wird durch Hinterlegung von seiner Verbindlichkeit befreit, wenn die Hinterlegung und die Ausschließung der Rücknahme im Verteilungstermine nachgewiesen werden.

§ 50. Soweit eine bei der Feststellung des geringsten Gebots berücksichtigte Hypothek, Grundschuld oder Rentenschuld nicht besteht, hat der Ersteher außer dem Bargebot auch den Betrag des berücksichtigten Kapitals zu zahlen. In Ansehung der Verzinslichkeit, des Zinssatzes, der Zahlungszeit, der Kündigung und des Zahlungsorts bleiben die für das berücksichtigte Recht getroffenen Bestimmungen maßgebend.

Das gleiche gilt:

1. wenn das Recht bedingt ist und die aufschiebende Bedingung ausfällt oder die auflösende Bedingung eintritt;
2. wenn das Recht noch an einem anderen Grundstücke besteht und an dem versteigerten Grundstücke nach den besonderen Vorschriften über die Gesamthypothek erlischt.

Haftet der Ersteher im Falle des Abs. 2 Nr. 2 zugleich persönlich, so ist die Erhöhung des zu zahlenden Betrags ausgeschlossen, soweit der Ersteher nicht bereichert ist.

§ 51. Ist das berücksichtigte Recht nicht eine Hypothek, Grundschuld oder Rentenschuld, so finden die Vorschriften des § 50 entsprechende Anwendung. Der Ersteher hat statt des Kapitals den Betrag, um welchen sich der Wert des Grundstücks erhöht, drei Monate nach erfolgter Kündigung zu zahlen und von dem Zuschlag an zu verzinsen.

Der Betrag soll von dem Gerichte bei der Feststellung des geringsten Gebots bestimmt werden.

§ 52. Ein Recht bleibt insoweit bestehen, als es bei der Feststellung des geringsten Gebots berücksichtigt und nicht durch Zahlung zu decken ist. Im übrigen erlöschen die Rechte.

Das Recht auf eine der in den §§ 912 bis 917 des

Bürgerlichen Gesetzbuchs bezeichneten Renten bleibt auch dann bestehen, wenn es bei der Feststellung des geringsten Gebots nicht berücksichtigt ist.

§ 53. Haftet bei einer Hypothek, die bestehen bleibt, der Schuldner zugleich persönlich, so übernimmt der Ersteher die Schuld in Höhe der Hypothek; die Vorschriften des § 416 des Bürgerlichen Gesetzbuchs finden mit der Maßgabe entsprechende Anwendung, daß als Veräußerer im Sinne dieser Vorschriften der Schuldner anzusehen ist.

Das gleiche gilt, wenn bei einer Grundschuld oder Rentenschuld, die bestehen bleibt, der Schuldner zugleich persönlich haftet, sofern er spätestens im Versteigerungstermine vor der Aufforderung zur Abgabe von Geboten die gegen ihn bestehende Forderung unter Angabe ihres Betrags und Grundes angemeldet und auf Verlangen des Gerichts oder eines Beteiligten glaubhaft gemacht hat.

§ 54. Die von dem Gläubiger dem Eigentümer oder von diesem dem Gläubiger erklärte Kündigung einer Hypothek, einer Grundschuld oder einer Rentenschuld ist dem Ersteher gegenüber nur wirksam, wenn sie spätestens in dem Versteigerungstermine vor der Aufforderung zur Abgabe von Geboten erfolgt und bei dem Gericht angemeldet worden ist.

Das gleiche gilt von einer aus dem Grundbuche nicht ersichtlichen Tatsache, infolge deren der Anspruch vor der Zeit geltend gemacht werden kann.

§ 55. Die Versteigerung des Grundstücks erstreckt sich auf alle Gegenstände, deren Beschlagnahme noch wirksam ist.

Auf Zubehörstücke, die sich im Besitze des Schuldners oder eines neu eingetretenen Eigentümers befinden, erstreckt sich die Versteigerung auch dann, wenn sie einem Dritten gehören, es sei denn, daß dieser sein Recht nach Maßgabe des § 37 Nr. 5 geltend gemacht hat.

§ 56. Die Gefahr des zufälligen Unterganges geht in Ansehung des Grundstücks mit dem Zuschlag, in Ansehung der übrigen Gegenstände mit dem Schlusse der Versteigerung auf den Ersteher über. Von dem Zuschlag an gebühren dem Ersteher die Nutzungen und trägt er die Lasten. Ein Anspruch auf Gewährleistung findet nicht statt.

§ 57. Ist das Grundstück einem Mieter oder Pächter überlassen, so finden die Vorschriften der §§ 571, 572, des § 573 Satz 1 und der §§ 574, 575 des Bürgerlichen Gesetzbuchs nach Maßgabe der §§ 57 a und 57 b entsprechende Anwendung.

§ 57 a. Der Ersteher ist berechtigt, das Miet- oder Pachtverhältnis unter Einhaltung der gesetzlichen Frist zu kündigen. Die Kündigung ist ausgeschlossen, wenn sie nicht für den ersten Termin erfolgt, für den sie zulässig ist.

§ 57 b. Soweit nach den Vorschriften des § 573 Satz 1 und der §§ 574, 575 des Bürgerlichen Gesetzbuchs für die Wirkung von Verfügungen und Rechtsgeschäften über den Miet- oder Pachtzins der Uebergang des Eigentums in Betracht kommt, ist an dessen Stelle die Beschlagnahme des Grundstücks maßgebend. Ist dem Mieter oder Pächter der Beschluß, durch den die Zwangsversteigerung angeordnet wird, zugestellt, so gilt mit der Zustellung die Beschlagnahme als dem Mieter oder Pächter bekannt; die Zustellung erfolgt auf Antrag des Gläubigers an die von ihm bezeichneten Personen. Dem Beschlusse soll eine Belehrung über die Bedeutung der Beschlagnahme für den Mieter oder Pächter beigefügt werden. Das Gericht hat auf Antrag des Gläubigers zur Feststellung der Mieter und Pächter eines Grundstücks Ermittelungen zu veranlassen; es kann damit einen Gerichtsvollzieher oder einen sonstigen Beamten beauftragen, auch die zuständige örtliche Behörde um Mitteilung der ihr bekannten Mieter und Pächter ersuchen.

Der Beschlagnahme zum Zwecke der Zwangsversteigerung steht die Beschlagnahme zum Zwecke der Zwangsverwaltung gleich, wenn sie bis zum Zuschlag fortgedauert hat. Ist dem Mieter oder Pächter der Beschluß, durch den ihm verboten wird, an den Schuldner zu zahlen, zugestellt, so gilt mit der Zustellung die Beschlagnahme als dem Mieter oder Pächter bekannt.

Auf Verfügungen und Rechtsgeschäfte des Zwangsverwalters finden diese Vorschriften keine Anwendung.

§ 58. Die Kosten des Beschlusses, durch welchen der Zuschlag erteilt wird, fallen dem Ersteher zur Last.

§ 59. Jeder Beteiligte kann eine von den gesetzlichen Vorschriften abweichende Feststellung des geringsten Gebots und der Versteigerungsbedingungen verlangen. Wird durch die

Abweichung das Recht eines anderen Beteiligten beeinträchtigt, so ist dessen Zustimmung erforderlich.

Sofern nicht feststeht, ob das Recht durch die Abweichung beeinträchtigt wird, ist das Grundstück mit der verlangten Abweichung und ohne sie auszubieten.

Soll das Fortbestehen eines Rechtes bestimmt werden, das nach § 52 erlöschen würde, so bedarf es nicht der Zustimmung eines nachstehenden Beteiligten.

§ 60. Jeder Beteiligte kann verlangen, daß für den das geringste Gebot übersteigenden Betrag des Meistgebots Zahlungsfristen als Versteigerungsbedingung festgestellt werden; die Zustimmung eines anderen Beteiligten ist nicht erforderlich. Soweit Zahlungsfristen bewilligt werden, ist das Gebot von dem Zuschlag an zu verzinsen.

§ 61. Im Falle des § 60 ist auf Antrag eines Beteiligten, dessen Recht durch die Bewilligung von Zahlungsfristen beeinträchtigt werden würde, das Grundstück mit Zahlungsfristen und ohne sie auszubieten. Der Zuschlag wird auf Grund des mit Zahlungsfristen erfolgten Ausgebots nur erteilt, wenn ein Dritter unter Sicherheitsleistung sich verpflichtet, die dem Ersteher obliegende Zahlung vollständig oder mit einem Abzug im Verteilungstermine zu bewirken, und wenn im Falle eines Abzugs nach dessen Abrechnung das Meistgebot mit Zahlungsfristen höher ist als das andere Meistgebot.

In Ansehung der Verpflichtung des Dritten finden die Vorschriften des § 53, in Ansehung der Sicherheitsleistung die Vorschriften des § 69 entsprechende Anwendung. Die Sicherheitsleistung ist nicht erforderlich, wenn für ein eigenes Gebot des Dritten Sicherheitsleistung nicht verlangt werden könnte.

Wird der Dritte bei der Erteilung des Zuschlags für zahlungspflichtig erklärt, so tritt die Forderung gegen den Dritten als Versteigerungserlös an die Stelle der Forderung gegen den Ersteher; die Forderung gegen den Ersteher steht dem Dritten zu.

§ 62. Das Gericht kann schon vor dem Versteigerungstermin Erörterungen der Beteiligten über das geringste Gebot und die Versteigerungsbedingungen veranlassen, zu diesem Zwecke auch einen besonderen Termin bestimmen.

§ 63. Mehrere in demselben Verfahren zu versteigernde Grundstücke sind einzeln auszubieten.

Jeder Beteiligte kann verlangen, daß neben dem Einzelausgebot alle Grundstücke und, sofern einige von ihnen mit einem und demselben Rechte belastet sind, auch diese Grundstücke zusammen ausgeboten werden. Auf Antrag kann das Gericht auch in anderen Fällen das Gesamtausgebot einiger der Grundstücke anordnen.

Das Gesamtausgebot kann vor oder nach dem Einzelausgebot erfolgen.

Wird bei dem Einzelausgebot auf eines der Grundstücke ein Meistgebot abgegeben, das mehr beträgt als das geringste Gebot für dieses Grundstück, so erhöht sich bei dem Gesamtausgebote das geringste Gebot um den Mehrbetrag. Der Zuschlag wird auf Grund des Gesamtausgebots nur erteilt, wenn das Meistgebot höher ist als das Gesamtergebnis der Einzelausgebote.

Das Einzelausgebot unterbleibt, wenn die anwesenden Beteiligten zustimmen, deren Rechte bei der Feststellung des geringsten Gebots nicht zu berücksichtigen sind.

§ 64. Werden mehrere Grundstücke, die mit einer dem Anspruche des Gläubigers vorgehenden Gesamthypothek belastet sind, in demselben Verfahren versteigert, so ist auf Antrag die Gesamthypothek bei der Feststellung des geringsten Gebots für das einzelne Grundstück nur zu dem Teilbetrage zu berücksichtigen, der dem Verhältnisse des Wertes des Grundstücks zu dem Werte der sämtlichen Grundstücke entspricht; der Wert wird unter Abzug der Belastungen berechnet, die der Gesamthypothek im Range vorgehen und bestehen bleiben. Antragsberechtigt sind der Gläubiger, der Eigentümer und jeder dem Hypothekengläubiger gleich- oder nachstehende Beteiligte.

Wird der im Abs. 1 bezeichnete Antrag gestellt, so kann der Hypothekengläubiger bis zum Schlusse der Verhandlung im Versteigerungstermine verlangen, daß bei der Feststellung des geringsten Gebots für die Grundstücke nur die seinem Anspruche vorgehenden Rechte berücksichtigt werden; in diesem

Falle sind die Grundstücke auch mit der verlangten Abweichung auszubieten. Erklärt sich nach erfolgtem Ausgebote der Hypothekengläubiger der Aufforderung des Gerichts ungeachtet nicht darüber, welches Ausgebot für die Erteilung des Zuschlags maßgebend sein soll, so verbleibt es bei der auf Grund des Abs. 1 erfolgten Feststellung des geringsten Gebots.

Diese Vorschriften finden entsprechende Anwendung, wenn die Grundstücke mit einer und derselben Grundschuld oder Rentenschuld belastet sind.

§ 65. Das Gericht kann auf Antrag anordnen, daß eine Forderung oder eine bewegliche Sache von der Versteigerung des Grundstücks ausgeschlossen und besonders versteigert werden soll. Auf Antrag kann auch eine andere Art der Verwertung angeordnet, insbesondere zur Einziehung einer Forderung ein Vertreter bestellt oder die Forderung einem Beteiligten mit dessen Zustimmung an Zahlungs Statt überwiesen werden. Die Vorschriften der §§ 817, 820, 835 der Zivilprozeßordnung finden entsprechende Anwendung. Der Erlös ist zu hinterlegen.

Die besondere Versteigerung oder die anderweitige Verwertung ist nur zulässig, wenn das geringste Gebot erreicht ist.

V. Versteigerung.

§ 66. In dem Versteigerungstermine werden nach dem Aufrufe der Sache die das Grundstück betreffenden Nachweisungen, die das Verfahren betreibenden Gläubiger, deren Ansprüche, die Zeit der Beschlagnahme und die erfolgten Anmeldungen bekannt gemacht, hierauf das geringste Gebot und die Versteigerungsbedingungen nach Anhörung der anwesenden Beteiligten, nötigenfalls mit Hilfe eines Rechnungsverständigen, unter Bezeichnung der einzelnen Rechte festgestellt und die erfolgten Feststellungen verlesen.

Nachdem dies geschehen, hat das Gericht auf die bevorstehende Ausschließung weiterer Anmeldungen hinzuweisen und sodann zur Abgabe von Geboten aufzufordern.

§ 67. Ein Beteiligter, dessen Recht durch Nichterfüllung des Gebots beeinträchtigt werden würde, kann Sicherheitsleistung verlangen, jedoch nur sofort nach Abgabe des Gebots. Das Verlangen gilt auch für weitere Gebote desselben Bieters.

Steht dem Bieter eine durch das Gebot ganz oder teilweise gedeckte Hypothek, Grundschuld oder Rentenschuld zu, so braucht er Sicherheit nur auf Verlangen des Gläubigers zu leisten. Auf Gebote des Schuldners oder eines neu eingetretenen Eigentümers findet diese Vorschrift keine Anwendung.

Für ein Gebot des Reichs, der Reichsbank oder eines Bundesstaats kann Sicherheitsleistung nicht verlangt werden. Das gleiche gilt in Ansehung eines Gebots, zu dessen Erfüllung sich nach § 61 ein Dritter verpflichtet hat.

§ 68. Die Sicherheit ist für ein Zehntel des Bargebots, wenn aber der Betrag der aus dem Versteigerungserlöse zu entnehmenden Kosten höher ist, für diesen Betrag zu leisten.

Ein Beteiligter, dessen Recht nach § 52 bestehen bleibt, kann Sicherheitsleistung bis zur Höhe des Betrags verlangen, welcher zur Deckung der seinem Rechte vorgehenden Ansprüche durch Zahlung zu berichtigen ist.

Bietet der Schuldner oder ein neu eingetretener Eigentümer des Grundstücks, so kann der Gläubiger Sicherheitsleistung bis zur Höhe des Betrags verlangen, welcher zur Deckung seines Anspruchs durch Zahlung zu berichtigen ist.

§ 69. Die Sicherheitsleistung ist durch Hinterlegung von Geld oder inländischen Wertpapieren zu bewirken. Wertpapiere sind zur Sicherheitsleistung nur geeignet, wenn sie auf den Inhaber lauten und einen Kurswert haben; den Inhaberpapieren stehen Orderpapiere gleich, die mit Blankoindossament versehen sind. Mit Wertpapieren kann die Sicherheit in Höhe des ganzen Kurswerts geleistet werden.

Die Uebergabe an das Gericht hat die Wirkung der Hinterlegung.

§ 70. Das Gericht hat über die Sicherheitsleistung sofort zu entscheiden.

Erklärt das Gericht die Sicherheit für erforderlich, so ist sie sofort zu leisten. Unterbleibt die Leistung, so ist das Gebot zurückzuweisen.

Wird das Gebot ohne Sicherheitsleistung zugelassen und von dem Beteiligten, welcher die Sicherheit verlangt hat, nicht sofort Widerspruch erhoben, so gilt das Verlangen als zurückgenommen.

§ 71. Ein unwirksames Gebot ist zurückzuweisen.

Ist die Wirksamkeit eines Gebots von der Vertretungsmacht desjenigen, welcher das Gebot für den Bieter abgegeben hat, oder von der Zustimmung eines anderen oder einer Behörde abhängig, so erfolgt die Zurückweisung, sofern nicht die Vertretungsmacht oder die Zustimmung bei dem Gericht offenkundig ist oder durch eine öffentlich beglaubigte Urkunde sofort nachgewiesen wird.

§ 72. Ein Gebot erlischt, wenn ein Uebergebot zugelassen wird und ein Beteiligter der Zulassung nicht sofort widerspricht. Das Uebergebot gilt als zugelassen, wenn es nicht sofort zurückgewiesen wird.

Ein Gebot erlischt auch dann, wenn es zurückgewiesen wird und der Bieter oder ein Beteiligter der Zurückweisung nicht sofort widerspricht.

Das gleiche gilt, wenn das Verfahren einstweilen eingestellt oder der Termin aufgehoben wird.

§ 73. Zwischen der Aufforderung zur Abgabe von Geboten und dem Zeitpunkt, in welchem bezüglich sämtlicher zu versteigernder Grundstücke die Versteigerung geschlossen wird, muß mindestens eine Stunde liegen. Die Versteigerung muß solange fortgesetzt werden, bis der Aufforderung des Gerichts ungeachtet ein Gebot nicht mehr abgegeben wird.

Das Gericht hat das letzte Gebot und den Schluß der Versteigerung zu verkünden. Die Verkündung des letzten Gebots soll mittelst dreimaligen Aufrufs erfolgen.

§ 74. Nach dem Schlusse der Versteigerung sind die anwesenden Beteiligten über den Zuschlag zu hören.

§ 75. Zahlt nach dem Beginne der Versteigerung der Schuldner oder ein Dritter, der berechtigt ist, den Gläubiger zu befriedigen, den zur Befriedigung und zur Deckung der Kosten erforderlichen Betrag an das Gericht, so wird das Verfahren einstweilen eingestellt.

§ 76. Wird bei der Versteigerung mehrerer Grundstücke auf eines oder einige so viel geboten, daß der Anspruch des Gläubigers gedeckt ist, so wird das Verfahren in Ansehung der übrigen Grundstücke einstweilen eingestellt; die Einstellung unterbleibt, wenn sie dem berechtigten Interesse des Gläubigers widerspricht.

Ist die einstweilige Einstellung erfolgt, so kann der Gläubiger die Fortsetzung des Verfahrens verlangen, wenn er ein berechtigtes Interesse daran hat, insbesondere wenn er im Verteilungstermine nicht befriedigt worden ist. Beantragt der Gläubiger die Fortsetzung nicht vor dem Ablaufe von drei Monaten nach dem Verteilungstermine, so gilt der Versteigerungsantrag als zurückgenommen.

§ 77. Ist ein Gebot nicht abgegeben oder sind sämtliche Gebote erloschen, so wird das Verfahren einstweilen eingestellt.

Bleibt die Versteigerung in einem zweiten Termine gleichfalls ergebnislos, so wird das Verfahren aufgehoben. Liegen die Voraussetzungen für die Anordnung der Zwangsverwaltung vor, so kann auf Antrag des Gläubigers das Gericht anordnen, daß das Verfahren als Zwangsverwaltung fortgesetzt wird. In einem solchen Falle bleiben die Wirkungen der für die Zwangsversteigerung erfolgten Beschlagnahme bestehen; die Vorschrift des § 155 Abs. 1 findet jedoch auf die Kosten der Zwangsversteigerung keine Anwendung.

§ 78. Vorgänge in dem Termine, die für die Entscheidung über den Zuschlag oder für das Recht eines Beteiligten in Betracht kommen, sind durch das Protokoll festzustellen; bleibt streitig, ob oder für welches Gebot der Zuschlag zu erteilen ist, so ist das Sachverhältnis mit den gestellten Anträgen in das Protokoll aufzunehmen.

VI. Entscheidung über den Zuschlag.

§ 79. Bei der Beschlußfassung über den Zuschlag ist das Gericht an eine Entscheidung, die es vorher getroffen hat, nicht gebunden.

§ 80. Vorgänge in dem Versteigerungstermine, die nicht aus dem Protokoll ersichtlich sind, werden bei der Entscheidung über den Zuschlag nicht berücksichtigt.

§ 81. Der Zuschlag ist dem Meistbietenden zu erteilen.

Hat der Meistbietende das Recht aus dem Meistgebot an einen anderen abgetreten und dieser die Verpflichtung aus dem Meistgebot übernommen, so ist, wenn die Erklärungen im Versteigerungstermin abgegeben oder nachträglich durch öffentlich beglaubigte Urkunden nachgewiesen werden, der Zuschlag nicht dem Meistbietenden, sondern dem anderen zu erteilen.

Erklärt der Meistbietende im Termin oder nachträglich in einer öffentlich beglaubigten Urkunde, daß er für einen anderen geboten habe, so ist diesem der Zuschlag zu erteilen, wenn die Vertretungsmacht des Meistbietenden oder die Zustimmung des anderen entweder bei dem Gericht offenkundig ist oder durch eine öffentlich beglaubigte Urkunde nachgewiesen wird.

Wird der Zuschlag erteilt, so haften der Meistbietende und der Ersteher als Gesamtschuldner.

§ 82. In dem Beschlusse, durch welchen der Zuschlag erteilt wird, sind das Grundstück, der Ersteher, das Gebot und die Versteigerungsbedingungen zu bezeichnen; auch ist im Falle des § 61 der Dritte, welcher die Verpflichtung des Erstehers übernommen hat, unter Angabe seiner Schuld für zahlungspflichtig und im Falle des § 81 Abs. 4 der Meistbietende für mithaftend zu erklären.

§ 83. Der Zuschlag ist zu versagen:

1. wenn die Vorschrift des § 43 Abs. 2 oder eine der Vorschriften über die Feststellung des geringsten Gebots oder der Versteigerungsbedingungen verletzt ist;
2. wenn bei der Versteigerung mehrerer Grundstücke das Einzelangebot oder das Gesamtausgebot den Vorschriften des § 63 Abs. 1, Abs. 2 Satz 1, Abs. 5 zuwider unterblieben ist;
3. wenn in den Fällen des § 64 Abs. 2 Satz 1, Abs. 3 die Hypothek, Grundschuld oder Rentenschuld oder das Recht eines gleich- oder nachstehenden Beteiligten, der dem Gläubiger vorgeht, durch das Gesamtergebnis der Einzelausgebote nicht gedeckt werden;
4. wenn die nach der Aufforderung zur Abgabe von Geboten erfolgte Anmeldung oder Glaubhaftmachung eines Rechtes ohne Beachtung der Vorschrift des § 66 Abs. 2 zurückgewiesen ist;
5. wenn der Zwangsversteigerung oder der Fortsetzung des Verfahrens das Recht eines Beteiligten entgegensteht;
6. wenn die Zwangsversteigerung oder die Fortsetzung des Verfahrens aus einem sonstigen Grunde unzulässig ist;

7. wenn eine der Vorschriften des § 43 Abs. 1 oder des § 73 Abs. 1 verletzt ist.

§ 84. Die im § 83 Nr. 1 bis 5 bezeichneten Versagungsgründe stehen der Erteilung des Zuschlags nicht entgegen, wenn das Recht des Beteiligten durch den Zuschlag nicht beeinträchtigt wird oder wenn der Beteiligte das Verfahren genehmigt.

Die Genehmigung ist durch eine öffentlich beglaubigte Urkunde nachzuweisen.

§ 85. Der Zuschlag ist zu versagen, wenn vor dem Schlusse der Verhandlung ein Beteiligter, dessen Recht durch den Zuschlag beeinträchtigt werden würde, die Bestimmung eines neuen Versteigerungstermins beantragt und sich zugleich zum Ersatze des durch die Versagung des Zuschlags entstehenden Schadens verpflichtet, auch auf Verlangen eines anderen Beteiligten Sicherheit leistet. Die Vorschriften des § 67 Abs. 3 Satz 1 und des § 69 finden entsprechende Anwendung. Die Sicherheit ist in Höhe des im Verteilungstermine durch Zahlung zu berichtigenden Teiles des bisherigen Meistgebots zu leisten.

Die neue Terminsbestimmung ist auch dem Meistbietenden zuzustellen.

Für die weitere Versteigerung gilt das bisherige Meistgebot mit Zinsen von dem durch Zahlung zu berichtigenden Teile des Meistgebots unter Hinzurechnung derjenigen Mehrkosten, welche aus dem Versteigerungserlöse zu entnehmen sind, als ein von dem Beteiligten abgegebenes Gebot.

In dem fortgesetzten Verfahren findet die Vorschrift des Abs. 1 keine Anwendung.

§ 86. Die rechtskräftige Versagung des Zuschlags wirkt, wenn die Fortsetzung des Verfahrens zulässig ist, wie eine einstweilige Einstellung, anderenfalls wie die Aufhebung des Verfahrens.

§ 87. Der Beschluß, durch welchen der Zuschlag erteilt oder versagt wird, ist in dem Versteigerungstermin oder in einem sofort zu bestimmenden Termine zu verkünden.

Der Verkündungstermin soll nicht über eine Woche hinaus bestimmt werden. Die Bestimmung des Termins ist zu verkünden und durch Anheftung an die Gerichtstafel bekannt zu machen.

Sind nachträglich Tatsachen oder Beweismittel vorgebracht, so sollen in dem Verkündungstermine die anwesenden Beteiligten hierüber gehört werden.

§ 88. Der Beschluß, durch welchen der Zuschlag erteilt wird, ist den Beteiligten, soweit sie weder im Versteigerungstermine noch im Verkündungstermin erschienen sind, und dem Ersteher sowie im Falle des § 61 dem für zahlungspflichtig erklärten Dritten und im Falle des § 81 Abs. 4 dem Meistbietenden zuzustellen. Als Beteiligte gelten auch diejenigen, welche das angemeldete Recht noch glaubhaft zu machen haben.

§ 89. Der Zuschlag wird mit der Verkündung wirksam.

§ 90. Durch den Zuschlag wird der Ersteher Eigentümer des Grundstücks, sofern nicht im Beschwerdewege der Beschluß rechtskräftig aufgehoben wird.

Mit dem Grundstück erwirbt er zugleich die Gegenstände, auf welche sich die Versteigerung erstreckt hat.

§ 91. Durch den Zuschlag erlöschen unter der im § 90 Abs. 1 bestimmten Voraussetzung die Rechte, welche nicht nach den Versteigerungsbedingungen bestehen bleiben sollen.

Ein Recht an dem Grundstücke bleibt jedoch bestehen, wenn dies zwischen dem Berechtigten und dem Ersteher vereinbart ist und die Erklärungen entweder im Verteilungstermin abgegeben oder, bevor das Grundbuchamt um Berichtigung des Grundbuchs ersucht ist, durch eine öffentlich beglaubigte Urkunde nachgewiesen werden.

Im Falle des Abs. 2 vermindert sich der durch Zahlung zu berichtigende Teil des Meistgebots um den Betrag, welcher sonst dem Berechtigten gebühren würde. Im übrigen wirkt die Vereinbarung wie die Befriedigung des Berechtigten aus dem Grundstücke.

§ 92. Erlischt durch den Zuschlag ein Recht, das nicht auf Zahlung eines Kapitals gerichtet ist, so tritt an die Stelle des Rechtes der Anspruch auf Ersatz des Wertes aus dem Versteigerungserlöse.

Der Ersatz für einen Nießbrauch, für eine beschränkte persönliche Dienstbarkeit sowie für eine Reallast von unbestimmter Dauer ist durch Zahlung einer Geldrente zu leisten, die dem Jahreswerte des Rechtes gleichkommt. Der Betrag ist für drei Monate vorauszuzahlen. Der Anspruch auf eine fällig gewordene Zahlung verbleibt dem Berechtigten auch dann, wenn das Recht auf die Rente vor dem Ablaufe der drei Monate erlischt.

Bei ablösbaren Rechten bestimmt sich der Betrag der Ersatzleistung durch die Ablösungssumme.

§ 93. Aus dem Beschlusse, durch welchen der Zuschlag erteilt wird, findet gegen den Besitzer des Grundstücks oder einer mitversteigerten Sache die Zwangsvollstreckung auf Räumung und Herausgabe statt. Die Zwangsvollstreckung soll nicht erfolgen, wenn der Besitzer auf Grund eines Rechtes besitzt, das durch den Zuschlag nicht erloschen ist. Erfolgt gleichwohl die Zwangsvollstreckung, so kann der Besitzer nach Maßgabe des § 771 der Zivilprozeßordnung Widerspruch erheben.

Zum Ersatze von Verwendungen, die vor dem Zuschlage gemacht sind, ist der Ersteher nicht verpflichtet.

§ 94. Auf Antrag eines Beteiligten, der Befriedigung aus dem Bargebote zu erwarten hat, ist das Grundstück für Rechnung des Erstehers in gerichtliche Verwaltung zu nehmen, solange nicht die Zahlung oder Hinterlegung erfolgt ist. Der Antrag kann schon im Versteigerungstermine gestellt werden.

Auf die Bestellung des Verwalters sowie auf dessen Rechte und Pflichten finden die Vorschriften über die Zwangsverwaltung entsprechende Anwendung.

VII. Beschwerde.

§ 95. Gegen eine Entscheidung, die vor der Beschlußfassung über den Zuschlag erfolgt, kann die Beschwerde nur eingelegt werden, soweit die Entscheidung die Anordnung, Aufhebung, einstweilige Einstellung oder Fortsetzung des Verfahrens betrifft.

§ 96. Auf die Beschwerde gegen die Entscheidung über den Zuschlag finden die Vorschriften der Zivilprozeßordnung über die sofortige Beschwerde nur insoweit Anwendung, als nicht in den §§ 97 bis 104 ein anderes vorgeschrieben ist.

§ 97. Die Beschwerde steht im Falle der Erteilung des Zuschlags jedem Beteiligten sowie dem Ersteher und dem für zahlungspflichtig erklärten Dritten, im Falle der Versagung dem Gläubiger zu, in beiden Fällen auch dem Bieter, dessen Gebot nicht erloschen ist, sowie demjenigen, welcher nach § 81 an die Stelle des Bieters treten soll.

Im Falle des § 9 Nr. 2 genügt es, wenn die Anmeldung und Glaubhaftmachung des Rechtes bei dem Beschwerdegericht erfolgt.

§ 98. Die Frist für die Beschwerde gegen einen Beschluß des Vollstreckungsgerichts, durch welchen der Zuschlag versagt wird, beginnt mit der Verkündung des Beschlusses. Das gleiche gilt im Falle der Erteilung des Zuschlags für die Beteiligten, welche im Versteigerungstermin oder im Verkündungstermin erschienen waren.

§ 99. Erachtet das Beschwerdegericht eine Gegenerklärung für erforderlich, so hat es zu bestimmen, wer als Gegner des Beschwerdeführers zuzuziehen ist.

Mehrere Beschwerden sind miteinander zu verbinden.

§ 100. Die Beschwerde kann nur darauf gestützt werden, daß eine der Vorschriften der §§ 81, 83 bis 85 verletzt oder daß der Zuschlag unter anderen als den der Versteigerung zugrunde gelegten Bedingungen erteilt ist.

Auf einen Grund, der nur das Recht eines anderen betrifft, kann weder die Beschwerde noch ein Antrag auf deren Zurückweisung gestützt werden.

Die im § 83 Nr. 6, 7 bezeichneten Versagungsgründe hat das Beschwerdegericht von Amts wegen zu berücksichtigen.

§ 101. Wird die Beschwerde für begründet erachtet, so hat das Beschwerdegericht unter Aufhebung des angefochtenen Beschlusses in der Sache selbst zu entscheiden.

Wird ein Beschluß, durch welchen der Zuschlag erteilt ist, aufgehoben, auf weitere Beschwerde aber für begründet erachtet, so ist unter Aufhebung des Beschlusses des Beschwerdegerichts die gegen die Erteilung des Zuschlags erhobene Beschwerde zurückzuweisen.

§ 102. Hat das Beschwerdegericht den Beschluß, durch welchen der Zuschlag erteilt war, nach der Verteilung des Versteigerungserlöses aufgehoben, so steht die weitere Beschwerde auch denjenigen zu, welchen der Erlös zugeteilt ist.

§ 103. Der Beschluß des Beschwerdegerichts ist, wenn der angefochtene Beschluß aufgehoben oder abgeändert wird, allen Beteiligten und demjenigen Bieter, welchem der Zuschlag verweigert oder erteilt wird, sowie im Falle des § 61 dem für zahlungspflichtig erklärten Dritten und in den Fällen des § 81 Abs. 2, 3 dem Meistbietenden zuzustellen. Wird die Beschwerde zurückgewiesen, so erfolgt die Zustellung des Beschlusses nur an den Beschwerdeführer und den zugezogenen Gegner.

§ 104. Der Beschluß, durch welchen das Beschwerdegericht den Zuschlag erteilt, wird erst mit der Zustellung an den Ersteher wirksam.

VIII. Verteilung des Erlöses.

§ 105. Nach der Erteilung des Zuschlags hat das Gericht einen Termin zur Verteilung des Versteigerungserlöses zu bestimmen.

Die Terminsbestimmung ist den Beteiligten und dem Ersteher sowie im Falle des § 61 dem für zahlungspflichtig erklärten Dritten und in den Fällen des § 81 Abs. 2, 3 dem Meistbietenden zuzustellen. Als Beteiligte gelten auch diejenigen, welche das angemeldete Recht noch glaubhaft zu machen haben.

Die Terminsbestimmung soll an die Gerichtstafel angeheftet werden.

Ist die Terminsbestimmung dem Ersteher und im Falle des § 61 auch dem für zahlungspflichtig erklärten Dritten sowie in den Fällen des § 81 Abs. 2, 3 auch dem Meistbietenden nicht zwei Wochen vor dem Termine zugestellt, so ist der Termin aufzuheben und von neuem zu bestimmen, sofern nicht das Verfahren genehmigt wird.

§ 106. Zur Vorbereitung des Verteilungsverfahrens kann das Gericht in der Terminsbestimmung die Beteiligten auffordern, binnen zwei Wochen eine Berechnung ihrer Ansprüche einzureichen. In diesem Falle hat das Gericht nach dem Ablaufe der Frist den Teilungsplan anzufertigen und ihn spätestens drei Tage vor dem Termin auf der Gerichtsschreiberei zur Einsicht der Beteiligten niederzulegen.

§ 107. In dem Verteilungstermin ist festzustellen, wieviel die zu verteilende Masse beträgt. Zu der Masse gehört auch der Erlös aus denjenigen Gegenständen, welche im Falle des § 65 besonders versteigert oder anderweit verwertet sind.

Die von dem Ersteher im Termine zu leistende Zahlung erfolgt an das Gericht.

Ein Geldbetrag, der zur Sicherheit für das Gebot des Erstehers hinterlegt ist, gilt als gezahlt.

§ 108. Soweit das Bargebot nicht berichtigt wird, hat das Gericht, wenn Wertpapiere zur Sicherheit für das Gebot des Erstehers hinterlegt sind, die Veräußerung der Papiere nach Maßgabe der Vorschriften über die Zwangsvollstreckung anzuordnen. Der Erlös ist nach Anordnung des Gerichts auszuzahlen oder zu hinterlegen.

Ist der Beschluß, durch welchen der Zuschlag erteilt wird, noch nicht rechtskräftig, so soll auf Antrag desjenigen, welcher die Sicherheit geleistet hat, die Veräußerung bis zur Rechtskraft ausgesetzt werden.

§ 109. Aus dem Versteigerungserlöse sind die Kosten des Verfahrens vorweg zu entnehmen, mit Ausnahme der durch die Anordnung des Verfahrens oder den Beitritt eines Gläubigers, durch den Zuschlag oder durch nachträgliche Verteilungsverhandlungen entstehenden Kosten.

Der Ueberschuß wird auf die Rechte, welche durch Zahlung zu decken sind, verteilt.

§ 110. Rechte, die ungeachtet der im § 37 Nr. 4 bestimmten Aufforderung nicht rechtzeitig angemeldet oder glaubhaft gemacht worden sind, stehen bei der Verteilung den übrigen Rechten nach.

§ 111. Ein betagter Anspruch gilt als fällig. Ist der Anspruch unverzinslich, so gebührt dem Berechtigten nur die Summe, welche mit Hinzurechnung der gesetzlichen Zinsen für die Zeit von der Zahlung bis zur Fälligkeit dem Betrage des Anspruchs gleichkommt; solange die Zeit der Fälligkeit ungewiß ist, gilt der Anspruch als aufschiebend bedingt.

§ 112. Ist bei der Versteigerung mehrerer Grundstücke der Zuschlag auf Grund eines Gesamtausgebots erteilt und wird eine Verteilung des Erlöses auf die einzelnen Grundstücke notwendig, so wird aus dem Erlöse zunächst der Betrag entnommen, welcher zur Deckung der Kosten sowie zur Befriedigung derjenigen bei der Feststellung des geringsten Gebots berücksichtigen und durch Zahlung zu deckenden Rechte erforderlich ist, für welche die Grundstücke ungeteilt haften.

Der Ueberschuß wird auf die einzelnen Grundstücke nach dem Verhältnisse des Wertes der Grundstücke verteilt. Dem Ueberschusse wird der Betrag der Rechte, welche nach § 91 nicht erlöschen, hinzugerechnet. Auf den einem Grundstücke zufallenden Anteil am Erlöse wird der Betrag der Rechte, welche an diesem Grundstücke bestehen bleiben, angerechnet. Besteht ein solches Recht an mehreren der versteigerten Grundstücke, so ist bei jedem von ihnen nur ein dem Verhältnisse des Wertes der Grundstücke entsprechender Teilbetrag in Anrechnung zu bringen.

Reicht der nach Abs. 2 auf das einzelne Grundstück entfallende Anteil am Erlöse nicht zur Befriedigung derjenigen Ansprüche aus, welche nach Maßgabe des geringsten Gebots durch Zahlung zu berichtigen sind oder welche durch das bei dem Einzelausgebote für das Grundstück erzielte Meistgebot gedeckt werden, so erhöht sich der Anteil um den Fehlbetrag.

§ 113. In dem Verteilungstermine wird nach Anhörung der anwesenden Beteiligten von dem Gerichte, nötigenfalls mit Hilfe eines Rechnungsverständigen, der Teilungsplan aufgestellt.

In dem Plane sind auch die nach § 91 nicht erlöschenden Rechte anzugeben.

§ 114. In den Teilungsplan sind Ansprüche, soweit ihr Betrag oder ihr Höchstbetrag zur Zeit der Eintragung des Versteigerungsvermerkes aus dem Grundbuch ersichtlich war, nach dem Inhalte des Buches, im übrigen nur dann aufzunehmen, wenn sie spätestens in dem Termin angemeldet sind. Die Ansprüche des Gläubigers gelten als angemeldet, soweit sie sich aus dem Versteigerungsantrag ergeben.

Laufende Beträge wiederkehrender Leistungen, die nach dem Inhalte des Grundbuchs zu entrichten sind, brauchen nicht angemeldet zu werden.

§ 115. Ueber den Teilungsplan wird sofort verhandelt. Auf die Verhandlung sowie auf die Erledigung erhobener

Widersprüche und die Ausführung des Planes finden die §§ 876 bis 882 der Zivilprozeßordnung entsprechende Anwendung.

Ist ein vor dem Termin angemeldeter Anspruch nicht nach dem Antrag in den Plan aufgenommen, so gilt die Anmeldung als Widerspruch gegen den Plan.

Der Widerspruch des Schuldners gegen einen vollstreckbaren Anspruch wird nach den §§ 767, 769, 770 der Zivilprozeßordnung erledigt.

Soweit der Schuldner durch Sicherheitsleistung oder Hinterlegung die Befriedigung eines solchen Anspruchs abwenden darf, unterbleibt die Ausführung des Planes, wenn die Sicherheit geleistet oder die Hinterlegung erfolgt ist.

§ 116. Die Ausführung des Teilungsplans soll bis zur Rechtskraft des Zuschlags ausgesetzt werden, wenn der Ersteher oder im Falle des § 61 der für zahlungspflichtig erklärte Dritte sowie in den Fällen des § 81 Abs. 2, 3 der Meistbietende die Aussetzung beantragt.

§ 117. Soweit der Versteigerungserlös in Geld vorhanden ist, wird der Teilungsplan durch Zahlung an die Berechtigten ausgeführt.

Die Auszahlung an einen im Termine nicht erschienenen Berechtigten ist von Amts wegen anzuordnen. Die Art der Auszahlung bestimmt sich nach den Landesgesetzen. Kann die Auszahlung nicht erfolgen, so ist der Betrag für den Berechtigten zu hinterlegen.

Im Falle der Hinterlegung des Erlöses kann statt der Zahlung eine Anweisung auf den hinterlegten Betrag erteilt werden.

§ 118. Soweit das Bargebot nicht berichtigt wird, ist der Teilungsplan dadurch auszuführen, daß die Forderung gegen den Ersteher auf die Berechtigten übertragen wird; die Uebertragung erfolgt durch Anordnung des Gerichts. Das gleiche gilt, soweit Zahlungsfristen festgesetzt worden sind.

Die Uebertragung wirkt wie die Befriedigung aus dem Grundstücke. Diese Wirkung tritt jedoch im Falle des Abs. 1 Satz 1 nicht ein, wenn vor dem Ablaufe von drei Monaten der Berechtigte dem Gerichte gegenüber den Verzicht auf die Rechte aus der Uebertragung erklärt oder die Zwangsversteigerung beantragt. Wird der Antrag auf Zwangsversteigerung zurückgenommen oder das Verfahren nach § 31 Abs. 2 aufgehoben, so gilt er als nicht gestellt. Im Falle des Verzichts soll das Gericht die Erklärung dem Ersteher sowie demjenigen mitteilen, auf welchen die Forderung infolge des Verzichts übergeht.

§ 119. Wird auf einen bedingten Anspruch ein Betrag zugeteilt, so ist durch den Teilungsplan festzustellen, wie der Betrag anderweit verteilt werden soll, wenn der Anspruch wegfällt.

§ 120. Ist der Anspruch aufschiebend bedingt, so ist der Betrag für die Berechtigten zu hinterlegen. Soweit der Betrag nicht gezahlt ist, wird die Forderung gegen den Ersteher auf die Berechtigten übertragen. Die Hinterlegung sowie die Uebertragung erfolgt für jeden unter der entsprechenden Bedingung.

Während der Schwebezeit gelten für die Anlegung des hinterlegten Geldes, für die Kündigung und Einziehung der übertragenen Forderung sowie für die Anlegung des eingezogenen Geldes die Vorschriften der §§ 1077 bis 1079 des Bürgerlichen Gesetzbuchs; die Art der Anlegung bestimmt derjenige, welchem der Betrag gebührt, wenn die Bedingung ausfällt.

§ 121. In den Fällen des § 92 Abs. 2 ist für den Ersatzanspruch in den Teilungsplan ein Betrag aufzunehmen, welcher der Summe aller künftigen Leistungen gleichkommt, den fünfundzwanzigfachen Betrag einer Jahresleistung jedoch nicht übersteigt; zugleich ist zu bestimmen, daß aus den Zinsen und dem Betrage selbst die einzelnen Leistungen zur Zeit der Fälligkeit zu entnehmen sind.

Die Vorschriften der §§ 119, 120 finden entsprechende Anwendung; die Art der Anlegung des Geldes bestimmt der zunächst Berechtigte.

§ 122. Sind mehrere für den Anspruch eines Beteiligten haftende Grundstücke in demselben Verfahren versteigert worden, so ist, unbeschadet der Vorschrift des § 1132 Abs. 1 Satz 2 des Bürgerlichen Gesetzbuchs, bei jedem einzelnen Grundstücke nur ein nach dem Verhältnisse der Erlöse zu bestimmender Betrag in den Teilungsplan aufzunehmen. Der Erlös wird unter

Abzug des Betrags der Ansprüche berechnet, welche dem Anspruche des Beteiligten vorgehen.

Unterbleibt die Zahlung eines auf den Anspruch des Beteiligten zugeteilten Betrags, so ist der Anspruch bei jedem Grundstück in Höhe dieses Betrags in den Plan aufzunehmen.

§ 123. Soweit auf einen Anspruch, für den auch ein anderes Grundstück haftet, der zugeteilte Betrag nicht gezahlt wird, ist durch den Teilungsplan festzustellen, wie der Betrag anderweit verteilt werden soll, wenn das Recht auf Befriedigung aus dem zugeteilten Betrage nach Maßgabe der besonderen Vorschriften über die Gesamthypothek erlischt.

Die Zuteilung ist dadurch auszuführen, daß die Forderung gegen den Ersteher unter der entsprechenden Bedingung übertragen wird.

§ 124. Im Falle eines Widerspruchs gegen den Teilungsplan ist durch den Plan festzustellen, wie der streitige Betrag verteilt werden soll, wenn der Widerspruch für begründet erklärt wird.

Die Vorschriften des § 120 finden entsprechende Anwendung; die Art der Anlegung bestimmt derjenige, welcher den Anspruch geltend macht.

Das gleiche gilt, soweit nach § 115 Abs. 4 die Ausführung des Planes unterbleibt.

§ 125. Hat der Ersteher außer dem durch Zahlung zu berichtigenden Teile des Meistgebots einen weiteren Betrag nach den §§ 50, 51 zu zahlen, so ist durch den Teilungsplan festzustellen, wem dieser Betrag zugeteilt werden soll. Die Zuteilung ist dadurch auszuführen, daß die Forderung gegen den Ersteher übertragen wird.

Ist ungewiß oder streitig, ob der weitere Betrag zu zahlen ist, so erfolgt die Zuteilung und Uebertragung unter der entsprechenden Bedingung. Die §§ 878 bis 882 der Zivilprozeßordnung finden keine Anwendung.

Die Uebertragung hat nicht die Wirkung der Befriedigung aus dem Grundstücke.

§ 126. Ist für einen zugeteilten Betrag die Person des Berechtigten unbekannt, insbesondere bei einer Hypothek, Grundschuld oder Rentenschuld der Brief nicht vorgelegt, so ist durch den Teilungsplan festzustellen, wie der Betrag verteilt werden soll, wenn der Berechtigte nicht ermittelt wird.

Der Betrag ist für den unbekannten Berechtigten zu hinterlegen. Soweit der Betrag nicht gezahlt wird, ist die Forderung gegen den Ersteher auf den Berechtigten zu übertragen.

§ 127. Wird der Brief über eine infolge der Versteigerung erloschene Hypothek, Grundschuld oder Rentenschuld vorgelegt, so hat das Gericht ihn unbrauchbar zu machen. Ist das Recht nur zum Teil erloschen, so ist dies auf dem Briefe zu vermerken. Wird der Brief nicht vorgelegt, so kann das Gericht ihn von dem Berechtigten einfordern.

Im Falle der Vorlegung eines vollstreckbaren Titels über einen Anspruch, auf welchen ein Betrag zugeteilt wird, hat das Gericht auf dem Titel zu vermerken, in welchem Umfange der Betrag durch Zahlung, Hinterlegung oder Uebertragung gedeckt worden ist.

Der Wortlaut der Vermerke ist durch das Protokoll festzustellen.

§ 128. Soweit für einen Anspruch die Forderung gegen den Ersteher übertragen wird, ist für die Forderung eine Sicherungshypothek an dem Grundstücke mit dem Range des Anspruchs einzutragen. War das Recht, aus welchem der Anspruch herrührt, nach dem Inhalte des Grundbuchs mit dem Rechte eines Dritten belastet, so wird dieses Recht als Recht an der Forderung miteingetragen.

Soweit die Forderung gegen den Ersteher unverteilt bleibt, wird eine Sicherungshypothek für denjenigen eingetragen, welcher zur Zeit des Zuschlags Eigentümer des Grundstücks war.

Mit der Eintragung entsteht die Hypothek. Vereinigt sich die Hypothek mit dem Eigentum in einer Person, so kann sie nicht zum Nachteil eines Rechtes, das bestehen geblieben ist, oder einer nach Abs. 1, 2 eingetragenen Sicherungshypothek geltend gemacht werden.

Wird das Grundstück von neuem versteigert, so ist der zur Deckung der Hypothek erforderliche Betrag bar zu berichtigen.

§ 129. Die Sicherungshypothek für die im § 10 Nr. 1

bis 3 bezeichneten Ansprüche, für die im § 10 Nr. 4 bezeichneten Ansprüche auf wiederkehrende Leistungen und für die im § 10 Abs. 2 bezeichneten Kosten kann nicht zum Nachteile der Rechte, welche bestehen geblieben sind, und der übrigen nach § 128 Abs. 1, 2 eingetragenen Sicherungshypotheken geltend gemacht werden, es sei denn, daß vor dem Ablaufe von sechs Monaten nach der Eintragung derjenige, welchem die Hypothek zusteht, die Zwangsversteigerung des Grundstücks beantragt. Wird der Antrag auf Zwangsversteigerung zurückgenommen oder das Verfahren nach § 31 Abs. 2 aufgehoben, so gilt er als nicht gestellt.

§ 130. Ist der Teilungsplan ausgeführt und der Zuschlag rechtskräftig, so ist das Grundbuchamt zu ersuchen, den Ersteher als Eigentümer einzutragen, den Versteigerungsvermerk sowie die durch den Zuschlag erloschenen Rechte zu löschen und die Eintragung der Sicherungshypotheken für die Forderung gegen den Ersteher zu bewirken. Bei der Eintragung der Hypotheken soll im Grundbuch ersichtlich gemacht werden, daß sie auf Grund eines Zwangsversteigerungsverfahrens erfolgt ist.

Ergibt sich, daß ein bei der Feststellung des geringsten Gebots berücksichtigtes Recht nicht zur Entstehung gelangt oder daß es erloschen ist, so ist das Ersuchen auch auf die Löschung dieses Rechtes zu richten.

Hat der Ersteher, bevor er als Eigentümer eingetragen worden ist, die Eintragung eines Rechtes an dem versteigerten Grundstücke bewilligt, so darf die Eintragung nicht vor der Erledigung des im Abs. 1 bezeichneten Ersuchens erfolgen.

§ 131. In den Fällen des § 130 Abs. 1 ist zur Löschung einer Hypothek, einer Grundschuld oder einer Rentenschuld, im Falle des § 128 zur Eintragung des Vorranges einer Sicherungshypothek die Vorlegung des über das Recht erteilten Briefes nicht erforderlich.

§ 132. Nach der Ausführung des Teilungsplans ist die Forderung gegen den Ersteher und im Falle des § 81 Abs. 4 auch gegen den für mithaftend erklärten Meistbietenden, der Anspruch aus der Sicherungshypothek gegen den Ersteher und jeden späteren Eigentümer vollstreckbar. Diese Vorschrift findet keine Anwendung, soweit der Ersteher einen weiteren Betrag nach den §§ 50, 51 zu zahlen hat.

Die Zwangsvollstreckung erfolgt auf Grund einer vollstreckbaren Ausfertigung des Beschlusses, durch welchen der Zuschlag erteilt ist. In der Vollstreckungsklausel ist der Berechtigte sowie der Betrag der Forderung anzugeben; der Zustellung einer Urkunde über die Uebertragung der Forderung bedarf es nicht.

§ 133. Die Zwangsvollstreckung in das Grundstück ist gegen den Ersteher ohne Zustellung des vollstreckbaren Titels oder der nach § 132 erteilten Vollstreckungsklausel zulässig; sie kann erfolgen, auch wenn der Ersteher noch nicht als Eigentümer eingetragen ist. Der Vorlegung des im § 17 Abs. 2 bezeichneten Zeugnisses bedarf es nicht, solange das Grundbuchamt noch nicht um die Eintragung ersucht ist.

§ 134. Im Falle des § 61 tritt für das Verteilungsverfahren an die Stelle der Forderung gegen den Ersteher die Forderung gegen den für zahlungspflichtig erklärten Dritten. Wird von dem Dritten die ihm obliegende Zahlung im Verteilungstermine bewirkt, so ist für seine Forderung gegen den Ersteher eine Sicherungshypothek an dem versteigerten Grundstück einzutragen. Auf die Hypothek finden die Vorschriften des § 128 Abs. 3 Satz 1, des § 130 Abs. 1 und des § 132 entsprechende Anwendung.

§ 135. Ist für einen zugeteilten Betrag die Person des Berechtigten unbekannt, so hat das Vollstreckungsgericht zur Ermittelung des Berechtigten einen Vertreter zu bestellen. Die Vorschriften des § 7 Abs. 2 finden entsprechende Anwendung. Die Auslagen und Gebühren des Vertreters sind aus dem zugeteilten Betrage vorweg zu entnehmen.

§ 136. Ist der Nachweis des Berechtigten von der Beibringung des Briefes über eine Hypothek, Grundschuld oder Rentenschuld abhängig, so kann der Brief im Wege des Aufgebotsverfahrens auch dann für kraftlos erklärt werden, wenn das Recht bereits gelöscht ist.

§ 137. Wird der Berechtigte nachträglich ermittelt, so ist der Teilungsplan weiter auszuführen.

Liegt ein Widerspruch gegen den Anspruch vor, so ist

derjenige, welcher den Widerspruch erhoben hat, von der Ermittelung des Berechtigten zu benachrichtigen. Die im § 878 der Zivilprozeßordnung bestimmte Frist zur Erhebung der Klage beginnt mit der Zustellung der Benachrichtigung.

§ 138. Wird der Berechtigte nicht vor dem Ablaufe von drei Monaten seit dem Verteilungstermin ermittelt, so hat auf Antrag das Gericht den Beteiligten, welchem der Betrag anderweit zugeteilt ist, zu ermächtigen, das Aufgebotsverfahren zum Zwecke der Ausschließung des unbekannten Berechtigten von der Befriedigung aus dem zugeteilten Betrage zu beantragen.

Wird nach der Erteilung der Ermächtigung der Berechtigte ermittelt, so hat das Gericht den Ermächtigten hiervon zu benachrichtigen. Mit der Benachrichtigung erlischt die Ermächtigung.

§ 139. Das Gericht kann im Falle der nachträglichen Ermittelung des Berechtigten zur weiteren Ausführung des Teilungsplans einen Termin bestimmen. Die Terminsbestimmung ist dem Berechtigten und dessen Vertreter, dem Beteiligten, welchem der Betrag anderweit zugeteilt ist, und demjenigen zuzustellen, welcher zur Zeit des Zuschlags Eigentümer des Grundstücks war.

Liegt ein Widerspruch gegen den Anspruch vor, so erfolgt die Zustellung der Terminsbestimmung auch an denjenigen, welcher den Widerspruch erhoben hat. Die im § 878 der Zivilprozeßordnung bestimmte Frist zur Erhebung der Klage beginnt mit dem Termine.

§ 140. Für das Aufgebotsverfahren ist das Vollstreckungsgericht zuständig.

Der Antragsteller hat zur Begründung des Antrags die ihm bekannten Rechtsnachfolger desjenigen anzugeben, welcher als letzter Berechtigter ermittelt ist.

In dem Aufgebot ist der unbekannte Berechtigte aufzufordern, sein Recht spätestens im Aufgebotstermin anzumelden, widrigenfalls seine Ausschließung von der Befriedigung aus dem zugeteilten Betrag erfolgen werde.

Das Aufgebot ist demjenigen, welcher als letzter Berechtigter ermittelt ist, den angezeigten Rechtsnachfolgern sowie dem Vertreter des unbekannten Berechtigten zuzustellen.

Eine im Vollstreckungsverfahren erfolgte Anmeldung gilt auch für das Aufgebotsverfahren.

Der Antragsteller kann die Erstattung der Kosten des Verfahrens aus dem zugeteilten Betrage verlangen.

§ 141. Nach der Erlassung des Ausschlußurteils hat das Gericht einen Termin zur weiteren Ausführung des Teilungsplans zu bestimmen. Die Terminsbestimmung ist dem Antragsteller und den Personen, welchen Rechte in dem Urteile vorbehalten sind, dem Vertreter des unbekannten Berechtigten sowie demjenigen zuzustellen, welcher zur Zeit des Zuschlags Eigentümer des Grundstücks war.

§ 142. In den Fällen des § 117 Abs. 2 und der §§ 120, 121, 124, 126 erlöschen die Rechte auf den hinterlegten Betrag mit dem Ablaufe von dreißig Jahren, wenn nicht der Empfangsberechtigte sich vorher bei der Hinterlegungsstelle meldet; derjenige, welcher zur Zeit des Zuschlags Eigentümer des Grundstücks war, ist zur Erhebung berechtigt. Die dreißigjährige Frist beginnt mit der Hinterlegung, in den Fällen der §§ 120, 121 mit dem Eintritte der Bedingung, unter welcher die Hinterlegung erfolgt ist.

§ 143. Die Verteilung des Versteigerungserlöses durch das Gericht findet nicht statt, wenn dem Gerichte durch öffentliche oder öffentlich beglaubigte Urkunden nachgewiesen wird, daß sich die Beteiligten über die Verteilung des Erlöses geeinigt haben.

§ 144. Weist der Ersteher oder im Falle des § 61 der für zahlungspflichtig erklärte Dritte dem Gerichte durch öffentliche oder öffentlich beglaubigte Urkunden nach, daß er diejenigen Berechtigten, deren Ansprüche durch das Gebot gedeckt sind, befriedigt hat oder daß er von ihnen als alleiniger Schuldner angenommen ist, so sind auf die Anordnung des Gerichts die Urkunden nebst der Erklärung des Erstehers oder des Dritten zur Einsicht der Beteiligten auf der Gerichtsschreiberei niederzulegen. Die Beteiligten sind von der Niederlegung zu benachrichtigen und aufzufordern, Erinnerungen binnen zwei Wochen geltend zu machen.

Werden Erinnerungen nicht innerhalb der zweiwöchigen Frist erhoben, so beschränkt sich das Verteilungsverfahren auf die Verteilung des Erlöses aus denjenigen Gegenständen, welche im Falle des § 65 besonders versteigert oder anderweit verwertet worden sind.

§ 145. Die Vorschriften des § 105 Abs. 2 Satz 2 und der §§ 127, 130 bis 134 finden in den Fällen der §§ 143, 144 entsprechende Anwendung.

Dritter Titel.

Zwangsverwaltung.

§ 146. Auf die Anordnung der Zwangsverwaltung finden die Vorschriften über die Anordnung der Zwangsversteigerung entsprechende Anwendung, soweit sich nicht aus den §§ 147 bis 151 ein anderes ergibt.

Von der Anordnung sind nach dem Eingange der im § 19 Abs. 2 bezeichneten Mitteilungen des Grundbuchamts die Beteiligten zu benachrichtigen.

§ 147. Wegen des Anspruchs aus einem eingetragenen Rechte findet die Zwangsverwaltung auch dann statt, wenn die Voraussetzungen des § 17 Abs. 1 nicht vorliegen, der Schuldner aber das Grundstück im Eigenbesitze hat.

Der Besitz ist durch Urkunden glaubhaft zu machen, sofern er nicht bei dem Gericht offenkundig ist.

§ 148. Die Beschlagnahme des Grundstücks umfaßt auch die im § 21 Abs. 1, 2 bezeichneten Gegenstände. Die Vorschrift des § 23 Abs. 1 Satz 2 findet keine Anwendung.

Durch die Beschlagnahme wird dem Schuldner die Verwaltung und Benutzung des Grundstücks entzogen.

§ 149. Wohnt der Schuldner zur Zeit der Beschlagnahme auf dem Grundstücke, so sind ihm die für seinen Hausstand unentbehrlichen Räume zu belassen.

Gefährdet der Schuldner oder ein Mitglied seines Hausstandes das Grundstück oder die Verwaltung, so hat auf Antrag das Gericht dem Schuldner die Räumung des Grundstücks aufzugeben.

§ 150. Der Verwalter wird von dem Gerichte bestellt.

Das Gericht hat dem Verwalter durch einen Gerichtsvollzieher oder durch einen sonstigen Beamten das Grundstück zu übergeben oder ihm die Ermächtigung zu erteilen, sich selbst den Besitz zu verschaffen.

§ 151. Die Beschlagnahme wird auch dadurch wirksam, daß der Verwalter nach § 150 den Besitz des Grundstücks erlangt.

Der Beschluß, durch welchen der Beitritt eines Gläubigers zugelassen wird, soll dem Verwalter zugestellt werden; die Beschlagnahme wird zugunsten des Gläubigers auch mit dieser Zustellung wirksam, wenn der Verwalter sich bereits im Besitze des Grundstücks befindet.

Das Zahlungsverbot an den Drittschuldner ist auch auf Antrag des Verwalters zu erlassen.

§ 152. Der Verwalter hat das Recht und die Pflicht, alle Handlungen vorzunehmen, die erforderlich sind, um das Grundstück in seinem wirtschaftlichen Bestande zu erhalten und ordnungsmäßig zu benutzen; er hat die Ansprüche, auf welche sich die Beschlagnahme erstreckt, geltend zu machen und die für die Verwaltung entbehrlichen Nutzungen in Geld umzusetzen.

Ist das Grundstück vor der Beschlagnahme einem Mieter oder Pächter überlassen, so ist der Miet- oder Pachtvertrag auch dem Verwalter gegenüber wirksam.

§ 153. Das Gericht hat den Verwalter nach Anhörung des Gläubigers und des Schuldners mit der erforderlichen Anweisung für die Verwaltung zu versehen, die dem Verwalter zu gewährende Vergütung festzusetzen und die Geschäftsführung zu beaufsichtigen; in geeigneten Fällen ist ein Sachverständiger zuzuziehen.

Das Gericht kann dem Verwalter die Leistung einer Sicherheit auferlegen, gegen ihn Ordnungsstrafen bis zu zweihundert Mark verhängen und ihn entlassen.

[1]) S. hierzu die VO. über Vermögensstr. u. Bußen v. 6. Febr. 1924 (RGBl. 44).

§ 154. Der Verwalter ist für die Erfüllung der ihm obliegenden Verpflichtungen allen Beteiligten gegenüber verantwortlich. Er hat dem Gläubiger und dem Schuldner jährlich und nach der Beendigung der Verwaltung Rechnung zu legen. Die Rechnung ist dem Gericht einzureichen und von diesem dem Gläubiger und dem Schuldner vorzulegen.

§ 155. Aus den Nutzungen des Grundstücks sind die Ausgaben der Verwaltung sowie die Kosten des Verfahrens mit Ausnahme derjenigen, welche durch die Anordnung des Verfahrens oder den Beitritt eines Gläubigers entstehen, vorweg zu bestreiten.

Die Ueberschüsse werden auf die im § 10 Nr. 1 bis 5 bezeichneten Ansprüche verteilt, auf die Ansprüche der zweiten, dritten und vierten Klasse jedoch nur insoweit, als laufende Beträge wiederkehrender Leistungen zu berichtigen sind.

§ 156. Die laufenden Beträge der öffentlichen Lasten sind von dem Verwalter ohne weiteres Verfahren zu berichtigen.

Ist zu erwarten, daß auch auf andere Ansprüche Zahlungen geleistet werden können, so wird nach dem Eingange der im § 19 Abs. 2 bezeichneten Mitteilungen des Grundbuchamts der Verteilungstermin bestimmt. In dem Termine wird der Teilungsplan für die ganze Dauer des Verfahrens aufgestellt. Die Terminsbestimmung ist den Beteiligten sowie dem Verwalter zuzustellen. Die Vorschriften des § 105 Abs. 2 Satz 2, des § 113 Abs. 1 und der §§ 114, 115, 124, 126 finden entsprechende Anwendung.

§ 157. Nach der Feststellung des Teilungsplans hat das Gericht die planmäßige Zahlung der Beträge an die Berechtigten anzuordnen; die Anordnung ist zu ergänzen, wenn nachträglich der Beitritt eines Gläubigers zugelassen wird. Die Auszahlungen erfolgen zur Zeit ihrer Fälligkeit durch den Verwalter, soweit die Bestände hinreichen.

Im Falle der Hinterlegung eines zugeteilten Betrags für den unbekannten Berechtigten ist nach den Vorschriften der §§ 135 bis 141 zu verfahren. Die Vorschriften des § 142 finden Anwendung.

§ 158. Zur Leistung von Zahlungen auf das Kapital einer Hypothek oder Grundschuld oder auf die Ablösungssumme einer Rentenschuld hat das Gericht einen Termin zu bestimmen. Die Terminsbestimmung ist von dem Verwalter zu beantragen.

Soweit der Berechtigte Befriedigung erlangt hat, ist das Grundbuchamt von dem Gericht um die Löschung des Rechtes zu ersuchen. Eine Ausfertigung des Protokolls ist beizufügen; die Vorlegung des über das Recht erteilten Briefes ist zur Löschung nicht erforderlich.

Im übrigen finden die Vorschriften der §§ 117, 127 entsprechende Anwendung.

§ 159. Jeder Beteiligte kann eine Aenderung des Teilungsplans im Wege der Klage erwirken, auch wenn er Widerspruch gegen den Plan nicht erhoben hat.

Eine planmäßig geleistete Zahlung kann auf Grund einer späteren Aenderung des Planes nicht zurückgefordert werden.

§ 160. Die Vorschriften der §§ 143 bis 145 über die außergerichtliche Verteilung finden entsprechende Anwendung.

§ 161. Die Aufhebung des Verfahrens erfolgt durch Beschluß des Gerichts.

Das Verfahren ist aufzuheben, wenn der Gläubiger befriedigt ist.

Das Gericht kann die Aufhebung anordnen, wenn die Fortsetzung des Verfahrens besondere Aufwendungen erfordert und der Gläubiger den nötigen Geldbetrag nicht vorschießt.

Im übrigen finden auf die Aufhebung des Verfahrens die Vorschriften der §§ 28, 29, 32, 34 entsprechende Anwendung.

Zweiter Abschnitt.

Zwangsversteigerung von Schiffen im Wege der Zwangsvollstreckung.

§ 162. Auf die Zwangsversteigerung eines im Schiffsregister eingetragenen Schiffes finden die Vorschriften des ersten Abschnitts entsprechende Anwendung, soweit sich nicht aus den §§ 163 bis 170 ein anderes ergibt.

§ 163. Als Vollstreckungsgericht ist das Amtsgericht zuständig, in dessen Bezirke sich das Schiff befindet.

Für das Verfahren tritt an die Stelle des Grundbuchs das Schiffsregister.

Die Berufsgenossenschaft für die Unfallversicherung und die Versicherungsanstalt für die Invaliditäts- und Altersversicherung gelten als Beteiligte, auch wenn sie eine Forderung nicht angemeldet haben.

§ 164. Die Zwangsversteigerung darf, soweit sich nicht aus den Vorschriften des Handelsgesetzbuchs oder des Gesetzes, betreffend die privatrechtlichen Verhältnisse der Binnenschiffahrt, ein anderes ergibt, nur angeordnet werden, wenn der Schuldner das Schiff im Eigenbesitze hat. Die hiernach zur Begründung des Antrags auf Zwangsversteigerung erforderlichen Tatsachen sind durch Urkunden glaubhaft zu machen, soweit sie nicht bei dem Gericht offenkundig sind. Dem Antrag auf Zwangsversteigerung ist ein Zeugnis der Registerbehörde über die Eintragung des Schiffes in das Schiffsregister beizufügen.

§ 165. Bei der Anordnung der Zwangsversteigerung hat das Gericht zugleich die Bewachung und Verwahrung des Schiffes anzuordnen. Die Beschlagnahme wird auch mit der Vollziehung dieser Anordnung wirksam.

§ 166. Ist gegen den Schiffer auf Grund eines vollstreckbaren Titels, der auch gegenüber dem Reeder oder Schiffseigner wirksam ist, das Verfahren angeordnet, so wirkt die Beschlagnahme zugleich gegen den Reeder oder Schiffseigner.

Der Schiffer gilt in diesem Falle als Beteiligter nur solange, als er das Schiff führt; ein neuer Schiffer gilt als Beteiligter, wenn er sich bei dem Gerichte meldet und seine Angabe auf Verlangen des Gerichts oder eines Beteiligten glaubhaft macht.

§ 167. Die Bezeichnung des Schiffes in der Bestimmung des Versteigerungstermins soll nach dem Schiffsregister erfolgen.

Die Terminsbestimmung muß die Aufforderung an die Schiffsgläubiger und die sonstigen Berechtigten enthalten, ihre Rechte, soweit sie zur Zeit der Eintragung des Versteigerungsvermerkes aus dem Schiffsregister nicht ersichtlich waren, spätestens im Verteilungstermin anzumelden, widrigenfalls die Rechte bei der Verteilung des Versteigerungserlöses nicht berücksichtigt werden würden.

§ 168. Befindet sich der Heimatshafen oder Heimatsort des Schiffes in dem Bezirk eines anderen Gerichts, so soll die Terminsbestimmung auch durch das für Bekanntmachungen dieses Gerichts bestimmte Blatt bekannt gemacht werden.

Die im § 39 Abs. 2 vorgesehene Anordnung ist unzulässig.

§ 169. Die Vorschriften über das geringste Gebot finden keine Anwendung. Das Meistgebot ist in seinem ganzen Betrage durch Zahlung zu berichtigen.

Soweit die Berichtigung nicht im Verteilungstermin erfolgt, ist für die Forderung gegen den Ersteher ein Pfandrecht an dem Schiffe in das Schiffsregister einzutragen. Das Pfandrecht entsteht mit der Eintragung, auch wenn der Ersteher das Schiff inzwischen veräußert hat. Im übrigen finden die Vorschriften des Bürgerlichen Gesetzbuchs über das durch Rechtsgeschäft bestellte Pfandrecht an einem Schiffe Anwendung.

§ 170. An die Stelle der nach § 94 Abs. 1 zulässigen Verwaltung tritt die gerichtliche Bewachung und Verwahrung des versteigerten Schiffes.

Das Gericht hat die getroffenen Maßregeln aufzuheben, wenn der zu ihrer Fortsetzung erforderliche Geldbetrag nicht vorgeschossen wird.

§ 171. Auf die Zwangsversteigerung eines ausländischen Schiffes, das, wenn es ein deutsches Schiff wäre, in das Schiffsregister eingetragen werden müßte, finden die Vorschriften der §§ 162 bis 167, 169, 170 insoweit Anwendung, als sie nicht die Eintragung in das Schiffsregister voraussetzen.

Die Terminsbestimmung soll, soweit es ohne erhebliche Verzögerung des Verfahrens tunlich ist, auch den aus den Schiffspapieren ersichtlichen Schiffsgläubigern und sonstigen Beteiligten zugestellt und, wenn das Schiff im Schiffsregister eines fremden Staates eingetragen ist, der Registerbehörde mitgeteilt werden.

Die Aufhebung der vom Gericht angeordneten Ueberwachung und Verwahrung des Schiffes sowie die Uebergabe an den Ersteher darf erst erfolgen, wenn die Berichtigung des Meistgebots oder die Einwilligung der Beteiligten nachgewiesen wird.

Dritter Abschnitt.

Zwangsversteigerung und Zwangsverwaltung in besonderen Fällen.

§ 172. Wird die Zwangsversteigerung oder die Zwangsverwaltung von dem Konkursverwalter beantragt, so finden die

Vorschriften des ersten und zweiten Abschnitts entsprechende Anwendung, soweit sich nicht aus den §§ 173, 174 ein anderes ergibt.

§ 173. Der Beschluß, durch welchen das Verfahren angeordnet wird, gilt nicht als Beschlagnahme. Im Sinne der §§ 13, 55 ist jedoch die Zustellung des Beschlusses an den Konkursverwalter als Beschlagnahme anzusehen.

§ 174. Hat ein Gläubiger für seine Forderung gegen den Gemeinschuldner ein von dem Konkursverwalter anerkanntes Recht auf Befriedigung aus dem Grundstücke, so kann er bis zum Schlusse der Verhandlung im Versteigerungstermine verlangen, daß bei der Feststellung des geringsten Gebots nur die seinem Anspruche vorgehenden Rechte berücksichtigt werden; in diesem Falle ist das Grundstück auch mit der verlangten Abweichung auszubieten.

§ 175. Hat ein Nachlaßgläubiger für seine Forderung ein Recht auf Befriedigung aus einem zum Nachlasse gehörenden Grundstücke, so kann der Erbe nach der Annahme der Erbschaft die Zwangsversteigerung des Grundstücks beantragen. Zu dem Antrag ist auch jeder andere berechtigt, welcher das Aufgebot der Nachlaßgläubiger beantragen kann.

Diese Vorschriften finden keine Anwendung, wenn der Erbe für die Nachlaßverbindlichkeiten unbeschränkt haftet oder wenn der Nachlaßgläubiger im Aufgebotsverfahren ausgeschlossen ist oder nach den §§ 1974, 1989 des Bürgerlichen Gesetzbuchs einem ausgeschlossenen Gläubiger gleichsteht.

§ 176. Wird die Zwangsversteigerung nach § 175 beantragt, so finden die Vorschriften des ersten und zweiten Abschnitts sowie der §§ 173, 174 entsprechende Anwendung, soweit sich nicht aus den §§ 177, 178 ein anderes ergibt.

§ 177. Der Antragsteller hat die Tatsachen, welche sein Recht zur Stellung des Antrags begründen, durch Urkunden glaubhaft zu machen, soweit sie nicht bei dem Gericht offenkundig sind.

§ 178. Die Zwangsversteigerung soll nicht angeordnet werden, wenn die Eröffnung des Nachlaßkonkurses beantragt ist.

Durch die Eröffnung des Nachlaßkonkurses wird die

Zwangsversteigerung nicht beendigt; für das weitere Verfahren gilt der Konkursverwalter als Antragsteller.

§ 179. Ist ein Nachlaßgläubiger, der verlangen konnte, daß das geringste Gebot nach Maßgabe des § 174 ohne Berücksichtigung seines Anspruchs festgestellt werde, bei der Feststellung des geringsten Gebots berücksichtigt, so kann ihm die Befriedigung aus dem übrigen Nachlasse verweigert werden.

§ 180. Soll die Zwangsversteigerung zum Zwecke der Aufhebung einer Gemeinschaft erfolgen, so finden die Vorschriften des ersten und zweiten Abschnitts entsprechende Anwendung, soweit sich nicht aus den §§ 181 bis 184 ein anderes ergibt.

§ 181. Ein vollstreckbarer Titel ist nicht erforderlich.

Die Zwangsversteigerung eines Grundstücks darf nur angeordnet werden, wenn der Antragsteller als Eigentümer im Grundbuch eingetragen oder Erbe eines eingetragenen Eigentümers ist oder wenn er das Recht des Eigentümers oder des Erben auf Aufhebung der Gemeinschaft ausübt. Von dem Vormund eines Miteigentümers kann der Antrag nur mit Genehmigung des Vormundschaftsgerichts gestellt werden.

Betrifft der Antrag ein Schiff, so ist durch Urkunden glaubhaft zu machen, daß das Eigentum dem Antragsteller und denjenigen, gegen welche sich der Antrag richtet, gemeinschaftlich zusteht und daß einer von ihnen im Besitze des Schiffes ist.

Die Vorschrift des § 17 Abs. 3 findet auch auf die Erbfolge des Antragstellers Anwendung.

§ 182. Bei der Feststellung des geringsten Gebots sind die den Anteil des Antragstellers belastenden oder mitbelastenden Rechte an dem Grundstücke sowie alle Rechte zu berücksichtigen, die einem dieser Rechte vorgehen oder gleichstehen.

Ist hiernach bei einem Anteil ein größerer Betrag zu berücksichtigen als bei einem anderen Anteile, so erhöht sich das geringste Gebot um den zur Ausgleichung unter den Miteigentümern erforderlichen Betrag.

Auf die Versteigerung eines Schiffes finden die Vorschriften über das geringste Gebot entsprechende Anwendung.

§ 183. Im Falle der Vermietung oder Verpachtung des Grundstücks finden die in den §§ 57a und 57b vorgesehenen Maßgaben keine Anwendung.

§ 184. Ein Miteigentümer braucht für sein Gebot keine Sicherheit zu leisten, wenn ihm eine durch das Gebot ganz oder teilweise gedeckte Hypothek, Grundschuld oder Rentenschuld zusteht.

V. Teil.

Ergänzungsgesetze und -verordnungen zum Zwangsversteigerungsgesetze.

---

25. Einführungsgesetz zu dem Gesetz über die Zwangsversteigerung und die Zwangsverwaltung.

In der Fassung vom 20. Mai 1898 (RGBl. 750).

§ 1. Das Gesetz über die Zwangsversteigerung und die Zwangsverwaltung tritt, soweit es die Schiffe betrifft, gleichzeitig mit dem Bürgerlichen Gesetzbuch, im übrigen für jeden Grundbuchbezirk mit dem Zeitpunkt in Kraft, in welchem das Grundbuch als angelegt anzusehen ist.

Die Artikel 2 bis 5, 32, 55 des Einführungsgesetzes zum Bürgerlichen Gesetzbuche finden entsprechende Anwendung.

§ 2. Soweit in dem Einführungsgesetze zum Bürgerlichen Gesetzbuche zugunsten der Landesgesetze Vorbehalte gemacht sind, gelten sie auch für die Vorschriften der Landesgesetze über die Zwangsversteigerung und die Zwangsverwaltung. Den Landesgesetzen stehen nach Maßgabe der Artikel 57, 58 des Einführungsgesetzes zum Bürgerlichen Gesetzbuche die Hausverfassungen gleich.

Es treten jedoch die landesgesetzlichen Vorschriften außer Kraft, nach welchen den landschaftlichen und ritterschaftlichen Kreditanstalten für den Anspruch auf ältere als zweijährige

Rückstände wiederkehrender Leistungen ein Vorrecht vor den im § 10 Nr. 1 bis 6 des Gesetzes über die Zwangsversteigerung und die Zwangsverwaltung bezeichneten Ansprüchen beigelegt ist.

§ 3. Die im Artikel 113 des Einführungsgesetzes zum Bürgerlichen Gesetzbuche bezeichneten Vorschriften bleiben auch insoweit unberührt, als sie für den Anspruch des Entschädigungsberechtigten oder des Dritten, welcher die Entschädigung geleistet hat, ein Recht auf Befriedigung aus dem Grundstücke gewähren und den Rang dieses Rechtes bestimmen. Jedoch kann dem Anspruche auf Rückstände wiederkehrender Leistungen ein Vorrecht nur mit der im § 2 Abs. 2 bezeichneten Einschränkung beigelegt werden.

§ 4. Durch Landesgesetze kann bestimmt werden, daß gewisse öffentliche Lasten anderen im Range vorgehen.

In denjenigen Bundesstaaten, in welchen die Besteuerung des inländischen Bieres der Landesgesetzgebung vorbehalten ist, bleiben auch die Vorschriften unberührt, nach welchen bei der Zwangsvollstreckung in ein der Brauerei dienendes Grundstück oder in ein mit diesem räumlich verbundenes Grundstück die zum Zwecke der Besteuerung des Bieres zu entrichtenden Abgaben den öffentlichen Lasten des Grundstücks gleichstehen.

§ 5. Durch Landesgesetz kann bestimmt werden, daß dem Antrag auf Zwangsversteigerung ein Auszug aus einem Steuerbuche beigefügt werden soll.

§ 6. Durch die Landesjustizverwaltung kann angeordnet werden, daß die Bestimmung des Versteigerungstermins noch andere als die im § 38 des Gesetzes über die Zwangsversteigerung und die Zwangsverwaltung vorgeschriebenen Angaben über das Grundstück enthalten soll.

§ 7. Unberührt bleiben die bestehenden landesgesetzlichen Vorschriften, nach welchen noch andere als die in den §§ 39, 40 des Gesetzes über die Zwangsversteigerung und die Zwangsverwaltung bezeichneten Veröffentlichungen der Terminsbestimmung zu erfolgen haben.

§ 8. Durch Landesgesetz kann für die Zwangsversteigerung bestimmt werden, daß die vor dem Inkrafttreten des Bürger=

lichen Gesetzbuchs eingetragenen Hypotheken bei der Feststellung des geringsten Gebots und bei der Aufstellung des Teilungsplans nur auf Grund einer Anmeldung zu berücksichtigen sind.

In einem solchen Falle muß die im § 37 Nr. 4 des Gesetzes über die Zwangsversteigerung und die Zwangsverwaltung vorgeschriebene Aufforderung auf die Anmeldung der Ansprüche aus den bezeichneten Hypotheken ausgedehnt werden.

§ 9. Soweit ein nach Landesgesetz begründetes Recht an einem Grundstücke, das nicht in einer Hypothek besteht, zur Wirksamkeit gegen Dritte der Eintragung nicht bedarf oder soweit eine Dienstbarkeit oder eine Reallast als Leibgedinge, Leibzucht, Altenteil oder Auszug eingetragen ist, bleibt das Recht nach Maßgabe des Landesgesetzes von der Zwangsversteigerung unberührt, auch wenn es bei der Feststellung des geringsten Gebots nicht berücksichtigt ist.

Das Erlöschen eines solchen Rechtes ist auf Verlangen eines Beteiligten als Versteigerungsbedingung zu bestimmen, wenn durch das Fortbestehen ein dem Rechte vorgehendes oder gleichstehendes Recht des Beteiligten beeinträchtigt werden würde; die Zustimmung eines anderen Beteiligten ist nicht erforderlich.

§ 10. Unberührt bleiben die landesgesetzlichen Vorschriften, nach welchen bei der Zwangsversteigerung

1. für Gebote kommunaler Körperschaften sowie gewisser Kreditanstalten und Sparkassen Sicherheitsleistung nicht verlangt werden kann;
2. die Sicherheit auch durch Stellung eines Bürgen nach § 239 des Bürgerlichen Gesetzbuchs geleistet werden darf.

§ 11. Durch Landesgesetz kann für die Zwangsversteigerung, unbeschadet des § 112 Abs. 2 Satz 4 des Gesetzes über die Zwangsversteigerung und die Zwangsverwaltung, bestimmt werden, daß und nach welchen Grundsätzen der Wert des Grundstücks festgestellt werden soll.

§ 12. Die Landesgesetze können für die Fälle, in welchen bei der Zwangsversteigerung oder der Zwangsverwaltung ein Aufgebotsverfahren erforderlich wird, die Art der Bekanntmachung des Aufgebots und die Aufgebotsfristen abweichend von den Vorschriften der §§ 948, 950 der Zivilprozeßordnung bestimmen.

§ 13. Durch Landesgesetz kann bestimmt werden, daß die in dem Gesetz über die Zwangsversteigerung und die Zwangsverwaltung dem Vollstreckungsgerichte zugewiesenen Amtshandlungen, soweit nicht über die Anordnung, Aufhebung oder Verbindung des Verfahrens oder über die Zulassung des Beitritts eines Gläubigers zu entscheiden ist, von einer anderen Behörde oder einem Beamten oder einem Notar ganz oder teilweise wahrzunehmen sind.

Wird die Aenderung einer Entscheidung der Behörde, des Beamten oder des Notars verlangt, so ist die Entscheidung des Vollstreckungsgerichts nachzusuchen; auf das Verfahren finden die Vorschriften der §§ 96 bis 104 des bezeichneten Gesetzes entsprechende Anwendung. Die Beschwerde findet gegen die Entscheidung des Vollstreckungsgerichts statt.

§ 14. Die Landesjustizverwaltung kann für die Geschäftsführung der Verwalter, welche bei der Zwangsverwaltung bestellt werden, und für die den Verwaltern zu gewährende Vergütung allgemeine Anordnungen treffen.

§ 15. Ein vor dem Inkrafttreten des Gesetzes über die Zwangsversteigerung und die Zwangsverwaltung beantragtes Verfahren ist nach den Landesgesetzen zu erledigen.

26. Bekanntmachung über die Geltendmachung von Hypotheken, Grundschulden und Rentenschulden[1]).

Vom 8. Juni 1916 (RGBl. 454).

Geändert durch Bek. v. 11. April 1918 (RGBl. 183), durch Ges. v. 3. März 1921 (RGBl. 211) und durch Art. III des Ges. v. 29. Juni 1921 (RGBl. 797).

I. Bewilligung von Zahlungsfristen.

§ 1. In bürgerlichen Rechtsstreitigkeiten über Ansprüche aus einer Hypothek, Grundschuld oder Rentenschuld kann das Prozeßgericht auf Antrag des Beklagten in dem Urteil eine Zahlungsfrist bestimmen, wenn die Lage des Beklagten dies rechtfertigt, es sei denn, daß die Zahlungsfrist dem Kläger einen unverhältnismäßigen Nachteil bringt. Bei Rechtsstreitigkeiten über Forderungen, für die eine Hypothek bestellt ist, gilt das gleiche, soweit der Eigentümer des belasteten Grundstücks zugleich der persönliche Schuldner ist.

Die Parteien haben die tatsächlichen Behauptungen glaubhaft zu machen.

§ 2. Die Zahlungsfrist kann für das Kapital der Hypothek oder Grundschuld oder für die Ablösungssumme der Rentenschuld bis zu einem Jahre, für Zinsen und andere Nebenleistungen bis zu sechs Monaten bemessen werden. Die Bestimmung der Frist kann für den Gesamtbetrag oder einen Teilbetrag des Anspruchs erfolgen und von der Erfüllung bestimmter Bedingungen abhängig gemacht werden.

Die Zahlungsfrist beginnt mit der Verkündung des Urteils.

§ 3. Der Antrag auf Bewilligung einer Zahlungsfrist darf bei Kapitalschulden nicht deshalb abgelehnt werden, weil anzunehmen ist, daß der Beklagte nach Ablauf der Frist zur Befriedigung des Klägers außerstande sein wird.

---

[1]) Erlassen auf Grund des Ermächtigungsges. v. 4. Aug. 1914 (RGBl. 327).

§ 4. Auf Antrag des Schuldners kann das Amtsgericht, bei dem der dingliche Gerichtsstand begründet ist, für einen Anspruch der im § 1 bezeichneten Art, den der Schuldner anerkennt, eine Zahlungsfrist bewilligen. Liegt das belastete Grundstück nach dem Friedensvertrage nicht mehr im Inland, so ist das Amtsgericht zuständig, bei dem der allgemeine Gerichtsstand des Schuldners begründet ist. Die Entscheidung, die ohne mündliche Verhandlung ergehen kann, erfolgt durch Beschluß. Vor der Entscheidung ist der Gläubiger zu hören. Der Antrag ist abzulehnen, wenn der Anspruch rechtshängig ist.

Die Vorschriften der §§ 1 bis 3 sind entsprechend anzuwenden. Die Zahlungsfrist beginnt mit der Bekanntmachung des Beschlusses an den Schuldner.

In dem Beschlusse, durch den die Zahlungsfrist bewilligt wird, ist die Verpflichtung des Schuldners zur Zahlung des anerkannten Anspruchs auszusprechen, sofern der Anspruch nicht schon vollstreckbar ist.

Hat der Gläubiger für seinen Anspruch bereits einen vollstreckbaren Schuldtitel, so ist in dem Beschlusse, durch den die Zahlungsfrist bewilligt wird, die Zwangsvollstreckung für die Dauer der bewilligten Frist für unzulässig zu erklären oder, wenn sie begonnen hat, für die Dauer der bewilligten Frist einzustellen. Vor der Entscheidung kann das Gericht eine vorläufige Anordnung erlassen.

Gegen die Entscheidung über den Antrag auf Bewilligung der Zahlungsfrist findet sofortige Beschwerde, gegen eine vorläufige Anordnung findet kein Rechtsmittel statt.

III. Zwangsversteigerung.

§ 10. Auf Antrag des Schuldners kann die Zwangsversteigerung eines Gegenstandes des unbeweglichen Vermögens wegen eines Anspruchs der im § 1 bezeichneten Art für die Dauer von längstens sechs Monaten eingestellt werden, auch wenn die Bestimmung einer Zahlungsfrist abgelehnt oder nicht zulässig ist. Die Einstellung ist auch vor der Anordnung der Versteigerung zulässig. Sie kann mehrfach erfolgen.

Die Vorschriften des § 1 und des § 2 Abs. 1 Satz 2 sind entsprechend anzuwenden. Der Antrag ist abzulehnen, wenn fällige Ansprüche des betreibenden Gläubigers auf wiederkehrende Leistungen für zwei Jahre nicht gezahlt sind.

Erfolgt die Einstellung des Verfahrens nach der Anordnung der Versteigerung, so ist der Beschluß allen Beteiligten (§ 9 des Gesetzes über die Zwangsversteigerung und die Zwangsverwaltung, Reichs-Gesetzbl. 1898 S. 713) zuzustellen. Auf Antrag eines Beteiligten ist die Einstellung aufzuheben, wenn ihm fällige Ansprüche auf wiederkehrende Leistungen für zwei Jahre im Range vorgehen.

§ 11. Wird eine Zwangsversteigerung auf Grund des § 4 Abs. 4 oder des § 10 eingestellt, so beginnt die im § 31 Abs. 2 des Gesetzes über die Zwangsversteigerung und die Zwangsverwaltung vorgesehene Frist erst mit dem Ablauf der Frist, für deren Dauer die Einstellung angeordnet ist.

§ 12. Ergibt sich nach Schluß der Versteigerung, daß ein Anspruch, der ein Recht auf Befriedigung aus dem Gegenstande gemäß § 10 Nr. 2 oder Nr. 4 des Gesetzes über die Zwangsversteigerung und die Zwangsverwaltung gewährt, durch das Meistgebot nicht gedeckt wird, so kann, wenn dieser Anspruch innerhalb der ersten drei Vierteile des zur Berechnung des Reichsstempels für den Zuschlagsbeschluß festzusetzenden Wertes des Gegenstandes steht, auf Antrag des Berechtigten der Zuschlag versagt werden, sofern nicht der betreibende Gläubiger glaubhaft macht, daß ihm die Versagung des Zuschlags einen unverhältnismäßigen Nachteil bringt. Wird der Zuschlag versagt, so ist zugleich von Amts wegen ein neuer Versteigerungstermin zu bestimmen.

Die Versagung des Zuschlags kann mehrfach erfolgen.

IV. Schlußvorschriften.

§ 13. In einem Verfahren nach den §§ 1, 4, 8, 9 oder 10 dieser Verordnung hat das Gericht, sofern die Landeszentralbehörde von der ihr nach § 1 der Verordnung vom 15. Dezember 1914 (Reichs-Gesetzbl. S. 511) zustehenden Befugnis Gebrauch gemacht hat, das Einigungsamt vor der Entscheidung gutachtlich zu hören. Die Vorschriften des § 4 Abs. 2 der Verordnung vom 15. Dezember 1914 sind entsprechend anzuwenden.

§ 16. In den Fällen der §§ 4, 9 und 10 können die

Kosten ganz oder teilweise dem Schuldner auferlegt werden, auch wenn seinem Antrag stattgegeben wird. Die Gerichts- und Anwaltsgebühren betragen zwei Zehnteile des Satzes des § 8 des Gerichtskostengesetzes und des § 9 der Gebührenordnung für Rechtsanwälte. Der Wert des Streitgegenstandes ist von dem Gerichte nach freiem Ermessen, höchstens jedoch auf den zwanzigsten Teil der Forderung festzusetzen.

§ 18. Wird der Zuschlag auf Grund des § 12 versagt, so dürfen für den Versteigerungstermin Gebühren und Auslagen nicht erhoben werden.

§ 20. Diese Verordnung tritt mit dem Tage der Verkündigung (9. Juni 1916) in Kraft. Der Reichskanzler bestimmt den Zeitpunkt des Außerkrafttretens.

---

27. Bekanntmachung
zur Entlastung der Gerichte[1]).

In der Fassung vom 13. Mai 1924 (RGBl. 552).

Urteil und Zwangsvollstreckung.

§ 9. In Urteilen, Zahlungsbefehlen, Vergleichen und vollstreckbaren Urkunden (§ 794 Nr. 5 der Zivilprozeßordnung) kann die Höhe einer zu zahlenden Geldsumme auch in solchen Umlaufmitteln bestimmt werden, die, ohne gesetzliches Zahlungsmittel zu sein, von den öffentlichen Kassen in Zahlung genommen werden. Die Höhe der Geldsumme kann ferner, soweit nicht die Reichsregierung mit Zustimmung des Reichsrats etwas anderes bestimmt, auch nach Maßgabe einer amtlichen Teuerungszahl festgesetzt werden. Die Reichsregierung wird ermächtigt, mit Zustimmung des Reichsrats daneben

---

[1]) Erlassen auf Grund des Art. I B der VO. v. 22. Dez. 1923 (RGBl. 1239).

noch andere Werteinheiten, über die amtliche Feststellungen ergehen, als Maßstab zuzulassen [1]).

In dem Schuldtitel (wertbeständiger Schuldtitel) ist die Werteinheit sowie die nähere Art und Weise, in welcher sie als Maßstab dienen soll, genau zu bezeichnen. Ungenauigkeiten in der Bezeichnung können bei Urteilen und Zahlungsbefehlen unter entsprechender Anwendung des § 319 der Zivilprozeßordnung beseitigt werden.

Die Vorschriften der Abs. 1, 2 finden auch im Urkundenprozeß Anwendung.

[1]) S. hierzu die für die Immobiliarzwangsvollstr. nicht unmittelbar erhebliche zweite DurchführungsVO. vom 27. Juni 1924 (RGBl. 660).

§ 10. Die vollstreckbare Ausfertigung eines wertbeständigen Schuldtitels wird erteilt, ohne daß es der ziffermäßigen Berechnung der Schuldsumme in gesetzlichen Zahlungsmitteln bedarf. Für die Durchführung der Zwangsvollstreckung gelten die Vorschriften der §§ 11—17.

§ 15. In der Zwangsversteigerung wird die beizutreibende Geldsumme durch das Vollstreckungsgericht in dem Teilungsplane berechnet. Nachträgliche Aenderungen der maßgebenden Verhältnisse bleiben für das weitere Verfahren, unbeschadet der Vorschrift des Abs. 2, außer Betracht.

Soweit in Ausführung des Teilungsplans auf den Gläubiger eine Forderung gegen den Ersteher übertragen wird, ist sie in derselben Weise wertbeständig zu bestimmen, in der die Forderung des Gläubigers bestimmt war. Ist die Forderung des Gläubigers in der Art bestimmt, daß für sie eine wertbeständige Hypothek eingetragen werden kann, so ist die Sicherungshypothek für die übertragene Forderung (§ 128 des Gesetzes über die Zwangsversteigerung und die Zwangsverwaltung) als wertbeständige einzutragen. Andernfalls ist die Sicherungshypothek als Höchstbetragshypothek einzutragen; Höchstbetrag ist die Geldsumme, die sich aus der letzten vor dem Eingang des Ersuchens um Eintragung der Sicherungshypothek bei dem Grundbuchamte veröffentlichten amtlichen Feststellung ergibt.

§ 16. In der Zwangsverwaltung wird die Forderung aus

einem wertbeständigen Schuldtitel in den Teilungsplan ohne Berechnung der beizutreibenden Geldsumme aufgenommen. Der Zwangsverwalter berechnet die Summe, wenn er auf die Forderung eine Zahlung bewirkt.

§ 17. Soweit nach den Vorschriften der §§ 11—16 eine Berechnung der beizutreibenden Geldsumme vor der Beendigung der Vollstreckung erfolgt, nach dem Inhalt des Schuldtitels für die Berechnung der Schuldsumme jedoch ein späterer Zeitpunkt maßgebend sein soll, entscheidet sich die Frage, inwieweit der Gläubiger durch die Vollstreckung befriedigt ist, nach dem späteren Zeitpunkt.

In allen Fällen, in denen eine wertbeständige Forderung teilweise beigetrieben wird, ist in dem auf der vollstreckbaren Ausfertigung zu machenden Vermerk anzugeben, wann die Beitreibung erfolgt und auf welchen Betrag die Schuldsumme in diesem Zeitpunkt berechnet worden ist. In Streitfällen hat das Vollstreckungsgericht auf Antrag eines Beteiligten durch Beschluß festzustellen, bis zu welchem Teile die Forderung aus dem wertbeständigen Schuldtitel getilgt ist.

---

28. Verordnung
über die Eintragung von Hypotheken in ausländischer Währung[1]).

Vom 13. Februar 1920 (RGBl. 231).

§ 1. Wird für eine Forderung, die in ausländischer Währung zu zahlen ist, eine Hypothek in das Grundbuch eingetragen, so kann mit Einwilligung der Landeszentralbehörde der Geldbetrag der Forderung und etwaiger Nebenleistungen

---

[1]) Erlassen auf Grund der Ermächtigung durch § 1 des Ges. v. 17. April 1919 (RGBl. 394).

oder der Höchstbetrag, bis zu dem das Grundstück haften soll, in ausländischer Währung angegeben werden. Mit Einwilligung der Landeszentralbehörde kann auch die Währung einer eingetragenen Hypothek in eine ausländische umgewandelt oder eine Grundschuld in ausländischer Währung eingetragen werden; die Umwandlung der eingetragenen Währung bedarf der Zustimmung der im Range gleich- oder nachstehenden Berechtigten. Die Einwilligung der Landeszentralbehörde ist im Grundbuch zu vermerken.

In den Fällen des Abs. 1 gelten die Vorschriften der §§ 2 bis 13.

§ 2. Für einen Gläubiger, der seinen Wohnsitz im Ausland hat, muß ein im Inland wohnhafter Zustellungsbevollmächtigter angegeben werden. Alle Mitteilungen und Zustellungen, die dem Gläubiger nach gesetzlicher Vorschrift bekanntzumachen sind, werden mit der Bekanntmachung an den Zustellungsbevollmächtigten wirksam. Solange kein im Inland wohnhafter Zustellungsbevollmächtigter vorhanden ist, erfolgen die Mitteilungen und Zustellungen wirksam durch Aufgabe zur Post; die Postsendungen sind einzuschreiben.

§ 5. Wird die Zwangsversteigerung des Grundstücks angeordnet, so muß die Terminsbestimmung die Angabe, daß das Grundstück mit einer Hypothek oder Grundschuld in ausländischer Währung belastet ist, und die Bezeichnung dieser Währung enthalten.

§ 6. In dem Versteigerungstermine wird vor der Aufforderung zur Abgabe von Geboten festgestellt und bekanntgemacht, welchen Wert das in ausländischer Währung eingetragene Recht nach dem für den Ort des Grundstücks amtlich ermittelten letzten Kurse in Reichswährung hat.

§ 7. Bleibt ein bei der Feststellung des geringsten Gebots berücksichtigtes, in ausländischer Währung eingetragenes Recht bestehen, so bleiben Aenderungen des im Versteigerungstermine festgestellten Kurswerts für das weitere Verfahren außer Betracht.

§ 8. Der bar zu zahlende Teil des geringsten Gebots wird in Reichswährung festgestellt. Auf Verlangen des Gläubigers des in ausländischer Währung eingetragenen Rechtes ist der

Wert seiner aus dem Bargebote zu berichtigenden Ansprüche zu dem höchsten Kurse anzusetzen, den die Währung in den letzten sechs Monaten vor dem Versteigerungstermin an dem Orte des Grundstücks gehabt hat.

Die Gebote sind in Reichswährung abzugeben.

§ 9. Vorschriften, die den Erwerb von Grundstücken durch Ausländer beschränken, stehen der Zulassung des Gebotes des Gläubigers eines in ausländischer Währung eingetragenen Rechtes und der Erteilung des Zuschlags an ihn nicht entgegen. Das gleiche gilt von den Vorschriften über den Erwerb von Rechten durch juristische Personen, wenn die juristische Person ihren Sitz im Ausland hat.

§ 10. Der Teilungsplan wird in Reichswährung aufgestellt. Die dem Gläubiger des in ausländischer Währung eingetragenen Rechtes zu zahlenden Beträge sind auf Grund des für den Ort des Grundstücks amtlich zu ermittelnden letzten Kurses umzurechnen.

Soweit der Teilungsplan dadurch ausgeführt wird, daß auf den Gläubiger des in ausländischer Währung eingetragenen Rechtes eine Forderung gegen den Ersteher übertragen wird, erfolgt die Uebertragung in der ausländischen Währung.

Wird der Gläubiger des in ausländischer Währung eingetragenen Rechtes nicht vollständig befriedigt, so ist der verbleibende Teil seiner Forderung in der ausländischen Währung festzustellen. Die Feststellung ist für die Haftung mitbelasteter Grundstücke, für die Verbindlichkeit des persönlichen Schuldners und für die Geltendmachung des Ausfalls im Konkurse maßgebend.

§ 11. Ist die Zwangsverwaltung des Grundstücks angeordnet, so sind die Beträge, die auf ein in ausländischer Währung eingetragenes Recht entfallen, in der eingetragenen Währung festzustellen. Die Auszahlung erfolgt in Reichswährung. Wiederkehrende Leistungen zahlt der Verwalter nach dem Kurswert des Fälligkeitstags aus. Zahlungen auf das Kapital setzt das Gericht in dem zur Leistung bestimmten Termine nach dem amtlich ermittelten letzten Kurswert fest; die Vorschrift des § 10 Abs. 3 Satz 2 gilt entsprechend.

§ 12. Soweit die Erhebung von Gerichtsgebühren nach

dem Betrage des in ausländischer Währung eingetragenen Rechtes erfolgt, ist der Berechnung der jeweilige Kurswert in Reichswährung zugrunde zu legen.

Das gleiche gilt für die Erhebung anderer Abgaben, die den Gerichtsbehörden übertragen ist.

§ 13. Die Einwilligung der Landeszentralbehörde (§§ 1, 3) soll nur im Einvernehmen mit der Reichsbank erteilt werden.

§ 14. Die Landesjustizverwaltungen können mit Zustimmung des Reichsministers der Justiz und des Reichsministers der Finanzen Ausführungsbestimmungen zu dieser Verordnung, insbesondere über die Feststellung der Kurse erlassen.

§ 15. Nach dem 31. Dezember 1925 dürfen neue Eintragungen auf Grund des § 1 dieser Verordnung nicht mehr vorgenommen werden.

29. (Erstes) Gesetz über die Eintragung von Schiffspfandrechten in ausländischer Währung.

Vom 26. Januar 1923 (RGBl. 90).

§ 1. Ist zur Zeit des Inkrafttretens dieses Gesetzes für eine Forderung, die in ausländischer Währung zu zahlen ist, ein Schiffspfandrecht in das Schiffsregister eingetragen, so kann mit Einwilligung der Landeszentralbehörde die Währung des eingetragenen Schiffspfandrechts und etwaiger Nebenleistungen in die ausländische Währung umgewandelt werden.

Die Umwandlung der eingetragenen Währung bedarf der Zustimmung der im Range gleich- oder nachstehenden Berechtigten.

§ 2. War ein aus Anlaß des Krieges verlorenes oder auf Grund des Versailler Vertrags oder eines ergänzenden Abkommens den alliierten oder assoziierten Regierungen übertragenes Schiff mit einem Schiffspfandrecht für eine in ausländischer Währung zu zahlende Forderung belastet und wird als Ersatz für dieses Recht ein Schiffspfandrecht auf ein anderes Schiff in das Schiffsregister eingetragen, so kann mit Einwilligung der Landeszentralbehörde der Geldbetrag der Forderung und etwaiger Nebenleistungen in der ausländischen Währung eingetragen werden. Der Nachweis, daß es sich um ein solches Pfandrecht handelt, wird durch eine Bescheinigung des Reichsministeriums für Wiederaufbau geführt.

§ 3. Die Einwilligung der Landeszentralbehörde ist im Schiffsregister zu vermerken.

§ 4. Die Vorschriften der §§ 2 bis 10 und der §§ 12 bis 14 der Verordnung über die Eintragung von Hypotheken in ausländischer Währung vom 13. Februar 1920 (Reichsgesetzbl. S. 231)[1] finden entsprechende Anwendung. An die Stelle des in den §§ 6, 8, 10 genannten Ortes des Grundstücks tritt Berlin.

[1]) Das Ges. v. 13. Febr. 1920 s. oben Nr. 28.

§ 5. Der Berechnung der Gebühren für die Eintragung der Währungsumwandlung nach Maßgabe des § 1 oder die Eintragung eines Ersatzpfandrechts nach Maßgabe des § 2 dieses Gesetzes ist der in Reichswährung eingetragene oder eingetragen gewesene Betrag des Pfandrechts zugrunde zu legen.

§ 6. Der Reichswirtschaftsminister kann über den Umfang der Anwendung des Gesetzes Bestimmungen erlassen. Er bestimmt den Zeitpunkt, an dem das Gesetz oder einzelne Bestimmungen des Gesetzes in Kraft treten.

[1]) Inkraftgetreten am 1. Febr. 1923 gemäß VO. v. 29. Jan. 1823 (RGBl. 90).

30. Zweites Gesetz über die Eintragung von Schiffspfandrechten in ausländischer Währung.

Vom 29. März 1923 (RGBl. 232).

§ 1. Wird für eine Forderung, die in ausländischer Währung zu zahlen ist, ein Schiffspfandrecht in das Schiffsregister eingetragen, so kann mit Einwilligung der obersten Landesbehörde der Geldbetrag der Forderung und etwaiger Nebenleistungen oder der Höchstbetrag, bis zu dem das Schiff haften soll, in ausländischer Währung angegeben werden. Mit Einwilligung der obersten Landesbehörde kann auch die Währung eines nach dem 1. Februar 1923 eingetragenen Schiffspfandrechts in eine ausländische Währung umgewandelt werden; die Umwandlung bedarf der Zustimmung der im Range gleich- oder nachstehenden Berechtigten.

Die oberste Landesbehörde kann die Einwilligung auch allgemein oder für den Fall erteilen, daß gewisse, von ihr näher zu bezeichnende Bedingungen erfüllt sind.

Soweit es sich um Schiffe handelt, die in das Binnenschiffsregister eingetragen sind, soll die Einwilligung nur im Einvernehmen mit der Reichsbank erteilt werden.

Die Einwilligung ist in dem Schiffsregister zu vermerken.

§ 2. Die Vorschriften der §§ 2 bis 10 und des § 12 der Verordnung über die Eintragung von Hypotheken in ausländischer Währung vom 13. Februar 1920 (Reichsgesetzbl. S. 231) [1]) finden entsprechende Anwendung.

An die Stelle des in den §§ 6, 8 und 10 genannten Ortes des Grundstücks tritt Berlin.

[1]) Das Ges. v. 13. Febr. 1920 s. oben Nr. 28.

§ 3. Die Landesjustizverwaltungen können mit Zustimmung des Reichsministers der Justiz und des Reichsministers der Finanzen Ausführungsbestimmungen zu diesem Gesetz, insbesondere über die Feststellung der Kurse, erlassen.

§ 4. Nach dem 31. Dezember 1925 dürfen neue Eintragungen auf Grund des § 1 dieses Gesetzes nicht mehr vorgenommen werden.

§ 5. In Ansehung der Ersatzpfandrechte im Sinne des § 2 des Gesetzes über die Eintragung von Schiffspfandrechten in ausländischer Währung vom 26. Januar 1923 (Reichsgesetzbl. I S. 90)[1]) behält es bei den Vorschriften jenes Gesetzes sein Bewenden.

[1]) Das Ges. v. 26. Jan. 1923 s. oben Nr. 29.

§ 6. Das Gesetz tritt mit dem Tage seiner Verkündung (4. April 1923) in Kraft.

---

31. Gesetz
über wertbeständige Hypotheken.

Vom 23. Juni 1923 (RGBl. 407).

§ 1. Eine Hypothek kann in der Weise bestellt werden, daß die Höhe der aus dem Grundstück zu zahlenden Geldsumme durch den amtlich festgestellten oder festgesetzten Preis einer bestimmten Menge von Roggen, Weizen oder Feingold bestimmt wird. Die Reichsregierung kann mit Zustimmung des Reichsrats auch den in gleicher Weise festgestellten oder festgesetzten Preis einer bestimmten Menge von Kohle, Kali oder anderen Waren oder von Leistungen als Maßstab zulassen. (Wertbeständige Hypothek.)

§ 2. Die Höhe der Geldsumme kann auch in der Weise bestimmt werden, daß, falls der als Maßstab gewählte Preis einer Ware oder Leistung den Preis einer anderen Ware oder Leistung nicht erreicht oder überschreitet, dieser letztere Preis maßgebend sein soll.

§ 3. Bei der Eintragung der wertbeständigen Hypothek im Grundbuch ist der Geldbetrag durch Art und Menge der Ware oder Leistung zu bezeichnen, deren Preis als Maßstab gewählt ist.

§ 4. Im Falle der Zwangsversteigerung wird in dem Versteigerungstermin vor der Aufforderung zur Abgabe von Geboten festgestellt und bekannt gemacht, welchen Wert die wertbeständige Hypothek hätte, wenn sie im Versteigerungstermine zahlbar wäre.

§ 5. Soweit eine bei der Feststellung des geringsten Gebots berücksichtigte wertbeständige Hypothek bestehen bleibt, bleiben Aenderungen des im Versteigerungstermin festgestellten Wertes für das weitere Verfahren außer Betracht.

§ 6. Im Teilungsplan sind die dem Gläubiger der wertbeständigen Hypothek zu zahlenden Beträge auf Grund des letzten Preises zu bestimmen, der nach Maßgabe des Inhalts des Rechtes amtlich festgestellt werden kann.

Soweit der Teilungsplan dadurch ausgeführt wird, daß auf den Gläubiger der wertbeständigen Hypothek eine Forderung gegen den Ersteher übertragen wird, ist die Forderung in derselben Weise wertbeständig zu bestimmen, wie die Hypothek bestimmt war.

Wird der Gläubiger der wertbeständigen Hypothek nicht vollständig befriedigt, so ist der verbleibende Teil seiner Forderung in derselben Weise wertbeständig festzustellen, wie die Hypothek bestimmt war. Die Feststellung ist für die Haftung mitbelasteter Grundstücke, für die Verbindlichkeit des persönlichen Schuldners und für die Geltendmachung des Ausfalls im Konkurse maßgebend.

§ 7. Für die Berechnung von Eintragungsgebühren ist der Wert maßgebend, den die Forderung zur Zeit des Eingangs des Eintragungsantrages bei dem Grundbuchamte hat.

§ 8. Für Grundschulden und Rentenschulden gelten die Vorschriften der §§ 1 bis 7 entsprechend.

§ 9. Werden von einer Hypothekenbank Hypothekenpfandbriefe ausgegeben, deren Nennwert nach Maßgabe der §§ 1, 2 bestimmt ist, so gelten die folgenden Vorschriften:

. . . .

5. Ist über das Vermögen der Hypothekenbank das Konkursverfahren eröffnet, so gehen in Ansehung der Befriedigung aus den Hypotheken und Schuldverschreibungen, die in das für eine Gattung geführte Register eingetragen sind, die Forderungen aus Pfandbriefen dieser

Gattung den Forderungen aus Pfandbriefen anderer Gattungen vor. Das gleiche gilt von Geld, das dem Treuhänder als Deckung von Hypothekenpfandbriefen dieser Gattung in Verwahrung gegeben ist.

Werden von einer Hypothekenbank Schuldverschreibungen der in den §§ 41, 42 des Hypothekenbankgesetzes bezeichneten Art ausgegeben, deren Nennwert nach Maßgabe der §§ 1, 2 bestimmt ist, so gelten die Vorschriften des Abs. 1 entsprechend.

. . . .

§ 11. Die Reichsregierung kann mit Zustimmung des Reichsrats die zur Durchführung dieses Gesetzes erforderlichen Rechtsverordnungen und allgemeinen Verwaltungsvorschriften erlassen.

Sie kann ferner mit Zustimmung des Reichsrats bestimmen, daß, soweit in Reichsgesetzen die Sicherstellung wertbeständiger Schuldverschreibungen durch Reallasten vorgesehen ist, die Sicherstellung auch durch wertbeständige Hypotheken erfolgen darf.

[1]) An DurchführungsVOen. liegen z. B. folgende für die Anwendung der KO. u. des ZwVG. nicht unmittelbare erhebliche vor: (Erste) VO. zur Durchführung des Ges. über wertbeständige Hypotheken v. 29. Juni 1923 (RGBl. 482); zweite VO. vgl. Betr. v. 5. Okt. 1923 (RGBl. 933); dritte VO. vgl. Betr. v. 2. Nov. 1923 (RGBl. 1075); vierte VO. vgl. Betr. v. 6. Nov. 1923 (RGBl. 1082); fünfte VO. vgl. Betr. v. 17. April 1924 (RGBl. 419).

§ 12. Dieses Gesetz tritt mit dem Tage der Verkündung (29. Juni 1923) in Kraft.

32. Verordnung über wertbeständige Schiffspfandrechte.

Vom 12. Febr. 1924 (RGBl. 65).[1])

§ 1. Ein Pfandrecht an einem im Schiffsregister eingetragenen Schiffe kann in der Weise bestellt werden, daß die Höhe der Geldsumme, für welche das Schiff haftet, durch einen der für wertbeständige Hypotheken zugelassenen Maßstäbe bestimmt wird (wertbeständiges Schiffspfandrecht).

§ 2. Die Vorschriften der §§ 2 bis 6 des Gesetzes über wertbeständige Hypotheken vom 23. Juni 1923 (Reichsgesetzbl. I S. 407)[1]) finden auf das wertbeständige Schiffspfandrecht entsprechende Anwendung.

Für die Berechnung von Gebühren für die Eintragung von wertbeständigen Schiffspfandrechten gilt § 7 des genannten Gesetzes entsprechend.

[1]) Das Ges. v. 23. Juni 1923 s. oben Nr. 31.

§ 3. Die Reichsregierung kann mit Zustimmung des Reichsrates die zur Durchführung der Verordnung erforderlichen Rechtsverordnungen und allgemeinen Verwaltungsvorschriften erlassen.

[1]) Hierzu die für das ZwVollstrVerf. nicht unmittelbar erhebliche DurchführungsVO. v. 17. April 1924 (RGBl. 415).

§ 4. Die Verordnung tritt mit dem Tage der Verkündung (14. Febr. 1924) in Kraft.

---

[1]) Erlassen auf Grund des Ermächtigungsges. v. 8. Dez. 1923 (RGBl. 1179).

Sachregister.

Fettgedruckte Zahlen = Nummer des Ges. oder der VO.
Zahlen in gewöhnlicher Schrift = § oder Artikel.

A.

H.

L.

M.

N.

O.

Q.

R.

S.

T.

U.

V.

G. Pätz'sche Buchdr. Lippert & Co., G. m. b. H., Naumburg a. d. S.

Kolibri 360 GmbH
Ferdinand-Jühlke-Straße 7
99095 Erfurt, Deutschland
produktsicherheit@kolibri360.de